MANUAL DE PROPIEDAD HORIZONTAL

Para Administradores de Consorcio y Corredores Inmobiliarios

DR. MARIO D'AGOSTINO

Prefacio

La sanción del Código Civil y Comercial de la Nación entre otras normas han producido una verdadera agitación en el sistema jurídico Argentino.
El nuevo Código Civil, unificado con el Código de Comercio, ha generado un desafío trascendente para los distintos operadores del derecho y a los profesionales del sector Inmobiliario en particular.
Este libro, ha llevado una ardua labor de recopilación y análisis, por parte de un equipo especializado, que ha sido dirigido por el Doctor Mario DAgostino, y tiene como objetivo crear un ámbito para la consulta cotidiana de las distintas normas que integran el complejo instituto de los derechos sobre la Propiedad Horizontal.
En la obra se abarca la integridad del sistema creado por diversos plexos normativos preferentemente de la Ciudad Autónoma de Buenos Aires aplicable al sector Inmobiliario.
Este Digesto Jurídico es una guía de ayuda cotidiana, en la resolución de casos del quehacer profesional y también para los estudiantes de carreras como las de Administrador de Consorcios y Corredor Inmobiliario.

Índice:

LOS DERECHOS REALES Y LA PROPIEDAD 13
LOS DERECHOS REALES EN NUESTRO CÓDIGO 13
DE LOS BIENES EN RELACIÓN A LAS PERSONAS A QUIENES PERTENECEN 17
    BIENES DEL DOMINIO PÚBLICO 17
    BIENES DEL DOMINO PRIVADO DEL ESTADO 18
    COSAS SUSCEPTIBLES DE APROPIACIÓN PRIVADA 19
POSESIÓN 20
    1.1. CONCEPTO 21
    1.2. POSESIÓN EN LAS DOCTRINAS DE SAVIGNY Y DE IHERING 21
    1.3. SUJETO DE LA POSESIÓN: POSEEDOR INMEDIATO – POSEEDOR MEDIATO 22
    1.4. OBJETO DE LA POSESIÓN: COSAS SUSCEPTIBLES DE POSESIÓN 23
    1.5. POSEEDOR DE BUENA Y MALA FE 23
    COPOSESIÓN 25
ADQUISICIÓN DE LA POSESIÓN 25
    TRANASMISIBILDAD DEL DERECHO POSESORIO 30
PROTECCIÓN JURÍDICA DE LA POSESIÓN 36
    LA USUCAPIÓN COMO MEDIO DE ADQUIRIR EL DOMINIO 52

Ley 941 de Registro Público de Administradores (actualizada leyes 3254 y 3291) REGISTRO..................88

    OBLIGACIONES DEL ADMINISTRADOR..................90

    DEL MANDATO DE ADMINISTRACIÓN..................95

    RÉGIMEN DE INFRACCIONES Y DE SANCIONES..................96

    PROCEDIMIENTO ADMINISTRATIVO..................97

    CLÁUSULAS TRANSITORIAS..................99

Cuadro comparativo entre la ley de propiedad horizontal 13512 y el nuevo código civil..................100

Código Civil y Comercial. Libro IV, título VI, "Conjuntos inmobiliarios"..................132

    2. Desarrollo del tema. Análisis de la ley y comentarios...136

    2.1. Acotaciones y aclaraciones..................139

    3. Retroactividad de la ley..................149

    4. Conclusiones..................152

Decreto Nº 18734/49 Reglamentario de la ley de Propiedad Horizontal derogado a partir del 1-8-2015..................154

    I – DISPOSICIONES GENERALES..................156

    II – DISPOSICIONES ESPECIALES PARA LA CAPITAL FEDERAL Y TERRITORIOS NACIONALES..................158

PROPIEDAD HORIZONTAL..................164

    Propiedad horizontal..................164

        Facultades y obligaciones de los propietarios..................167

        Modificaciones en cosas y partes comunes..................169

        Reglamento de propiedad horizontal..................170

Asambleas 172

Consejo de propietarios 174

Administrador 175

Subconsorcios 177

Infracciones 177

Prehorizontalidad 177

Fideicomiso Inmobiliario 179

Leasing inmobiliario 196

Tipos de leasing 197

objeto, plazo, forma y beneficios fiscales. 197

NUEVA REGLAMENTACIÓN DE LA LEY DE REGISTRO PÚBLICO DE ADMINISTRADORES de la Ciudad de Buenos Aires – DEC. 551/2010 199

Mediación Comunitaria 209

1. Pasos para realizar el trámite 210

2 Saber a quién está destinado 211

3 Conocer cómo acceder al servicio 211

Más información 211

Organismo Responsable 213

ASPECTOS CONTABLES DEL CONSORCIO LIQUIDACIÓN DE EXPENSAS COMUNES – Ley 3254 CABA 214

LIQUIDACIÓN DE EXPENSAS COMUNES 214

CÁLCULO Y LIQUIDACIÓN DE EXPENSAS COMUNES Otras recomendaciones: DETALLE DE LOS FONDOS RESERVADOS: 215

CÁLCULO Y LIQUIDACIÓN DE EXPENSAS COMUNES EXPENSAS ORDINARIAS Y EXTRAORDINARIAS 215

RUBROS QUE INTEGRAN LA EXPENSA 215

RECIBOS DE EXPENSAS EMITIDOS POR EL ADMINISTRADOR 216

CÁLCULO Y LIQUIDACIÓN DE EXPENSAS COMUNES SISTEMAS Y METODOLOGÍAS VIGENTES: EXPENSAS FIJAS – CUOTA FIJA: 217

CÁLCULO Y LIQUIDACIÓN DE EXPENSAS COMUNES SISTEMAS Y METODOLOGÍAS VIGENTES: EXPENSAS VARIABLES – SISTEMA MODERNO 218

LA RENDICIÓN DE CUENTAS. ASPECTOS CONTABLES ... 218

RENDICION DE CUENTAS LIBROS Y REGISTROS DEL CONSORCIO 219

LIBRO DE ADMINISTRACIÓN. ASPECTOS PRÁCTICOS 219

LIBROS Y REGISTROS DEL CONSORCIO 219

LA DOCUMENTACION DE RESPALDO / CONSERVACION . 220

AUDITORIAS DE CONSORCIOS DE PROPIEDAD HORIZONTAL 221

AUDITORIAS DE CONSORCIOS DE PROPIEDAD HORIZONTAL 221

Ley 12.981 Estatuto de Encargados de Casa de Renta y Propiedad Horizontal 222

   Definición 223

   Beneficios 223

   Obligaciones 224

   Causa de cesantía 225

Estabilidad 225

Remuneraciones 226

Accidentes o enfermedades 228

Indemnizaciones 228

Fallecimiento 228

Obligación del empleador 229

Libreta de trabajo 229

Comisión paritaria 230

Orden público 231

Exclusión 232

Libro de órdenes 232

Convenio Colectivo de Trabajo de Encargados Edificio – 232

CONVENIO COLECTIVO 589/2010 CONFORME 234

Resolución S de T 1934/2015 234

    DE LAS PARTES INTERVINIENTES 234

    VIGENCIA TEMPORAL 234

    AMBITO DE APLICACION 234

    PERSONAL COMPRENDIDO 234

    ULTRA ACTIVIDAD 235

    CLASIFICACION DE EDIFICIOS 235

    CATEGORIAS 235

    DESIGNACION DE SUPLENTE 239

    COTIZACIONES SINDICALES Y A LA CAJA DE PROTECCION A LA FAMILIA 239

APORTES DE OBRA SOCIAL 239
BONIFICACION POR ANTIGÜEDAD 239
LICENCIAS ESPECIALES 240
DIA DEL TRABAJADOR/A 243
VESTIMENTA 243
REMUNERACIONES 244
SALARIO MINIMO, VITAL Y MOVIL 246
FERIADOS NACIONALES 246
CONDICIONES PARA EL RETIRO DE RESIDUOS 246
CONTRIBUCIONES Y APORTES MENSUALES 247
CAJA DE PROTECCION A LA FAMILIA 247
RECLAMOS 249
COMISION PARITARIA 249
FUNCIONES DEL MAYORDOMO Y/O ENCARGADO 250
OBLIGACIONES DEL PERSONAL 250
TAREAS NO OBLIGATORIAS DEL PERSONAL 253
OTRAS OBLIGACIONES DEL EMPLEADOR 254
OBLIGACION DEL CONSORCIO DE ACTUAR COMO AGENTE DE RETENCION 255
PROTECCIÓN DE LA MATERNIDAD, VIDA, DESEMPLEO Y DISCAPACIDAD 256
FORMACION DEL TRABAJADOR/A DE EDIFICIO 261
SERVICIO DE CONCILIACION 262
MODULO PARTICULAR 263
RECONOCIMIENTO DE LA REPRESENTACION SINDICAL . 264

MODULOS INTERNACIONALES 264

RECONOCIMIENTO DE SITUACIONES DE VIOLENCIA 265

COPIA CERTIFICADA DEL CONVENIO 265

Decreto 11296/49 – Reglamentario de la Ley de Encargados. 266

    Definiciones 267

    De la jornada y descanso 268

    Estabilidad 268

    De la determinación de las remuneraciones 269

    De los instrumentos de contralor 270

    De la comisión paritaria 271

CONSERVACION EDIFICIO 274

    SECCION 1 – GENERALIDADES 274

    1.1 DEL TITULO, ALCANCES Y OBLIGACIONES 274

    SECCION 2 – DE LA ADMINISTRACION 275

    SECCION 3 – DE LAS VERIFICACIONES DE OFICIO – ARCHIVO DE EXPEDIENTES DE OBRAS, NO IMPULSADOS 278

    SECCION 4 – DEL PROYECTO DE LAS OBRAS 278

    SECCION 5– DE LA EJECUCION DE LAS OBRAS 282

    SECCION 6 – DE LAS DISPOSICIONES VARIAS 287

    SECCION 7– DE LAS PRESCRIPCIONES PARA CADA USO 288

    SECCION 8– DE LOS REGLAMENTOS TECNICOS 293

FACHADA DE EDIFICIOS LEY 257 – 296

    DE LAS DISPOSICIONES VARIAS 296

SECCION II 298

DE LA ADMINISTRACION 298

DE LAS DISPOSICIONES VARIAS 300

OBLIGACIONES A LAS QUE DEBERAN AJUSTARSE LOS PROPIETARIOS DE EDIFICIOS RELATIVAS A LA CONSERVACION DE LAS OBRAS. 301

Ley No 451 308

    Deterioros a fincas linderas 308

    Salientes...308

    Peligro de Derrumbe 309

    Sanción genérica 309

LIBROS OBLIGATORIOS DEL ADMINISTRADOR DE CONSORCIOS 309

    Libro de Datos 309

    Libro de Registro de Propietarios 311

    Libro de Actas 312

    Libro de Administración 313

    Libro de Sueldos 314

    Libro de Órdenes al Personal 315

    Libro de Horas Extras 316

    Libro de datos DECRETO N° 1.233.....................................317

REGIMENES NACIONALES DE LA SEGURIDAD SOCIAL Y DE OBRAS SOCIALES 327

Resolución General N° 3.834 (DGI), texto sustituido por la Resolución General N° 712, sus modificatorias y complementarias. Norma complementaria. 327

CORREDORES INMOBILIARIOS COLEGIO UNICO Ley 2340 – 332

Título I – Del corredor inmobiliario 332

Título II – Del Colegio Único de Corredores Inmobiliarios 337

    Capítulo I – Creación y funciones 337

    Capítulo II – De las autoridades 338

    Capítulo III – De la Asamblea...338

    Capítulo IV – Del Consejo Directivo 339

    Capítulo V – Del Tribunal de Ética y Disciplina....................342

    Capítulo VI – De la potestad disciplinaria 343

    Capítulo VII – De la Comisión Revisora de Cuentas...........345

MATRICULACIÓN CORREDORES INMOBILIARIOS REQUISITOS PARA EL TRÁMITE 348

REMATE Y SUBASTA...352

    ESPECIES DE SUBASTAS:..353

    NATURALEZA JURÍDICA DEL REMATADOR 353

    REQUISITOS PARA SER MARTILLERO 354

    OBLIGACIONES DEL REMATADOR 354

    DERECHOS DEL REMATADOR 355

    FACULTAD DEL MARTILLERO...355

    SUBASTA JUDICIAL 356

    PROCESO DE LA SUBASTA: 357

    COMPRADOR: 358

TASACION Y VENTA...358

    Bienes Inmuebles 359

Mercado 360

Valor 360

La oferta y la demanda en el mercado inmobiliario 362

Valor de mercado y otros valores 363

Estimación de valor de mercado 364

Valor y riesgo 365

Valor presente – Valor futuro 366

Valor de utilidad – Valor de intercambio 366

Principios que determinan el valor de un inmueble 367

Terreno urbano 369

Edificio urbano 381

EL INMUEBLE EN PROPIEDAD HORIZONTAL 390

SUPERFICIE CUBIERTA EN PROPIEDAD HORIZONTAL 395

REGLAMENTO DE COPROPIEDAD Y ADMINISTRACION 395

Publicación de accesibilidad a los inmuebles 396

Ley 5115 – 396

Formularios y Anexos 398

LOS DERECHOS REALES Y LA PROPIEDAD

Las cosas y su apropiación, son elementos vitales para la vida del hombre, para su bienestar, para su cultura y moral. Pero ocurre que la apropiación y goce de una cosa por el hombre, supone la exclusión de la apropiación y goce de esa misma cosa por otros.

En torno al derecho de las cosas gira la organización social y política de los pueblos, su estilo de vida, su filosofía.

De un derecho absoluto e ilimitado como lo era la propiedad y los demás derechos reales en Roma, hoy día se reconocen límites y restricciones al mismo, a tal punto de ser concebido como relativo y limitado.

Estas restricciones surgieron con la concepción de estado social de derecho que pregona una superioridad de los intereses sociales ante los individuales. Así la misma Iglesia Católica, mediante sus encíclicas pregona que la propiedad debe cumplir una función social.

LOS DERECHOS REALES EN NUESTRO CÓDIGO CIVIL

El Derecho Real es un derecho absoluto, de contenido patrimonial, cuyas normas substancialmente de orden público, establecen entre una persona (sujeto activo) y una cosa (objeto) una relación inmediata, que previa publicidad, obliga a la sociedad (sujeto pasivo) a abstenerse de realizar cualquier acto contrario al uso y goce del derecho real.

Características de los derechos reales:

•   Es un derecho absoluto: es decir no reconoce límites. Hoy día se reconocen más limites a favor de la sociedad

•   Es de contenido patrimonial: solo importa aquello que sea susceptible de valoración económica. Los derechos reales conjuntamente con los derechos de créditos e intelectuales constituyen los derechos patrimoniales en nuestra legislación.

•   Es un vínculo entre una persona y una cosa, y sólo a nivel subsidiario es un vínculo entre dos personas.

•   Es una relación inmediata, pues el uso y goce de las cosas es de manera directa sin necesidad de ningún acto de terceros.

•   Son erga omnes: se ejerce contra todos.

•   Se rigen por el principio de legalidad, pues solo existen aquellos derechos reales creados por la ley, conforme al artículo 1953.

Nuestro Código sigue una metodología moderna de división del mismo en 5 libros, legisla respecto de los derechos reales en su Libro IV.

3. TEORÍA GENERAL DEL PATRIMONIO: COSAS – BIENES

Art. 1872.– Se llaman cosas en este Código, los objetos corporales susceptibles de tener un valor.

Art. 1873.– Los objetos inmateriales susceptibles de valor e igualmente las cosas, se llaman bienes. El conjunto de los bienes de una persona, con las deudas o cargas que lo gravan, constituye su patrimonio.

Etimológicamente, patrimonio deriva de la voz patrimonium y significa bienes que el hijo tiene heredado de su padre o abuelo; es decir, el conjunto de bienes cuya propiedad era ejercida por el paterfamilies, y que se transmitían por sucesión. Pero este concepto tan restringido, no se mantuvo en vigencia durante mucho tiempo, pues ya en la época clásica se amplió con la inclusión también de los derechos sobre las cosas materiales.

El concepto de patrimonio tiene dos elementos:

•   Positivo: los bienes de una persona, es decir, su activo, sea material o inmaterial.

•   El negativo: las cargas o deudas que gravan al patrimonio, es decir, su pasivo.

Características:

•   Unidad e indivisibilidad del patrimonio: toda persona tiene un solo patrimonio, que es único es indivisible.

•   El patrimonio es inseparable de la persona: del mismo modo que no se concibe la existencia de una persona sin patrimonio, el soporte de éste es necesariamente aquella de lo que se sigue la imposibilidad de disposición del patrimonio por la persona sino cuando se produce su desaparición por la muerte. Es decir, no existe patrimonio sin persona.

Los bienes, según el artículo 1873, pueden ser de dos categorías:

•   Los objetos incorporales o inmateriales, siempre que sean susceptibles de una valoración pecuniaria.

•   Las cosas, es decir, los bienes corporales o materiales, conforme lo dispone el artículo 1872.

Los bienes son el género y las cosas son una de las especies de bienes, pues toda cosa es un bien, pero no todo bien es una cosa.

4. CLASIFICACIÓN DE LAS COSAS

- Cosas muebles e inmuebles.
- Cosas consumibles y no consumibles.
- Cosas fungibles y no fungibles
- Cosas principales y accesorias
- Cosas en el comercio y fuera del comercio
- Cosas divisibles y no divisibles

5. ENUMERACIÓN Y PROTECCIÓN DE LOS DERECHOS REALES

Art. 1953.- Todo derecho real sólo puede ser creado por la ley. Los contratos o disposiciones de última voluntad que tuviesen por fin constituir otros derechos reales o modificar los que este Código reconoce, valdrán como actos jurídicos constitutivos de derechos personales, si como tales pudiesen valer.

Son derechos reales: el dominio y el condominio, el usufructo, el uso y la habitación, las servidumbres prediales, la prenda y la hipoteca.

Los derechos reales se protegen básicamente por medio de las acciones reales, que en nuestro código son:

- Acción reivindicatoria.
- Acción confesoria.

- Acción negatoria.

DE LOS BIENES EN RELACIÓN A LAS PERSONAS A QUIENES PERTENECEN

BIENES DEL DOMINIO PÚBLICO

Art. 1898.- Son bienes del dominio público del Estado:

a) las bahías, puertos y ancladeros;

Modificado por el artículo 1º de la Ley Nº 2.559/05

b) los ríos y todas las aguas que corren por sus cauces naturales, y estos mismos cauces;

c) las playas de los ríos, entendidas por playas las extensiones de tierras que las aguas bañan y desocupan en las crecidas ordinarias y no en ocasiones extraordinarias.

d) los lagos navegables y sus alveos; y

e) los caminos, canales, puentes y todas las obras públicas construidas para utilidad común de los habitantes.

Los bienes del dominio público del Estado, son inalienables, imprescriptibles e inembargables.

Art. 1899.- Las personas particulares tienen el uso y goce de los bienes públicos del Estado, pero estarán sujetas a las disposiciones de este Código y a las leyes o reglamentos de carácter administrativo.

La principal característica de los bienes de dominio público del estado, es su destino. Son bienes que están destinados al uso y goce de todos los habitantes de la república, dentro de los límites establecidos por la reglamentación correspondiente.

Las consecuencias de ser un bien de dominio público son:

Imprescriptibles: es decir, no pueden ser adquiridos por la prescripción adquisitiva, o sea de usucapión.

Inalienables: no pueden ser transmitidas a otra persona u estado. Sin embargo, puede dejar de ser de dominio público, mediante el procedimiento que se llama "desafectación" y de esta manera se torna inalienable.

Inembargables: no se puede decretar el embargo preventivo o ejecutivo sobre bienes de dominio público del estado.

El embargo es una medida cautelar decretada judicialmente y que tiene por finalidad tomar indisponible uno o varios bienes con el objeto de precautelar un derecho.

BIENES DEL DOMINO PRIVADO DEL ESTADO

Art. 1900.- Son bienes del dominio privado del Estado:

a.   las islas que se formen en toda clase de ríos o lagos, cuando ellas no pertenezcan a particulares;

b.   los terrenos situados dentro de los límites de la República que carezcan de dueño;

c.   los minerales sólidos, líquidos y gaseosos que se encuentren en estado natural, con excepción de las sustancias pétreas, terrosas o calcáreas. La explotación y aprovechamiento de estas riquezas, se regirán por la legislación especial de minas;

d.   los bienes vacantes o mostrencos, y los de las personas que mueren intestadas o sin herederos, según las disposiciones de este Código.

e.   los bienes del Estado no comprendidos en el artículo anterior o no afectados al servicio público.

Art. 1904.- Los inmuebles del dominio privado del Estado y de propiedad pública o privada de las Municipalidades no pueden adquirirse por prescripción.

Manual Propiedad Horizontal

Los bienes de domino privado no están destinados al uso y goce de todos los habitantes, sino para el uso de los servidos públicos a fin de que el estado pueda cumplir con sus fines.

Tiene en común con los bienes de dominio público del estado, la calidad de ser imprescriptibles, no obstante pueden ser enajenados y son embargables.

COSAS SUSCEPTIBLES DE APROPIACIÓN PRIVADA
Art. 1901.- Son susceptibles de apropiación privada:

a. los peces de los ríos y lagos navegables de acuerdo con las disposiciones de la legislación especial;

b. los enjambres de abejas que huyan de la colmena, si el propietario de ellos no los reclame inmediatamente;

c. las plantas que vegetan en las playas de los ríos o lagos navegables, así como las piedras, conchas u otras sustancias arrojadas por las aguas, siempre que ellas no presenten signos de un dominio anterior, observándose los reglamentos pertinentes; y

d. los tesoros abandonados, monedas, joyas y objetos preciosos que se encuentren, sepultados o escondidos, sin que haya indicios de su dueño, conforme a las disposiciones de este Código.

Art. 1902.- La propiedad de los lagos y lagunas que no sean navegables, pertenece a los propietarios ribereños.

Art. 1906.- Los bienes que no pertenezcan al Estado ni a las Municipalidades, son bienes particulares, sin distinción de personas físicas o jurídicas de derecho privado que tengan dominio sobre ellos.

Art. 1907.- Los puentes, caminos y cualesquiera otras construcciones hechas a expensas de los particulares en terrenos que les pertenezcan, son del dominio privado de los particulares, aunque los dueños permitan su uso o goce a todos.

4. BIENES MUNICIPALES

Art. 1903.- Los bienes municipales son públicos o privados.

Bienes públicos municipales, son los que cada municipio ha destinado al uso y goce de todos sus habitantes. Bienes privados municipales, son los demás, respecto de los cuales cada municipio ejerce dominio, sin estar destinados a dicho uso y goce. Pueden ser enajenados en el modo y la forma establecidos por la Ley Orgánica Municipal.

5. BIENES DE LA IGLESIA CATÓLICA

Art. 1905.- Pertenecen a la Iglesia Católica y sus respectivas parroquias: los templos, lugares píos o religiosos, cosas sagradas y bienes temporales muebles o inmuebles afectados al servicio del culto. Su enajenación está sujeta a las leyes especiales sobre la materia.

Los templos y bienes de las comunidades religiosas no católicas, corresponden a las respectivas corporaciones y pueden ser enajenados en conformidad a sus estatutos.

La Iglesia Católica como sociedad perfecta es titular de bienes. Su enajenación se rige por sus reglamentos internos, pero son embargables y prescriptibles, pues todos los bienes que no pertenecen al estado o a las municipalidades son bienes de los particulares y por tanto se rigen por dichas reglas.

POSESIÓN
1. GENERALIDADES

La posesión no es un derecho real, pero es importante su estudio por las siguientes razones:

- La posesión es una forma de adquisición del dominio y de otros derechos reales, así como de su pérdida.

- Es el modo de ejercer ciertos derechos reales.

- Está protegida jurídicamente.

- Es una rama importante de la doctrina, el fundamento de la propiedad está en la posesión.

- La posesión de buena fe suple el título de propiedad en algunas situaciones (2063)

1.1. CONCEPTO

Art. 1909.- Poseedor es quien tiene sobre una cosa el poder físico inherente al propietario, o al titular de otro derecho real que lo confiera.

Posesión es el poder físico (relación de hecho) entre una persona y una cosa, en virtud del cual esta persona ejerce sobre la cosa las facultades inherentes al dominio (dominación).

Habrá posesión de las cosas cuando alguna persona, por sí o por otro, tenga una cosa bajo su poder, con intención de someterla al ejercicio de un derecho de propiedad.

1.2. POSESIÓN EN LAS DOCTRINAS DE SAVIGNY Y DE IHERING

Dos doctrinas centran el estudio de los elementos de la posesión y son:

Teoría subjetiva: su autor es Savigny y es la teoría adoptada por el Código de Velez. Para esta teoría la posesión tiene tres elementos:

- Corpus.

- Animus genérico.

- Animus dominis.

Lo sustancial de esta teoría es el animus dominis, es decir, la intención de tener la cosa como suya. Para la teoría subjetiva, el que carece del elemento intelectual solo es un mero tenedor, y por tanto desprovisto de la protección de las acciones posesorias.

Teoría objetiva: su autor es Ihering y se basa en la crítica de la anterior. Para este autor la prueba de la existencia del animus dominis es prácticamente imposible, por lo que es un elemento superfluo. Lo que importa es el corpus. Para esta teoría posesión y tenencia son una sola cosa. Lo que se distingue es la posesión originaria y la posesión derivada.

La posesión es un derecho, ya que para él, el derecho no es sino el interés jurídicamente protegido.

1.3. SUJETO DE LA POSESIÓN: POSEEDOR INMEDIATO – POSEEDOR MEDIATO

Art. 1909.- Poseedor es quien tiene sobre una cosa el poder físico inherente al propietario, o al titular de otro derecho real que lo confiera.

Art.1910.- No será considerado poseedor el que ejerce en una casa o establecimiento industrial de otra persona y para ella, el poder físico sobre aquélla, o estuviere sometido en virtud de relaciones de dependencia a cumplir instrucciones de la misma respecto de la cosa.

Art.1911.- El que poseyere como usufructuario, acreedor prendario, locatario, depositario o por otro título análogo en cuya virtud tenga derecho u obligación a poseer temporalmente una cosa, es poseedor de ésta, y también lo es la persona de quien proviene su derecho u obligación. El primero es poseedor inmediato; el segundo mediato. Quien posee a título de propietario, tiene la posesión originaria. Los otros tienen una posesión derivada que no anula a la que le da origen.

Como nuestro código no distingue entre poseedor y tenedor, surgió el problema de que en algunas situaciones más que una persona reuniese la calidad de poseedor. Esto es así por el hecho de que una persona puede ejercer el poder físico sobre una cosa por sí misma, o por medio de otro. En el primer caso tenemos un poseedor inmediato, ya en el segundo tenemos un poseedor mediato valiéndose de otro que también es considerado como poseedor, en este caso poseedor inmediato.

1.4. OBJETO DE LA POSESIÓN: COSAS SUSCEPTIBLES DE POSESIÓN

Art.1917.- Todas las cosas que están en el comercio, son susceptibles de posesión. No lo serán los bienes que no fueren cosas, salvo disposiciones de este Código.

La primera observación que se hace es que sólo se puede poseer cosas, es decir, los bienes corporales, pues la posesión presupone el poder físico sobre la cosa. No obstante, no basta que sea una cosa, además debe estar en el comercio, es decir, su venta y circulación sea libre. Esto implica que no esté prohibido, no sea inmoral ni contrario a las buenas costumbres.

1.5. POSEEDOR DE BUENA Y MALA FE

Art.1918.- El poseedor será de buena fe cuando el poder que ejerza naciere de un título y por error de hecho o de derecho estuviere persuadido de su legitimidad. El título putativo se equipara al existente, cuando el poseedor tenga razones atendibles para juzgarlo tal o para extenderlo a la cosa poseída. El poseedor será de mala fe, cuando conozca o deba conocer la ilegitimidad de su título.

Art.1919.- La buena fe se presume, y basta que haya existido en el momento de la adquisición. La del sucesor universal se juzga por la de su autor y la del sucesor particular por su convicción personal.

Art.1920.- La posesión de buena fe sólo pierde este carácter en el caso y desde el momento que las circunstancias hagan presumir que el poseedor no ignoraba que poseía indebidamente.

Art.1994.- La buena fe exigida por este Código, es la creencia sin duda alguna, en el poseedor de ser titular legítimo, del derecho.

Importancia:

- La posesión de buena fe de una cosa mueble equivale a título; su poseedor no puede verse expuesto a las consecuencias de la reivindicación, sin no fuese robada o perdida.

- Quien poseyere, un inmueble, con justo título y buena fe, tiene derecho a la usucapión corta, mientras que, el que no tiene buen fe, solo podrá acceder a la usucapión larga.

- El poseedor de buena fe hace suyos los frutos.

La buena fe es siempre la ignorancia en el poseedor de no ser titular del derecho que invoca.

1.6. MOMENTO EN QUE DEBE EXISTIR LA BUENA FE EN LA ADQUISICIÓN DE LA POSESIÓN DE LAS COSAS PARTICULARES Y EN LA PERCEPCIÓN DE LOS FRUTOS

Art.1913.- La posesión se transmite con los mismos caracteres a los sucesores universales del poseedor.

Art.1919.- La buena fe se presume, y basta que haya existido en el momento de la adquisición. La del sucesor universal se juzga por la de su autor y la del sucesor particular por su convicción personal.

Art.1922.- En la percepción de frutos, la buena fe debe existir en cada acto. La buena o mala fe del sucesor del poseedor, sea universal o particular, será juzgada con relación a él y no por la de su antecesor.

El código resuelve la cuestión planteada diversamente. Según que se trate de la sucesión a título universal o particular, y también atendiendo a si se aplica a usucapión o a percepción de frutos.

En los casos de sucesión universal: el carácter vicioso o no de la posesión, o la buena fe o mala fe de ella, se juzga por la condición del causante, cualquiera sea la del sucesor.

En los casos de sucesión a título singular: el carácter vicioso o no de la posesión o la buena feo o mala fe, se juzga por la condición del sucesor, cualquiera haya sido el causante.

El carácter vicioso o no de la posesión, la buena o mala fe de ella, a los efectos de la percepción de frutos, se determinan, exclusivamente, atendiendo a la condición del sucesor, sin importar cuál haya podido ser la del antecesor.

COPOSESIÓN

Art.1915.- Si dos o más personas poseyesen en común una cosa indivisa, podrá cada una ejercer sobre ella actos posesorios, con tal que no excluya los de los otros coposeedores.

Art.1923.- Si fueren varios los poseedores, la naturaleza de la posesión se juzgará respecto de cada uno de ellos.

Tratándose de personas representadas, se aplicará lo dispuesto en este Código sobre representación en los actos jurídicos.

Es importante destacar que la buena o mala fe son condiciones personales de tal manera que se juzga por la convicción de cada coposeedor.

ADQUISICIÓN DE LA POSESIÓN
1. POR ACTO ENTRE VIVOS Y POR CAUSA DE MUERTE

Los modos de adquirir la posesión son diversos, y pueden clasificarse de distintas maneras. Por ejemplo, si una cosa carecía de un poseedor anterior, el modo de adquirir es originario, pero si ya tuvo un poseedor, el modo es derivado. Sin embargo esta clasificación es una subdivisión de la clasificación principal, la adquisición por actos entre vivos y por causa de muerte.

Art.1924.– Puede adquirirse la posesión por actos entre vivos y por causa de muerte. Los primeros se clasifican en originarios y derivados.

2. CAPACIDAD PARA ADQUIRIR POR SÍ MISMO

Art.1925.– Se adquiere la posesión de una cosa, cuando se obtenga el poder físico sobre ella. Pueden adquirir por aprehensión la posesión originaria, quienes hubieren cumplido catorce años, como también toda persona capaz de discernimiento. Dichos extremos no serán necesarios, cuando por acto de terceros se hubiere puesto una cosa bajo el poder de una persona, aunque fuere incapaz.

En rigor cualquier persona puede adquirir la posesión, pero cuando se trata de adquirir por el modo de la aprehensión se exige que tenga capacidad relativa o que posea por otro. También permite nuestro código que lo adquiera cuando por un acto de un tercero le es confiada la cosa.

3. FORMAS

De este modo podemos enunciar de la siguiente manera los modos de adquirir la posesión:

a. Por actos entre vivos:

- Originarios:

- Aprehensión

- Ocupación

– Derivados:

- Tradición
- Ocupación

a. A causa de muerte

- Sucesión a título universal
- Sucesión a título singular.

En rigor nuestro código no admite la usucapión ni la ocupación de inmuebles, quedando reducido a cuatro las formas de adquirir la posesión.

3.1. POR APREHENSIÓN

Art.1926.- La posesión quedará adquirida por la mera aprehensión, si la cosa carece de dueño y es de aquéllas cuyo dominio se adquiere por la ocupación, según las disposiciones de este Código.

Requisitos:

- Un acto material que importe la posibilidad de toma física de la cosa.
- La intensión del sujeto de adquirir una potestad efectiva sobre la cosa.
- Se trata de una cosa res nullius, es decir, sin dueño, o res deredicta, es decir, abandonadas.
- Se trate de una cosa cuya aprehensión esté permitida.
- Que el sujeto sea capaz.

3.2. POR LA TRADICIÓN DE LA COSA

Art. 1927.- La posesión se adquiere también por la tradición de la cosa. Habrá tradición cuando una de las partes entregare voluntariamente una cosa y la otra la recibiere del mismo modo.

Art. 1928.- La tradición quedará hecha, aunque no esté presente la persona a quien se hace, si el actual poseedor entrega la cosa a un tercero designado por el adquirente o la pone en un lugar que esté a la exclusiva disposición de éste.

La tradición: es un modo bilateral de adquirir la posesión y que consiste en la entrega material y voluntaria de la cosa a otra persona que la recibe del mismo modo. Se opera entre dos sujetos, uno llamado tradente y el otro adquirente.

Efecto: sustituir la persona del poseedor de la cosa: el adquirente reemplaza al tradente en el señorío sobre la cosa. Aunque sea sólo sea a título de información, conviene remarcar que la tradición crea un vínculo de conexión entre la antigua posesión del tradente y la posesión nueva del adquirente, vale decir, existe una sucesión en la posesión.

4. TRADICIÓN DE COSAS MUEBLES

La regla general es que la tradición de cosas muebles se opera con la entrega material de la cosa, ya sea al adquirente o a la persona indicada por el mismo. Sin embargo, nuestra legislación prevé algunas excepciones, que se estudian en los apartados siguientes.

4.1. POR CONOCIMIENTO - POR FACTURA

Art. 1929.- La tradición de cosas muebles, se entenderá hecha también por la entrega de los conocimientos, facturas o cartas de porte, en los términos dispuestos por la legislación que los rija, o cuando fueren remitidas por cuenta y orden de otros, toda vez que las personas que las remiten las entreguen al agente que deba transportarlas, y con tal que el comitente hubiese determinado o aprobado el modo de la remisión.

5. TRADICIÓN DE LAS COSAS FUTURAS Y LAS NO INDIVIDUALIZADAS

Art.1930.- Si se tratare de cosas muebles que deben separarse de los inmuebles, como arenas, piedras, maderas o frutos pendientes, la tradición se reputará hecha desde la primera extracción efectuada con permiso del poseedor del inmueble.

Sabemos que los frutos y productos orgánicos o inorgánicos de una cosa inmueble forman un todo jurídico que se comprende en la designación del inmueble; sin dualidad de cosas, la cual dualidad, sólo comienza a existir desde que principia la desagregación de partes.

6. VALIDEZ DE LA SIMPLE DECLARACIÓN

Art.1931.- La sola declaración del tradente de darse por desposeído o de dar la posesión de la cosa al adquirente, no suplirá las formas autorizadas por este Código para la tradición.

No obstante, con respecto al tradente y al adquirente, la tradición producirá efectos jurídicos.

El modo normal de tradición es la entrega material de la cosa al adquirente o a la persona indicada por éste. Excepcionalmente se admite la tradición de cosas muebles por carta de porte, conocimiento – facturas, o por su depósito en el lugar indicado. Y por último, por la inscripción de los inmuebles deshabitados en el registro correspondiente.

Pero en todos los casos previstos, existe un acto material, de tal suerte que el código sanciona con la ineficacia la sola declaración, que no vaya acompañado de alguno de estos actos.

7. TRADICIÓN DE INMUEBLES DESHABITADOS

Art.1932.- Respecto de terceros, la inscripción en el Registro Público correspondiente, de títulos de transmisión relativos a inmuebles deshabitados, importará la transferencia de su posesión por la tradición.

8. ENUMERACIÓN DE LOS ACTOS POSESORIOS

Art.1933.- Son actos posesorios de cosas inmuebles: su cultivo, mensura y deslinde, la percepción de frutos, las construcciones y reparaciones que en ellas se hagan, y en general, su ocupación de cualquier modo que se efectúe.

TRANASMISIBILDAD DEL DERECHO POSESORIO
1. ACCESIÓN DE POSESIONES

Art.1991.- El sucesor particular de buena fe puede unir su posesión a la de su autor aunque este sea de mala fe, y beneficiarse del plazo fijado para la usucapión. La causa, la naturaleza y los vicios de la posesión del autor, no serán considerados en el adquirente a los efectos de la prescripción.

La teoría de la accesión de posesiones tiene su origen en el derecho Romano, en cuyas fuentes encontramos textos que acreditan la posibilidad de unir el poseedor actual la posesión de su causante, a la suya, para completar el tiempo necesario para la usucapión. En principio esto solo era posible en la sucesión a causa de muerte, pues, al heredero se le consideraba como un continuador de la personalidad del "de cuyos", es decir, de su causante.

Los herederos universales se favorecían con el régimen establecido con la única condición de que tomaran posesión de las cosas antes de que un tercero se las apropiara.

Más tarde también se admitió la accesión de posesiones, en las sucesiones a título particular, pero con una condición. De que causante y sucesor sean de buena fe.

Nuestro código admite la accesión en la sucesión a título universal como en la sucesión a título particular, en este último caso sin necesidad de buena fe del causante, pues la misma se juzga por el sucesor.

2. TRANSMISIÓN DE LOS CARACTERES DE LA POSESIÓN

Art. 1913.- La posesión se transmite con los mismos caracteres a los sucesores universales del poseedor.

Art. 1919.- La buena fe se presume, y basta que haya existido en el momento de la adquisición. La del sucesor universal se juzga por la de su autor y la del sucesor particular por su convicción personal.

2.1. EN LA SUCESIÓN A TÍTULO UNIVERSAL

Los caracteres a que se refieren el título, son la buena o mala fe. En cuando a los sucesores universales, como continuadores de la personalidad del causante, se rigen por los caracteres del mismo, de tal manera que si su causante era de buena fe, ellos también los serán, caso contrario no.

2.2. EN LA SUCESIÓN A TÍTULO SINGULAR

En la sucesión a título singular, se considera en principio como posesiones independientes, de tal manera que la buena fe se rige por la convicción personal del sucesor, sin tomar en consideración la buena o mala fe del autor.

3. INTERVENCIÓN DEL TÍTULO

Art.1921.- Salvo prueba en contrario, se presume que la posesión conserva el mismo carácter con que fue adquirida. Nadie puede cambiar por sí mismo, ni por el transcurso del tiempo, la causa y las cualidades o los vicios de su posesión. El que comenzó a poseer por sí y como propietario de la cosa, continua poseyendo como tal, mientras no se pruebe que ha comenzado a poseer por otro. El que ha comenzado a poseer por otro, se presume que continúa poseyendo por el mismo título, mientras no se pruebe lo contrario.

No habrá intervención del título por la sola comunicación al poseedor mediato, si ella no va acompañada de hechos que priven a éste de su posesión o que no puedan ser ejecutados por él poseedor inmediato de la cosa de otro.

La intervención de un título: consiste en el cambio de las características de la posesión, como por ejemplo la buena o mala fe y la calidad de poseedor inmediato o mediato. La regla general es que para haber intervención de título es necesario un acto jurídico que lo cauce.

4. EFECTOS DE LA POSESIÓN

- Las acciones y defensas posesorias (1940 – 1952).
- Las obligaciones y derechos del poseedor (1937 – 1939).
- La usucapión (1989 – 1999).
- La adquisición de los frutos (2054 – 2055).
- La propiedad de las cosas muebles (2058 – 2060).

4.1. CON RELACIÓN A LAS COSAS MUEBLES

Art. 2058.– Se adquiere la propiedad de cosas muebles por su posesión de buena fe, no siendo robadas o perdidas. La buena fe debe existir al tiempo de la adquisición.

El adquirente no es de buena fe, cuando sabe que la cosa no pertenece al enajenante, o cuando su ignorancia proviene de una culpa grave.

Esta disposición no se aplicará a las universalidades ni a los bienes que deben registrarse por exigencia de la ley.

Art. 2059.– Serán consideradas cosas robadas, las sustraídas violenta o clandestinamente, pero no aquéllas que salieren del poder de su propietario por abuso de confianza, violación de depósito u otro acto de engaño o estafa.

Art. 2060.- La adquisición de la propiedad de los títulos de crédito se regirá por las normas de este Código relativas a la cesión de derechos.

Nuestro código no crea una simple presunción de propiedad, sino que la atribuye a quien posee una cosa mueble no registrable. La única excepción que puede haber es el caso que la cosa sea robada o perdida, caso en el cual el poseedor de buena fe no se ve protegido.

4.2. A LA PERCEPCIÓN DE LOS FRUTOS

Art.2054.- Los que sin títulos pero de buena fe poseyeren inmuebles como dueños o por otro derecho real, harán suyos los frutos naturales e industriales, una vez separados, y los civiles, sólo percibiéndolos efectivamente, aunque éstos correspondieren al tiempo de su posesión. Cuando al comienzo de ella existieren explotaciones, también les pertenecerán los productos que hubieren sido separados, pero deberán al propietario, y en su caso, al usufructuario, las sumas percibidas por los que hubieran enajenado.

Terminada la posesión, los frutos pendientes corresponderán al dueño o usufructuario; pero será resarcido el poseedor de buena fe, por los gastos efectuados para producirlos. También deberá reintegrársele los tributos que abonó, relativos a la propiedad en la parte y tiempo de preparación y cultivo de esos frutos.

Art.2055.- Si el poseedor fuere de mala fe, pertenecerán al propietario o al usufructuario en su caso, todos los frutos y productos existentes o realizados, los que deberán serle restituidos, con deducción de los gastos de cultivo y cosecha y de los tributos que correspondieren, según se dispone en el artículo anterior. Deberá también el valor de las partes constitutivas de que hubiere dispuesto, aunque el precio obtenido por ellas fuere menor. El heredero del poseedor de mala fe, hará suyos los frutos y productos percibidos de buena fe.

La percepción de los frutos: es un acto posesorio, es decir, un acto que revela la calidad de poseedor. No obstante, el hecho de percibir los frutos no significa que tenga derecho a ellos, pues la regla general, es que tiene derecho a ello, solo el poseedor de buena fe, en caso contrario tiene derecho a ello el propietario o usufructuario en su caso.

4.3. A LA PRESCRIPCIÓN ADQUISITIVA

La posesión de una cosa mueble o inmueble da derecho a su poseedor a usucapir, una vez que reúna las condiciones exigidas en la ley. La usucapión es lo que se conoce con el nombre de prescripción adquisitiva y consite en un modo de adquirir el dominio u otro derecho real por medio de la posesión pública pacífica y sin oposición por el lapso de tiempo previsto en la ley.

La usucapión así es un modo de transformar el simple hecho de la posesión en un derecho real. Su fundamento reside en la presunción de abandono por falta de oposición del titular del derecho y también en la necesidad de dar seguridad jurídica a las relaciones jurídicas.

4.4. A LAS ACCIONES POSESORIAS

La posesión es un hecho, pero no cualquier hecho, sino uno protegido por el derecho, de ahí que el poseedor, sea de buena fe o de mala fe está protegida en sus situación de poseedor, que sólo puede ser quitada por medio de sentencia judicial.

Al poseedor le compete la defensa judicial, mediante las acciones llamadas de interdictos posesorios y la defensa extrajudicial o de hecho en los casos y bajos las condiciones que la ley establece.

5. OBLIGACIONES Y DERECHOS INHERENTES A LA POSESIÓN

Art.1937.- Son obligaciones inherentes a la posesión las concernientes a las cosas y que no graven a una o más personas determinadas, sino al poseedor de una cosa determinada.

Art.1938.- El poseedor de cosas muebles debe exhibirlas ante el juez en la forma establecida por la legislación procesal, cuando la exhibición fuere perdida por quien invoque un derecho sobre la cosa. Los gastos serán cargo del que la pidiere.

Art.1939.- Son derechos inherentes a la posesión de cosas inmuebles, las servidumbres activas y son obligaciones propias de ellas las restricciones y límites del dominio establecidas en este Código.

En resumen son obligaciones del poseedor:

- Las obligaciones propias de la cosa y que no graven a una persona determinada. Aquellas obligaciones que se transmiten al titular de la cosa.

- La de exhibir judicialmente cuando el juez disponga.

- La restricciones y límites del dominio.

Son derechos inherentes a la posesión:

- Las servidumbres activas.

- Los frutos en las condiciones establecidas.

- A la usucapión.

- A la defensa.

6. CONSERVACIÓN Y PÉRDIDA DE LA POSESIÓN

Art.1936.- Se juzga que la posesión sobre la cosa continúa, mientras no ocurra un hecho que cause su pérdida. Esta se producirá:

a.   cuando la cosa hubiere sido puesta fuera del comercio;

b.   por abandono, o en su caso, por cesación del poder de hecho ejercido sobre ella. La interrupción ocasionada por impedimento transitorio, no produce efecto;

c.   por su pérdida o extravío, sin posibilidad de encontrarla. No se perderá, mientras se conserve en el lugar en que fue colocada por el poseedor o sus descendientes, aunque no se recuerde donde se la dejó, sea en la casa o en heredad propia o ajena;

d.   por especificación, siempre que el autor de ella adquiera el dominio; y

e.   por desposesión, sea del poseedor mediato o del inmediato, cuando transcurriere un año sin que estos ejerzan actos de posesión, o sin turbar la del ursupador.

El principio básico de la conservación de la posesión es el siguiente: "La posesión que se conserva, no se pierde, y la que no se conserva, se pierde.

PROTECCIÓN JURÍDICA DE LA POSESIÓN

1. ACCIONES Y DEFENSAS POSESORIAS

Nuestro código prevé dos vías para la protección de la posesión:

Las acciones posesorias: es decir, los medios procesales por los cuales se pueden requerir del órgano jurisdiccional el cese de una turbación o la restitución de una posesión, y se denominan de interdictos posesorios.

La defensa extrajudicial: es decir, la defensa por manos propias, en los casos y con los requisitos exigidos por la ley.

2. TÍTULO Y DERECHO A LA POSESIÓN

Art. 1940.- Un título válido no da sino un derecho a la posesión de la cosa, y no la posesión misma. El que no tiene sino un derecho a la posesión no puede, en caso de oposición, tomar la posesión de la cosa; debe demandarla por las vías legales. Nadie puede turbar arbitrariamente la posesión de otro.

La propiedad así como los demás derechos reales son derechos, es decir, son facultades. De tal suerte que el que tenga el dominio u otro derecho que se ejerza por la posesión tiene la facultad de poseer y no la posesión misma que es un hecho. La posesión no se transmite por título, salvo caso de los inmuebles deshabitadas.

Por eso el que tenga un derecho real que le faculte a poseer no puede tomar la posesión por la fuerza, debe promover la acción real de reivindicación, en virtud de la cual se va a reclamar judicialmente la efectividad de la facultad a poseer, es decir, se va a solicitar el órgano jurisdiccional que le prive al actual poseedor de su posesión y le entregue.

Así esta persona estaría adquiriendo judicialmente la posesión, mediante orden de la autoridad jurisdiccional y con cumplimiento forzoso por la policía nacional en caso de oposición.

3. DEFENSA EXTRAJUDICIAL

Art. 1941.- La posesión da el derecho de protegerse en la posesión propia, y repeler la fuerza con el empleo de una fuerza suficiente, en los casos en que los auxilios de la justicia llegarían demasiado tarde; y el que fuese desposeído podrá recuperarla por sí mismo sin intervalo de tiempo, con tal que no exceda los límites de la propia defensa.

Ese derecho puede ser ejercido por el poseedor, o en su nombre, por los que tienen la cosa, como subordinados de él, o quienes ejerzan sobre la cosa una posesión derivada o mediata.

La defensa extrajudicial o privada: es la que se ejerce por medio de la fuerza sin intervención de la autoridad judicial, y se fundamental en la legítima defensa.

REQUISITOS

•   Que la turbación de la posesión sea llevada a cabo con el empleo de fuerza.

•   Que la intervención de la autoridad competente, por tardía, no sea eficaz.

•   La reacción del poseedor turbado debe ser inmediata; debe haber unidad de tiempo entre la acción del perturbado y la reacción del poseedor, es decir, no debe haber intervalo de tiempo.

•   Que no incurra en excesos el poseedor, es decir, que se ajuste a los requisitos de la legítima defensa, como lo son la racionalidad y la necesidad de la defensa.

4. CONDICIONES REQUERIDAS PARA EL EJERCICIO DE LAS ACCIONES POSESORIAS

Art. 1943.- Para que la posesión dé lugar a las acciones posesorias, debe ser:

•   Pública: contraposición a la clandestinidad, contrario a lo secreto.

•

•   Inequívoca: cuando se exteriorizan por medio de actos que revelan su existencia.

4.1. QUIÉNES PUEDEN PROMOVERLAS

Art. 1948.- Cualquiera de los coposeedores podrá ejercer las acciones posesorias contra terceros sin el concurso de los otros, y también contra éstos, si lo excluyeren o turbaren en el ejercicio de la posesión común. Ellas no procederán si la controversia entre coposeedores sólo versare sobre la mayor o menor participación de cada uno.

Art. 1949.- Las acciones posesorias corresponden también a los poseedores de partes materiales de una cosa, como locales distintos de habitación, comercio y otros.

Art. 1950.- Los poseedores mediatos podráN ejercer las acciones posesorias por hechos producidos contra el poseedor inmediato, y pedir que éste sea reintegrado en su posesión, y si no quisiere recibir la cosa, quedarán facultados para tomarla directamente.

4.2. CONTRA QUIÉNES SE DAN

Contra cualquier persona que está perturbando y usurpando la posesión.

4.3. JUICIO PETITORIO

Es una acción posterior a la posesoria. El poseedor es el que prueba el dominio.

Art.1942.- Habiendo dudas sobre quién era el último poseedor, entre el que se dice poseedor y el que pretende despojarlo o turbarlo en ella, se juzgará que la tiene el que probare una posesión más antigua. No siendo posible determinarla, ni quién es el que tiene la posesión actual, o cuál de las dos es las más caracterizada, el juez ordenará que las partes ventilen su derecho en el petitorio.

ACCIONES POSESORIAS

Se llaman interdictos y son 4:

Adquirir dominio:

Manual Propiedad Horizontal

Recobrar dominio: es para recobrar la posesión.

Retener dominio: se emplea para hacer cesar las turbaciones ilegítimas.

Obras nuevas: para impedir una obra nueva, suspender o destruir.

VALOR DE LA SENTENCIA DEFINITIVA EN JUICIO POSESORIO

Si el que promueve cualquiera de las acciones posesorias es vencido en el juicio, la sentencia definitiva que dictare el juez desestimando la demanda, no produce cosa juzgada.

Art. 1952: La sentencia dictada en el juicio posesorio revestirá carácter de definitiva, sin perjuicio del derecho de las partes para intentar las acciones reales que les competan.

UNIDAD 7: DEL DERECHO DE PROPIEDAD

Todo derecho real puede ser creado por la ley. Se garantiza la propiedad privada cuyo contenido y límites serán establecidos en la ley. Se garantiza la propiedad privada cuyo contenido y límites serán establecidos en la ley, atendiendo a su función económica y social, a fin de hacerlo accesible para todos. La propiedad es inviolable (CN 109, CC 1953). Existe un vínculo jurídico entre la persona y la cosa.

1.   EL DOMINIO Y LA CUESTIÓN SOCIAL

A pesar de las visicitudes por las que ha pasado la propiedad individual, las corrientes que la combaten no llegan al extremo de sostener la conveniencia de su abolición absoluta.

La solución que propugna el colectivismo tampoco pretende tal cosa y la evolución marcha por etapas en las cuales lo más resaltante son las limitaciones cada vez mayores que se imponen al dominio. Los más vastos proyectos de reforma no se elaboran sobre la base de la supresión de la propiedad individual sino sobre la de una diversa relación entre los varios tipos de economía y en la constitución de un sistema de limitaciones impuestas al propietario.

1.1. EL DERECHO DE PROPIEDAD EN LOS DOCUMENTOS PONTIFICIOS

La doctrina cristiana pone especial énfasis en la afirmación del destino común de los bienes exteriores, cuyo fin primordial consiste en satisfacer las necesidades humanas.

La Encíclica Rerum Novarum de León XIII dice: "El derecho de propiedad individual no emana de las leyes humanas, sino de la naturaleza misma: la autoridad pública no puede por tanto, abolirla; solo puede atemperar su uso y conciliarlo con el bien común".

2. EL DOMINIO EN EL CÓDIGO CIVIL

Art. 1956.- Con las limitaciones contenidas en la ley, la propiedad de un inmueble, además de comprender la superficie del terreno, se extiende a todo el espacio aéreo y al subsuelo que dentro de sus límites fueren útiles al ejercicio de este derecho.

No podrá el dueño impedir los actos que se realicen a tal altura o a tal profundidad, cuando él no tenga ningún interés en excluirlos.

2.1. CARACTERÍSTICAS

a. Plenitud: sirve para expresar el sentido comprensivo del derecho de propiedad y en cuya virtud al propietario le es lícito ejercer todas las facultades que no estén prohibidas por ley.

b. Autonomía: significa que no existe una derecho mayor que él.

c. Exclusividad: El dominio de la cosa corpórea, se presume exclusivo e ilimitado, hasta prueba en contrario y sin perjuicio de lo dispuesto en el artículo anterior, y de las restricciones establecidas por la ley, sea en razón de vecindad, impuestos, prohibiciones municipales, expropiación por causa de utilidad pública, o interés social, u otras limitaciones legales (Art. 1957).

d. Perpetuidad: El dominio es perpetuo, y subsiste independientemente del ejercicio que se pueda hacer de él. El propietario no deja de serlo, aunque no ejerza ningún acto de propiedad, o esté en la imposibilidad de hacerlo, y aunque un tercero los ejerza con su consentimiento o contra su voluntad, a no ser que haya dejado que un tercero adquiera la cosa por prescripción (Art. 1963).

2.2. FACULTADES QUE COMPRENDE

JUS UTENDI: facultad de usar y gozar de los bienes siempre dentro de los límites legales.

JUS FRUENDI: derecho a recibir los frutos.

JUS ABUTENDI: derecho a abusar de la cosa.

JUS DISPONIENDI: facultad de disponer, enajenar o abondanonar.

JUS JUDICATI: facultad de demandar (acción reinvindicatoria).

2.3. EXTENSIÓN MATERIAL DEL DOMINIO (espacio aéreo – subsuelo – superficie)

La propiedad abarca todas las facultades posibles. No se las puede enumerar en la definición porque constituye un señorío general del que forman parte todos los poderes imaginables que son las manifestaciones de su plenitud. El dominio no puede definirse por la sus facultades.

2.3.1. SOBRE COSAS INMUEBLES

Art. 1962. La ley considera dos situaciones principalmente: la propiedad de los accesorios unidos artificialmente, o de un modo natural, al inmueble; y las de las construcciones y plantaciones existentes en el terreno.

2.3.2. HACIA EL ESPACIO

La propiedad de un inmueble, además de comprender la superficie del terreno, se extiende a todo el espacio aéreo. No podrá el dueño impedir los actos que se realicen a tal altura o a tal profundidad, cuando él no tenga ningún interés en excluirlos. Art. 1956.–

2.3.3. HACIA EL SUBSUELO

La propiedad de un inmueble al subsuelo que dentro de sus límites fueren útiles al ejercicio de este derecho.

No podrá el dueño impedir los actos que se realicen a tal altura o a tal profundidad, cuando él no tenga ningún interés en excluirlos. Art. 1956.

2.3.4. HACIA LAS MINAS

Del Estado: piedras (minerales sólidos) – minerales líquidos (petróleo – mercurio) – gaseosos (gas natural).

Privado: sustancias pétreas (piedras) – terrosas (arenas) – calcáreas.

2.3.5. LOS ACCESORIOS

Art. 1962.– La propiedad de una cosa comprende simultáneamente la de los accesorios que se encuentren en ella, unidos de un modo natural o artificial.

Todas las construcciones, plantaciones, sus frutos naturales, civiles e industriales, productos y obras existentes en la superficie o en el interior de un terreno, aunque estén separados, pertenecen al propietario, salvo que por un motivo jurídico especial, hubiesen de corresponder al usufructuario, al locatario, o a otro.

2.3.6. FRUTOS Y PRODUCTOS

También los frutos, productos y obras existentes en el terreno, pertenecen al dueño de éste. Los frutos se dividen en: naturales – civiles – industriales.

Naturales: son la producción espontánea de la tierra así como las crías y demás productos de los animales.

Civiles: el alquiler de un edificio, arrendamiento de tierras, intereses de crédito, etc.

Industriales: son los que se obtienen del trabajo del hombre.

La propiedad de los frutos y productos es una consecuencia del derecho mismo de propiedad de la cosa que los produce.

UNIDAD 8: GARANTÍAS DEL DERECHO DE PROPIEDAD

1. NORMAS CONSTITUCIONALES

Artículo 109 – 116

2. PROTECCIÓN DEL DERECHO DE DOMINIO

2.1. FRENTE A LOS PARTICULARES

Adquiere eficacia mediante el otorgamiento de las acciones que el propietario puede hacer valer (Jus vindicandi: acción reivindicatoria y acción negatoria). Las acciones reales o petitorias, y acciones posesorias confieren al propietario una sólida y eficaz defensa contra los ataques ilegítimos a que está expuesto en sus relaciones contra terceros.

2.2. FRENTE AL PODER PÚBLICO

La propiedad no carece de protección frente al Estado. Es verdad que el Estado con frecuencia se ve en la obligación de ocupar o autorizar la ocupación de bienes pertenecientes a los particulares, para la mejor realización de sus fines, pero está obligado a pagar un precio justo y en la forma que se establece previamente.

Son situaciones en las cuales los intereses legítimos de los particulares resultan lesionados por la acción del Estado, pero la propiedad conserva su plenitud.

3. EXPROPIACIÓN

Constituye una forma de limitación del derecho de propiedad cuyos antecedentes se encuentran en la prácticas más antiguas. La expropiación en nuestro país tuvo inicio en la Constitución Nacional de 1870. Requisitos para la expropiación:

- Debe existir una ley.

- Justa y previa indemnización

3.1. FUNDAMENTOS

1. Teorías de la reserva: para esta teoría el fundamento se encuentra en la organización de la primitiva propiedad colectiva.

2. Teoría del dominio eminente del Estado: considera que el poder de expropiación es un atributo que corresponde al Estado como emanación de la soberanía que ejerce dentro del territorio sometido a su jurisdicción. La venta forzosa a través del Estado.

3. Teoría de la colisión de derechos: el fundamento de la expropiación se encuentra en la primacía del interés general sobre el particular; es un dogma el que proclama que el interés particular jamás primará sobre lo general.

4. Teoría del consentimiento presunto: los miembros de una determinada colectividad se acogen a ella y de ella se benefician, aceptando implícitamente la expropiación que la colectividad impone.

5. Teoría fines del estado: cualquier acto realizado por el Estado a favor del bien común.

3.2. NATURALEZA JURÍDICA O IMPORTANCIA DE LA EXPROPIACIÓN

No existe acuerdo entre los tratadistas respecto de la naturaleza jurídica de la expropiación. Es una institución que ofrece características especiales, a tal punto que se la considera tanto de derecho privado como de derecho público, los autores defienden tesis diferentes, bajo la influencia de sus particulares especialidades.

3.3. OBJETO DE LA EXPROPIACIÓN

UNIDAD 9: DE LA PROPIEDAD PRIVADA DE INMUEBLES

1. MODOS DE ADQUIRIRLA

a.   Contrato

b.   Accesión

c.   Usucapión

d.   Sucesión

1.1. CONTRATO

Art. 1968.- La propiedad de bienes inmuebles se transmite por contrato. Los títulos translativos de dominio están sujetos a la toma de razón en el Registro de Inmuebles para que produzcan efectos respecto de terceros.

Art. 1969.- La transmisión, salvo declaración contraria, comprende los accesorios del inmueble existentes en el momento de la transferencia. Los objetos, que por efecto de ella, se entreguen al adquirente, o los que pasasen a poder de terceros, se regirán por las reglas generales sobre posesión de las cosas muebles.

Art. 1970.- La inscripción no impide las acciones que procedan entre enajenante y adquirente para recuperar la cosa, ni tampoco las dirigidas contra terceros en los casos de anotación preventiva, respecto a los derechos constituidos después de ésta.

2. LA INSCRIPCIÓN REGISTRAL

Los contratos deben ser hecho en escritura pública, los títulos traslativos de dominio están sujetos a la toma de razón en el Registro de Inmueble. Instituido en la Dirección General de Registros Públicos al solo efecto de dar publicidad a la transferencia respecto de terceros, el dominio es adquirido entre las partes por la tradición que es la transferencia de la posesión. A los efectos de la inscripción de la transferencia entre las partes adquiere mayor relevancia referido a la prioridad que la inscripción otorga, solo el contrato tiene la virtualidad de probar la transferencia entre las partes.

3. VALOR DE LA INSCRIPCIÓN

Art.1970.- La inscripción no impide las acciones que procedan entre enajenante y adquirente para recuperar la cosa, ni tampoco las dirigidas contra terceros en los casos de anotación preventiva, respecto a los derechos constituidos después de ésta.

4. SENTENCIAS Y ACTOS QUE DEBEN INSCRIBIRSE

Art.1971.- Serán también inscriptas:

a.   las sentencias por las cuales se pusiese término a la indivisión del condominio;

b.   las sentencias que en los inventarios y cuentas particionarias adjudicasen bienes raíces en pago de deudas de herencia; y

c.   las adjudicaciones en subasta pública, y en general, todos los actos jurídicos entre vivos, declarativos o modificativos de dominio sobre bienes inmuebles.

5. FORMA DE DETERMINAR LA PRIORIDAD ENTRE DOS INSCRIPCIONES

Art. 1972.- Para determinar la prioridad entre dos o más inscripciones de una misma fecha, relativas al mismo bien, se atenderá a la hora de presentación en el Registro de los títulos respectivos.

Se considerará como fecha de la inscripción para todos los efectos que ésta deba producir, la fecha del asiento de la presentación que deberá constar en la inscripción misma.

6. MODOS DE PERDER EL DOMINIO DE UN INMUEBLE

Art. 1967.- Se pierde el dominio de los inmuebles:

a.   por su enajenación;

b.   por transmisión o declaración judicial;

c.   por ejecución de sentencia;

d.   por expropiación; y

e.   por su abandono declarado en escritura pública, debidamente inscripta en el Registro de Inmuebles, y en los demás casos previstos en la ley.

7. INMUEBLES ABANDONADOS

Art. 1973.- Los inmuebles abandonados pertenecen al Estado. Si lo abandonado fuese la parte de un condominio, ella acrecerá proporcionalmente a la de los otros comuneros.

En este caso, será necesario que la declaración se haga igualmente en escritura pública. El propietario exclusivo de una cosa, no podrá hacer abandono de sólo una parte indivisa de ella.

UNIDAD 10: DE LA ADQUISICIÓN POR ACCESIÓN

Art. 1974.- La accesión puede resultar de:

a. la formación de islas;

b. aluvión;

c. avulsión;

d. abandono del álveo; y

e. la edificación de obras y las plantaciones.

1. ACCESIÓN NATURAL Y ARTIFICIAL

La segunda forma de adquirir la propiedad, es la formación de acumulación de tierras por sedimentación paulatina o violenta, u otros fenómenos naturales y también por hechos del hombre.

1.2. ISLAS

Art. 1975.- Las islas situadas en los ríos navegables pertenecen a los propietarios ribereños, de acuerdo con las reglas siguientes:

a. las que se formaren en medio del río, se consideran acrecencia sobrevenida a las tierras ribereñas fronterizas de ambas márgenes, en la proporción de sus frentes, hasta la línea que divida el álveo en dos partes iguales;

b. las que se formaren entre esa línea y una de las márgenes, se considerarán acrecencia de las tierras ribereñas fronterizas de ese mismo lado; y

c. las que emergieren por el desdoblamiento de un nuevo brazo del río, continúan perteneciendo a los propietarios de las tierras a costa de las cuales se formaron.

1.2 DEL ALUVIÓN

Art. 1976.- Los acrecentamientos de tierra formados paulatina e insensiblemente por causas naturales, pertenecen a los propietarios de las tierras ribereñas. Esta disposición es aplicable a los lagos y lagunas.

1.3. AVULSIÓN

Art. 1979.- Cuando la corriente de las aguas segrega de una ribera una porción de tierra y la transporta a otra heredad interior o de la ribera opuesta, su dueño puede retirarla mientras no se haya efectuado adhesión natural, pero no está obligado a hacerlo.

Si la avulsión fuere de cosas no susceptibles de adhesión natural, se aplicará lo dispuesto sobre las cosas perdidas.

Art. 1980.- Si nadie reclamare la porción de tierra a que se refiere el artículo anterior dentro de un año, se considerará definitivamente incorporada al predio donde se halla, y el antiguo dueño perderá el derecho de reivindicarla o de ser indemnizado.

1.4. DEL ALVEO ABANDONADO

Art. 1981.- El álveo o cauce abandonado de un río del dominio público o privado pertenece a los propietarios ribereños de las dos márgenes sin que los dueños de las heredades por donde el río abriere nuevo cauce tengan derecho a indemnización alguna. Se entiende que los predios de ambas márgenes se extenderán hasta la mitad del álveo o cauce. Si éste separaba heredades de distintos dueños, la nueva línea divisoria correrá equidistante de unas y otras.

1.5. DE LA EDIFICACIÓN Y LA PLANTACIÓN

Art. 1982.- Toda construcción o plantación existente en un terreno, se presume hecha por el propietario, y a su costa, salvo prueba en contrario.

Art. 1983.– El que sembrare, plantare o edificare una finca propia con semillas, plantas o materiales ajenos, adquiere la propiedad de uno y otros, pero está obligado a pagar su valor; y si hubiese procedido de mala fe, será además condenado al resarcimiento de los daños y perjuicios. El dueño de las semillas, plantas o materiales podrá reivindicarlos si le conviniere, si ulteriormente se separasen.

2. EDIFICACIÓN EN TERRENO PROPIO Y EN FONDO AJENO

Art. 1984.– Cuando de buena fe se ha sembrado, edificado o plantado en terreno ajeno, y sin derecho para ello, el dueño está obligado a abonar el mayor valor que por los trabajos o la construcción hubiese adquirido el bien, en el momento de la restitución. Puede impedir la demolición o deterioro de los trabajos.

No está obligado a pagar las mejoras voluntarias. El autor podrá levantarlas, si no causare perjuicio al bien. Si procedió de mala fe, estará obligado a la demolición o reposición de las cosas a su estado primitivo, a su costa. Si el dueño quisiere conservar lo hecho, no podrán ser destruidas las mejoras, y deberá abonar el mayor valor que por los trabajos hubiere adquirido el bien.

Art. 1985.– Si hubiere mala fe, no sólo por parte del que edifica, siembra o planta en terreno ajeno, sin también por parte del dueño, se reglarán los derechos de uno y otro según lo dispuesto respecto del edificante de buena fe. Se entiende haber mala fe por parte del dueño, siempre que el edificio, siembra o plantación se hiciere a vista y conocimiento del mismo y sin oposición suya.

3. PROPIETARIO QUE CONSTRUYE REBASANDO LOS LÍMITES DE SU PREDIO

Art. 1988.– El poseedor cuando ha sembrado, edificado o plantado de buena fe en terreno ajeno tiene derecho de retención mientras no sea indemnizado. Si procedió de mala fe tendrá ese derecho en caso de que el propietario quisiere conservar las mejoras introducidas.

LA USUCAPIÓN COMO MEDIO DE ADQUIRIR EL DOMINIO

Es la adquisición de la propiedad a través del tiempo y por inacción del titular.

1. FUNDAMENTO Y UTILIDAD

- Por la presunción de abandono.
- Función social de la tierra.

UTILIDAD: transforma la simple posesión en un derecho real; que es la propiedad.

2. REQUISITOS

- La posesión de la cosa (falta de oposición).
- Que la posesión dure 20 años ininterrumpidos. Con justo título – buena fe es de 10 años.

3. CARACTERES

a. La posesión debe ser a título de dueño.

b. Ininterrumpida

c. Pública

d. Pacífica.

4. QUIENES PUEDEN USUCAPIR Y CONTRA QUINES ES POSIBLE HACERLO

Como regla general, debe ser considerado capaz para usucapir toda persona que haya alcanzado la mayoría de edad.

Se puede usucapir contra el propietario del inmueble y co – propietario y sus herederos con excepción del Estado y las Municipalidades.

5. USUCAPIÓN DE LOS BIENES DE UNA HERENCIA

En iguales condiciones podrá adquirir los bienes el que posea una herencia, cuando medie declaratoria a su favor en virtud de la muerte real o presunta del titular.

Este precepto se aplicará al legatario de cosa determinada (1990).

6. USUCAPIÓN CONTRA EL ESTADO

Las tierras del dominio privado del Estado y de los entes autónomos del derecho público, no pueden ser adquiridas por usucapión.

7. COSAS SUSCEPTIBLES DE USUCAPIÓN

Tanto a las cosas muebles o inmuebles que no estén afectadas de inalienabilidad son aplicables las reglas de la usucapión a todos los bienes que se hallen en el comercio.

8. CAUSAS DE INTERRUPCIÓN Y DE SUSPENSIÓN

INTERRUPCIÓN: consiste en la pérdida o extinción del plazo ya transcurrido para la usucapión, el plazo vuelve a comenzar (CC 674).

SUSPENSIÓN: consiste en la paralización del cómputo del plazo para la usucapión. Dicho plazo queda suspendido cuando por circunstancias objetivamente insuperables no se puede iniciar o continuar un proceso (CC 646).

DIFERENCIA ENTRE UNOS Y OTROS

Suspensión e interrupción producen consecuencias jurídicas diferentes: la suspensión sólo aplaza el transcurso del tiempo; la interrupción deja sin efecto, hace perder definitivamente el tiempo transcurrido.

9. PRESCRIPCIÓN CORTA

El poseedor aduce un título revestido de ciertos caracteres.

9.1. REQUISITOS

Quien hubiere adquirido un inmueble de buena fe y justo título, obtendrá el dominio del mismo por la posesión continua de 10 años sin oposición.

Justo título: es el que se ajusta a todas las exigencias impuestas por la ley, a tal punto que sería suficiente, por sí solo, para transmitir dominio. El justo título que el Código Civil exige para la usucapión son: donación – permuta.

Buena fe: debe ser entendido como comprensivo de la ignorancia de los defectos de titularidad (CC 1918 – 1990).

La buena fe exigida por el Código Civil es la creencia, sin duda alguna, en el poseedor de ser titular legítimo del derecho.

9.2. ACCESIÓN DE LA POSESIÓN DEL AUTOR CON LA DEL SUCESOR PARTICULAR A LOS EFECTOS DE LA USUCAPIÓN CORTA (CC 1991)

El sucesor particular de buena fe puede unir su posesión a la de autor aunque éste sea de mala fe, y beneficiarse del plazo fijado para la usucapión. La causa, naturaleza y los vicios de la posesión del autor no serán considerados en el adquirente a los efectos de la prescripción.

10. TÍTULO PUTATIVO

El título debe ser verdadero y también corresponder al inmueble poseído. Una simple creencia es ineficaz para llenar los requisitos exigidos para la usucapión corta. La existencia efectiva del título y su aplicación al objeto de que se trata, son, premisas ineludibles para que pueda invocarse con éxito la prescripción corta.

11. USUCAPIÓN LARGA (CC 1989)

El que poseyere ininterrumpidamente un inmueble durante 20 años sin oposición, sin necesidad de título ni de buena fe, podrá exigir al juez que así lo declare por sentencia definitiva (se presume la buena fe).

11.1. REQUISITOS

- Posesión de 20 años ininterrumpidos.
- Pública
- Pacífica
- Sin oposición

11.2. PRUEBA

Cualquier tipo de pruebas (actos posesorios – reconocimiento judicial).

UNIDAD 12: DE LAS RESTRICCIONES Y LÍMITES AL DOMINIO

1. RESTRICCIONES A LA DISPONIBILIDAD JURÍDICA

Todo acto jurídico que cercene alguna de las facultades que la ley garantiza al propietario constituye una restricción impuesta a la libre disposición jurídica de la propiedad. Las restricciones y límites al dominio constituyen el régimen normal de la propiedad inmueble, no así las servidumbres, que establecen un régimen de excepción.

El Código Civil asegura al propietario la posibilidad de realizar actos de disposición, sea a título oneroso o gratuito (CC 767 – 2525 – 2526 – 2000).

2. RESTRICCIONES A LA DISPONIBILIDAD MATERIAL

Impide al propietario disponer de actos materiales sobre sus bienes (derecho de vecindad, Art. 2000).

El propietario está obligado en los trabajos de explotación industrial, a abstenerse de todo exceso contra la propiedad de los vecinos y no podrá expedir humo, molestias y ruidos.

3. DE LOS DERECHOS DE VECINDAD

3.1. ÁRBOLES Y ARBUSTOS: el propietario de una heredad no puede tener en ella árboles sino a distancia de 3 metros de la línea divisoria con el vecino, sea la propiedad de este "predio rústico o urbano", cerrado o no. No podrán tenerse arbustos sino a distancia de 1 metro (CC 2001 – 2002).

3.2. PASO OBLIGATORIO: si entre una finca y un camino público faltase la necesaria comunicación para una explotación regular, podrá el propietario de la finca encerrada exigir de los vecinos que toleren, mientras sea necesario, el uso de sus predios para establecer dicha comunicación, la dirección del paso obligatorio y las extensión del uso deberán fijarse judicialmente.

3.3. RÉGIMEN DE LAS AGUAS: las aguas pluviales pertenecen a las dueños de las heredades donde cayesen o donde entrasen y pueden disponer libremente de ellos, o desviarlos en detrimento de los terrenos inferiores, si no hay derecho adquirido en contrario (CC 2004 – 2011).

3.4. DERECHO DE CONSTRUIR: todo propietario debe mantener sus edificios de manera que la caída, o los materiales que de ellos se desprenden, no puedan dañar a los vecinos o transeúntes bajo la pena de satisfacer los daños que por su negligencia causare (CC 2015 – 2017). Demanda de interdicto de obra nueva.

4. DE LA DEMARCACIÓN DE PREDIOS

El propietario de una heredad puede obligar al dueño del predio lindero a proceder con él a la demarcación de los dos predios, y a renovar mojones destruidos repartiéndose los gastos entre los propietarios colindantes.

Manual Propiedad Horizontal

La acción de deslinde compete únicamente a los titulares de derechos reales sobre el terreno, y se da contra los que posean la heredad continua (CC 2023).

4.1. ACCIÓN DE DESLINDE: la acción de deslinde tiene por antecedente indispensable la contiguidad de predios no separados por edificios, muros o cercas u otras obras permanentes, a no ser que las cercas hayan sido removidas por uno de los vecinos (CC 2024 – 2026).

4.2. DERECHO DE CERCAR: todo propietario titular de un derecho real tiene facultar para cercar su propiedad (CC 2027 – 2028).

UNIDAD 13: DE LA ADQUISICIÓN DE LA PROPIEDAD DE COSAS MUEBLES

1. APROPIACIÓN

Se adquiere de esta forma la propiedad de las cosas muebles que nunca tuvieron dueño o hubieran sido abandonadas con intención de renunciar a su dominio, si esa aprehensión no fuera prohibida por la ley, y si se hiciere con la voluntad de adquirir la propiedad.

2. COSAS SUJETAS A APROPIACIÓN

a. Animales silvestres en libertad, los cuales pertenecen a quien los haya cazado.

b. Los animales mansos o domesticados carentes de marca o señal, pertenecientes al dueño del inmueble donde contrajesen la costumbre de vivir, si éste no se hubiere valido de artificios para atraerlos(enjambres, río de peces, CC 2030).

3. USUCAPIÓN DE COSAS

3.1. MUEBLES: cuando una cosa mueble, cuya transferencia exija inscripción en un registro público hubiese sido robada o perdida, podrá su poseedor usucapirla en el término de 2 años, que fuera anotada a su nombre.

3.2. DE LA PESCA: es libre la pesca en los ríos y lagos navegables. En los no navegables y en los arroyos, los propietarios ribereños tiene el derecho de pescar por su lado hasta el medio del río o arroyo. Es lícito pescar en aguas privadas con autorización del dueño (CC 2034).

3.3. DE LAS COSAS PERDIDAS: el que hallare una cosa, presumiblemente perdida, si la tomare asumirá la responsabilidad del depositario y estará obligado, como tal, a restituirla a su dueño o legítimo poseedor. Está obligado a conservar, dar aviso, abstenerse de todo uso y tiene derecho a una indemnización fijada por el juez (2035 – 2039).

3.4. DEL TESORO: es todo objeto de valor sin dueño conocido que estuviese oculto o enterrado en un inmueble. No lo serán aquellos encontrados en sepulturas o lugares públicos (CC 2040).

3.5. DERECHOS DEL DESCUBRIDOR: se reputa descubridor del tesoro el primero que lo haga visible, aunque sea en parte, siquiera no lo haya aprendido ni reconozca que es un tesoro, y hayan otros que trabajasen con él (CC 2041).

3.6. DE LA ESPECIFICACIÓN Y ADJUNCIÓN: el que con su trabajo, de buena o mala fe, transforme materia ajena en cosa nueva, la hará suya, aunque sea posible restituirla a su forma anterior.

El que especifique deberá pagar lo que valiere la materia, pero si hubiera obrado de mala fe, el dueño de ésta tendrá derecho a ser indemnizado de todo daño, si no prefiriese tomar la cosa, pagando al transformador el aumento de valor que hubiere adquirido (CC 20 47).

La adjudicación es cuando 2 cosas muebles de distintos dueños, se unen, que formen partes iguales e integrantes de una sola, el propietario de la principal adquiere la accesoria, en el caso de que se pueda separar, es obligación de pagar al dueño de la cosa accesoria lo que ella valiere (CC 2048 – 2049).

3.7. DE LA ADQUISICIÓN DE LOS PRODUCTOS Y DE LAS OTRAS PARTES INTEGRANTES DE LA COSA

Los productos y las partes constitutivas de una cosa pertenecen al propietario de ellas, aún después de su separación, salvo los derechos de terceros al goce de la cosa y los poseedores de buena fe (CC 2053 – 2055).

UNIDAD 14: DE LA PROPIEDAD DE LAS COSAS MUEBLES POR LA POSESIÓN

1. PRINCIPIO GENERAL Y EXCEPCIONES

Se adquiere la propiedad de cosas muebles por su posesión de buena fe, no siendo robadas o perdidas. La buena fe debe existir al tiempo de la adquisición. El adquirente no es de buena fe, cuando sabe que la cosa no pertenece al enajenante, o cuando su ignorancia proviene de una culpa grave. Esta disposición no se aplicará a las universalidades ni a los bienes que deben registrarse por exigencia de la ley (CC 2058).

El principio general es que se adquiere la propiedad de las cosas muebles por posesión de buena fe, no sean robadas o perdidas. La excepción se refiere a las universalidades y a los bienes registrables por exigencia de la ley y las robadas o perdidas, deben hacerse por denuncia.

2. DE LA ADQUISICIÓN DE LAS COSAS MUEBLES POR CONTRATO (TÍTULO)

Las cosas muebles podrán adquirirse por contratos traslativos de propiedad, conforme a las disposiciones de este Código (CC 2061).

El acuerdo de voluntades es un acto jurídico necesario para que tenga lugar la transferencia de propiedad, sometido a los principios generales que rigen los contratos. La voluntad común de transferir, por una parte y la de adquirir por la otra, la propiedad de la cosa mueble, puede ser tácitamente expresada, resultante de hechos que acompañen a la tradición.

La entrega hecha por el propietario de una cosa mueble, transfiere el dominio al adquirente cuando existe acuerdo entre ellos para transmitir la propiedad. Si el adquirente ya está en posesión de la cosa, la propiedad se transmite por el acuerdo. Si el propietario posee la cosa, la tradición se efectúa por el convenio de constituir al adquirente en poseedor mediato (CC 2062).

3. DERECHOS REALES QUE PUDIEREN EXISTIR SOBRE LA COSA CUYA POSESIÓN SE ADQUIRIÓ DE BUENA FE

En virtud del artículo 2063 segundo párrafo, todos los derechos reales que pudieran existir sobre ella quedan extinguidos.

El que de buena fe adquiere la propiedad de una cosa mueble gravado con derechos de terceros, en la creencia de estar libre de todo gravamen produce extinción de esos derechos (CC 2067). No se extingue si es que no hubo buena fe, en el momento de la adquisición.

4. MOMENTO EN QUE DEBE EXISTIR LA BUENA FE

La posesión constituye en propietario al adquirente de buena fe, aunque la cosa no pertenezca al tradente, salvo el caso de que la cosa fuese robada o perdida (CC 2063, 1ª. Parte).

La buena fe del adquirente debe existir en el momento dela tradición en virtud del artículo 2064.

5. CASOS DEL POSEEDOR INMEDIATO QUE ADQUIERA LA POSESIÓN DEL POSEEDOR MEDIATO

Art.2065.- El poseedor inmediato no adquiere la propiedad contra el poseedor mediato de quien recibió la cosa.

Art.2066.- Cuando la cosa es poseída por un tercero, la cesión hecha por el propietario a favor del adquirente de su acción para exigir la restitución de la cosa, equivale a la tradición.

6. ENAJENANTE SUCESIVO DE LA MISMA COSA A VARIAS PERSONAS

Si el propietario enajenare sucesivamente la misma cosa a varias personas, el dominio corresponde al adquirente de buena fe que tomó posesión del mueble, aunque su título sea de fecha posterior, no tratándose de bienes sujetos a registro (no importa que sea el primero o el último, CC 2068).

7. DE LA PROPIEDAD DE GANADOS Y VEHÍCULOS AUTOMOTORES

La marca o señal en el ganado mayor o menor que la lleve, constituye título de propiedad a favor de la persona o entidad que la tenga debidamente inscriptos en el Registro de Marcas y Señales (CC 2069 - 2070).

La propiedad de toda clase de máquina o vehículo automotor debe inscribirse en el registro habilitado en la Dirección General de Registros Públicos y su transmisión no podrá hacerse sino por escritura pública, previo certificado de no gravamen del mencionado registro (CC 2071).

La posesión de cosas muebles vale título a no ser que sea robada o perdida.

UNIDAD 15: DEL BIEN DE FAMILIA

El bien de familia es una institución de orden constitucional de alto valor humanitario y social que tiene como finalidad asegurar el dominio de propiedades rústicas o urbanas de los miembros de una familia, o algunos de ellos, siempre que se den determinados requisitos o concurran ciertas circunstancias. Pueden ser: muebles – inmuebles. Considerados por imperio de la ley y deben ser inscriptos (CC 2072).

Se reconoce como institución de interés social el bien de familia, cuyo régimen será determinado por ley. El mismo estará constituido por la vivienda o el fundo familiar y por sus muebles y elementos de trabajo, los cuales serán inembargables (CN 59).

1. QUIENES PUDEN BENEFICIARSE CON SU CONSTITUCIÓN (Ley 1/92, Art. 95)

Podrán beneficiarse con la institución del bien de familia:

- Los cónyuges.

- El concubino varón o mujer, cualquiera sea la naturaleza de dicha relación.

- Los hijos biológicos y adoptivos, menores de edad y los incapaces aunque fuesen hijos mayores.

- Los padres y otros ascendientes de 70 años o si se encuentran en estado de necesidad, cualquiera sea su edad.

- Los hermanos menores o incapaces del o de la constituyente.

Nadie podrá constituir más de una propiedad urbana o rural como bien de familia (CC 2072).

Podrán constituir el bien de familia:

- Cualquiera de los cónyuges sobre bienes de su exclusiva propiedad.

- Los cónyuges de común acuerdo sobre bienes comunes o gananciales.

- El padre o la madre judicialmente separados de bienes en beneficio de los hijos de la segunda unión.

- El padre o la madre solteros o viudos sobre bienes propios.

- Cualquier persona dentro de los límites en que pueda disponer libremente de sus bienes por testamento o donación.

2. REQUISITOS PARA CONSTITUIRLA (CC 2073)

El inmueble a ser considerado bien de familia no excederá en su avaluación fiscal de 10 mil jornales mínimos legales.

El mayor valor atribuido al inmueble por disposiciones legales que no se basen en mejoras introducidas en el mismo, no harán cesar su calidad de bien de familia.

3. DESDE CUANDO ES OPONIBLE A TERCEROS

La constitución quedará formalizada y será oponible a terceros desde que el inmueble quede inscripto en tal carácter en el Registro de Inmuebles. Para los bienes muebles no se requerirá la formalidad del registro. No se podrá enajenar ni embargar.

Excepción: ejecución por deudas del propietario anterior a la constitución del mismo.

4. BIENES MUEBLES QUE CONSTITUYEN BIEN DE FAMILIA

Constituyen bien de familia el lecho del beneficiario, de su mujer e hijos: los muebles de indispensables usos en el hogar, incluyendo cocinas, heladeras, ventiladores, radios, televisores e instrumentos musicales familiares, máquinas de coser y de lavar, y los instrumentos necesarios para la profesión, arte u oficio que ejerza el dueño de tales bienes. Dichos bienes no serán ejecutables ni embargables, salvo que se reclame el precio de venta (CC 2073).

5. PROCEDIMIENTO PARA LOGRAR DICHA DECLARACIÓN (Ley 2170/03, Art. 2)

Artículo 1°.- Modifícanse los Artículos y 2074 de la Ley N° 1183 del 23 de diciembre de 1985 "Código Civil", los que quedan redactados en la siguiente forma:

"Art. 2073.- El inmueble a ser constituido como bien de familia no excederá en su avaluación fiscal del importe de 10.000 (diez mil) jornales mínimos legales establecidos para trabajadores de actividades diversas no especificadas de la Capital.

El valor atribuido al inmueble por disposiciones legales que no se basen en mejoras introducidas en el mismo, no hará cesar su calidad de bien de familia. La constitución quedará formalizada y será oponible a terceros desde que el inmueble quede inscripto en tal carácter en el Registro de Inmuebles. Para los bienes muebles no se requerirá la formalidad de registro.

Constituyen también bien de familia el lecho del beneficiario, de su mujer e hijos, los muebles de indispensable uso en el hogar, incluyendo cocinas, heladeras, ventiladores, radios, televisores e instrumentos musicales familiares, máquinas de coser y de lavar, y los instrumentos necesarios para la profesión, arte u oficio que ejerza el dueño de tales bienes. Dichos bienes no serán ejecutables ni embargables, salvo que se reclame el precio de venta".

"Art. 2074.- El que desee constituir un bien de familia sobre un inmueble lo solicitará a la Dirección General de Registros Públicos, adjuntando la siguiente documentación:

a) título de propiedad o copia fascimil del título de propiedad autenticada por notario público;

b) certificado en el que conste la avaluación fiscal del inmueble, expedido por la Dirección del Servicio Nacional de Catastro;

c) certificado de matrimonio y, en su caso, certificado de nacimiento de los hijos menores de edad;

a.   para acreditar la situación prevista en el Artículo 2073 para propietarios no casados, información sumaria producida ante Juez de Paz, Juez de la Niñez y la Adolescencia o Juez de Primera Instancia en lo Civil, y en su caso, certificado de nacimiento de los hijos menores de edad".

El bien registrado como bien de familia está fuera del comercio (CC 2076 – 2077), no podrá ser:

- Enajenado.
- Embargado.
- Ejecutado en remate
- Arrendado
- Hipotecado con autorización judicial si se puede.

Embargo y ejecución en remate por deudas del propietario posteriores a la constitución del mismo, salvo los siguientes casos:

- Cuando se trate de pago de obligaciones contraídas con anterioridad a la constitución del bien de familia.
- Cuando se adeudare impuestos y tasas del inmueble.
- Cuando se reclame el pago de mejoras introducidas en el inmueble y que aumenten su valor (CC 2076).

El bien de familia no podrá ser objeto de arrendamiento ni de hipoteca, sino con la conformidad de todas las personas beneficiadas por el mismo o de sus representantes legales, previa autorización judicial, que será otorgada en caso de que el juez lo considere conveniente al interés de la familia (CC 2077).

7. EFECTOS DESPUÉS DEL FALLECIMIENTO DEL CONSTITUYENTE

El régimen de bien de familia subsistirá después del fallecimiento del constituyente, en beneficio del cónyuge sobreviviente y los descendientes, o de los hijos adoptivos, y en su caso, de la madre y sus hijos menores extramatrimoniales (CC 2078).

8. CESACIÓN DE LA AFECTACIÓN (CC 2081 – 2082)

Cesará la afectación del inmueble como bien de familia en los siguientes casos:

- Por pedido expreso del constituyente. Si el bien de familia fuere ganancial se requerirá el consentimiento del otro cónyuge o, en su caso, de la madre de los hijos extramatrimoniales; si existieren hijos menores se requerirá la intervención del Ministerio Público.

- Por venta judicial en los casos establecidos en este Código (2076).

- Por expropiación por causa de utilidad pública o interés social.

- Por reivindicación, cuando se introduzcan en el inmueble mejoras que hagan sobrepasar el valor máximo establecido en este Código.

- Por matrimonio del cónyuge sobreviviente, o disolución de la unión de hecho y matrimonio del hombre con otra mujer, siempre que los hijos hayan llegado a la mayoría de edad.

- Cuando falleciere el cónyuge superstite y los hijos hayan llegado a la mayoría de edad (CC 2081)

Como se desafecta: el mismo modo de su constitución. Registros públicos (CC 2082).

UNIDAD 16: CONDOMINIO

Uno de los caracteres del condominio es su exclusividad, no obstante, existen casos de pluralidad de sujetos con derecho de propiedad sobre una misma cosa y se lo denomina condominio.

La copropiedad o condominio configura una relación jurídica en que los comuneros no tienen el dominio entero sobre un mismo objeto, y su derecho está representado por una fracción ideal.

1. CONCEPTO

Art.2083.- Hay condominio cuando dos o más personas comparten el dominio de una misma cosa mueble o inmueble por contrato, actos de última voluntad, o disposición de la ley, sin que ninguna de ellas pueda excluir a la otra en el ejercicio del derecho real proporcional inherente a su cuota parte ideal en la cosa, ni de otro modo que el estatuido por el presente Código. No es condominio la comunidad de bienes que no sean cosas.

Art.2084.- Ninguno de los condóminos puede, sin el consentimiento de los otros, ejercer sobre la cosa común, ni sobre la menor parte de ella físicamente determinada, actos materiales o jurídicos que importen el ejercicio actual e inmediato del derecho de propiedad. Bastará la oposición de uno de ellos para impedir lo que los demás quieran hacer a este respecto.

Art.2085.- Ninguno de los condóminos puede hacer en la cosa común innovaciones materiales ni cambiar su destino, sin consentimiento de los otros; ni enajenarla, ni constituir servidumbres, ni hipotecas con perjuicio del derecho de los copropietarios. El arrendamiento o alquiler hecho por alguno de ellos es de ningún valor.

2. CARACTERES

- Pluralidad de sujetos

- Unidad de objeto, porque existe una indivisión material.

- Necesidad de una cosa mueble o inmueble.

- Falta de una cuota material por lo que la atribución de cuotas indivisas representan la porción en que los copropietarios han de gozar de los beneficios de la cosa.

- Atribución de cuotas en partes iguales.

3. PARALELO CON FIGURAS JURÍDICAS ANÁLOGAS

Comparando el condominio con otras figuras jurídicas que crean un estado de indivisión, encontramos algunas analogías y diferencias como:

Con la sociedad: la constitución del ente responde básicamente al propósito de realizar negocios que produzcan ganancias.; en cambio, en el condominio las actividades de los comuneros se inspiran en la conservación de la cosa, hasta tanto se produzca la cesación del estado comunidad y la consiguiente partición de la cosa común.

En cuanto a la constitución: la sociedad se constituye por contrato, en cambio, el condominio puede constituirse por contrato, por actos de última voluntad y por disposición de la ley.

En cuanto a su duración: la duración de la sociedad depende de la voluntad de los socios que ordinariamente, fijan un plazo en el acto constitutivo del ente. En la copropiedad en cualquier momento los condueños pueden pedir la cesación de estado de indivisión por los medios que la ley establece.

En cuanto a la extinción: la sociedad concluye con la muerte de uno de los socios en los casos especialmente previstos; la copropiedad no es afectada por el fallecimiento de uno o más de los propietarios.

Con la comunidad conyugal: en cuanto a la administración la comunidad conyugal se realiza de acuerdo a un sistema legal, en el condominio, la administración de la cosa común está regida por el principio de la mayoría. La comunidad puede recaer sobre cosas y derechos, mientras que la copropiedad recae solamente sobre cosas.

4. EVOLUCIÓN HISTÓRICA

La evolución del condominio se ha desenvuelto, básicamente, a través de dos concepciones diferentes que se denominaron condominum juris romani y condominum juris germanici.

4.1. La concepción romana: considera la comunidad como una modalidad del dominio en el cual cada propietario tiene una cuota parte en la cosa común y con derecho a la misma totalidad. La cuota de cada comunero es abstracta o ideal toda vez que la cosa no sea objeto de una división material sino intelectual.

Cada comunero es dueño de su cuota y puede ejercer todas las facultades inherentes al dominio. No establecía cuotas ideales todos tienen el mismo ser.

4.2. La concepción germánica: considera al condominio como una forma de propiedad de manos juntas. En esta doctrina no se admite que los copropietarios tengan cuotas sobre la cosa común, todos ejercen derechos de goce sobre la cosa. Estos derechos de goce cualitativamente iguales, tienen un carácter parcial desde el momento que se hallan limitados por el derecho de los demás.

Al contrario de la romanista que admite la posibilidad de que los acreedores de los comuneros puedan embargar las respectivas cuotas de sus deudores. La doctrina germánica rechaza totalmente tal posibilidad por cuanto que no admite la existencia de tales cuotas.

La cuota parte ideal indica los derechos y cargas de que es titular el condómino, siempre tiene una expresión cuantitativa. Es la base que indica la proporción en que se dividen los condóminos los frutos y las cargas y en que se dividirá la misma cosa cuando llegue el momento de la liquidación del condominio.

5. CLASIFICACIÓN

DIVISIBLE: por contrato – testamento. Art. 2088.– Cada copropietario tiene derecho a pedir en cualquier tiempo la división de la cosa común, cuando no se encuentre sometida a una indivisión forzosa.

INDIVISIÓN FORZOSA: creado por ley. Art.2100.– Habrá indivisión forzosa, cuando el condominio, sea sobre cosas afectadas como indispensables al uso común de dos o más heredades que pertenezcan a diversos propietarios. Ninguno de los condóminos podrá pedir la división sin el acuerdo unánime de los demás, o mientras uno solo de ellos tenga interés en la indivisión.

Los derechos que en tales casos corresponden a los condóminos, no son a títulos de servidumbre, sino a título de condominio.

Los copropietarios no pueden usar de la cosa común sino para las necesidades de las heredades en el interés de las cuales la cosa ha sido dejada indivisa.

6. MODO DE CONSTITUCIÓN DEL CONDOMINIO

El art. 2083 establece que el condominio puede constituirse:

Por acuerdo de partes: cuando dos o más personas se ponen de acuerdo para la adquisición de una cosa común, sin mediar entre ellas un contrato de sociedad: también hay constitución de condominio por acuerdo de partes cuando el dueño de una cosa venda una parte alicuota de ella a un tercero.

Por actos de última voluntad: en el caso de que el causante legue una cosa a dos o más personas y, en general, cuando en el testamento de una persona se contienen disposiciones por cuya virtud una misma cosa o varias cosas son legadas en común a varias disposiciones.

Por disposición de la ley: en todos los casos en que la ley impone el condominio sin tener en cuenta la voluntad de las partes. Los casos expresamente previstos son: el condominio de muros, cercos y fosos: la mezcla y la confusión.

7. EFECTOS DEL CONDOMINO NORMAL

El condómino goza de las facultades inherentes al dominio con la limitación del derecho igual de los demás partícipes.

8. FACULTADES DE LOS CONDÓMINOS

Art.2088.- Cada copropietario tiene derecho a pedir en cualquier tiempo la división de la cosa común, cuando no se encuentre sometida a una indivisión forzosa.

Art.2089.- Cada condómino podrá ejercer, sin consentimiento de los otros, los derechos inherentes a su cuota parte ideal en la cosa y en la medida que sea compatible con el derecho igual de los demás. Podrá vender, hipotecar o ceder su cuota parte indivisa sin que los otros puedan impedirlo, y sus acreedores podrán embargarla y hacerla vender antes de la partición. Podrá igualmente enajenar o gravar parte determinada de la cosa, pero la eficacia estará subordinada a que dicha parte le corresponda en la partición.

9. ACTOS DE DISPOSICIÓN JURÍDICA Y MATERIAL SOBRE SUS PARTES INDIVISAS Y SOBRE LA COSA DONDE TIENEN SUS PARTES INDIVISAS

Pueden ejercer todos los derechos inherentes a su cuota parte ideal como: vender, hipotecar, ceder su cuota sin que los otros lo puedan impedir: enajenar o gravar parte determinada de la cosa siempre que les corresponda esa parte en la partición.

Art.2085.- Ninguno de los condóminos puede hacer en la cosa común innovaciones materiales ni cambiar su destino, sin consentimiento de los otros; ni enajenarla, ni constituir servidumbres, ni hipotecas con perjuicio del derecho de los copropietarios. El arrendamiento o alquiler hecho por alguno de ellos es de ningún valor.

Art.2086.- La enajenación, constitución de servidumbre o hipotecas, y el arrendamiento hecho por uno de los condóminos vendrán a ser parcial o íntegramente eficaces, si por el resultado de la división el todo o parte de la cosa común le tocase en su lote.

10. OBLIGACIONES DE LOS CONDOMINOS

Art.2090.- Todo condómino puede obligar a sus copartícipes, en proporción a su partes, a abonar los gastos de conservación o reparación de la cosa común, con los intereses sobre las sumas que con ese fin hubiere pagado. Los condóminos requeridos podrán liberarse de la obligación de contribuir, haciendo abandono de su derecho.

Art.2091.- Cualquier comunero tiene derecho a reivindicar su cuota – parte contra los otros condóminos, y a hacer valer respecto de terceros los derechos resultantes, la entrega se hará por consignación o secuestro por cuenta de todos los copartícipes, con arreglo a los principios relativos a las obligaciones indivisibles.

Art.2092.- Sólo el condómino que contrajo deudas en pro de la comunidad está obligado a su pago, sin perjuicio de su acción contra los otros para el reembolso de los que hubiere abonado.

Si la deuda hubiere sido contraída conjuntamente por todos los condóminos, sin expresión de cuotas y sin haberse estipulado solidaridad, están obligados al acreedor por partes iguales, salvo el derecho de cada uno contra los otros para que se le abone lo que haya pagado de más, respecto de la cuota que le corresponda.

11. ADMINISTRACIÓN DEL CONDOMINIO

Art.2097.- Siendo imposible, por la calidad de la cosa o por la oposición de algunos de los condóminos, el uso o goce o la posesión común, resolverá la mayoría si se la da en locación o se la administra por cuenta común, y fijará las condiciones, y nombrará o revocará administradores.

Si se resolviese la locación, será preferido a un tercero como locatario, el condómino que ofreciere las mismas ventajas, y entre condóminos con iguales ofertas, decidirá la suerte.

Art.2098.- Las resoluciones sobre administración se adoptarán con citación de todos los copropietarios, por mayoría absoluta de votos computados según el valor de las partes indivisas, aunque dicha mayoría correspondiese a uno solo de los condóminos.

Si hubiere empate, decidirá la suerte. Cualquier dificultad sobre asuntos administrativos, será sumariamente decidida por el juez, a solicitud de cualquier condómino y con audiencia de los demás.

En caso de duda, se presume iguales las partes. Los frutos se dividirán proporcionalmente a los valores de ellas.

Art. 2099.- La administración del condómino que haya sido nombrado por la mayoría, será juzgada según las reglas del mandato. Si lo hiciere sin mandato, será considerado gestor de negocios.

12. DIVISIÓN DEL CONDOMINIO

MODOS DE REALIZARLA

Las reglas relativas a la división en las sucesiones, a la manera de hacerla y a los efectos que produce, se aplicarán a la división de cosas particulares (Art. 2096 1ª. Parte).

Directa: se da cuando las partes se ponen de acuerdo y resuelven adjudicarse recíprocamente las partes que han acordado o su valor si fuere indivisible.

Indirecta: es el caso de una ejecución por deudas en la que los acreedores rematan la propiedad.

Judicial: ocurre en el caso en que existen menores de edad. La partición será judicial, bajo pena de nulidad:

Art. 2533.- La partición será judicial, bajo pena de nulidad:

a) si hubiere herederos incapaces, o menores emancipados, como interesados;

b) si el causante fuere un presunto fallecido, y sus herederos tuvieren la posesión definitiva de sus bienes;

c) si hubiere herederos o legatarios ausentes. Se consideran tales los herederos y legatarios que se encontraren en el extranjero, si su existencia fuere dudosa. En este caso se nombrará un curador de sus bienes conforme a lo dispuesto por este Código; y

d) siempre que terceros, fundados en un interés legítimo se opusieren a la partición privada.

Art. 2534.- Cuando la formación de la masa, o su división en lotes lo exija, se procederá a la estimación de los bienes. El avalúo será hecho por el perito que las partes propusieren de común acuerdo, y en defecto, por el Juez de la sucesión.

Extrajudicial: la partición entre coherederos mayores de edad, podrá efectuarse en la forma que convinieren por unanimidad, debiendo observarse lo dispuesto en este código sobre la forma de los contratos.

13. LICITACIÓN Y VENTA

Producen los efectos de la partición, la licitación y todos los actos a título oneroso por los cuales uno de los condóminos adquiere el dominio exclusivo de la cosa común.

La licitación es un acto en el cual los condóminos formulan ofertas para la adquisición del dominio sobre la cosa común. Constituye en realidad un remate limitado únicamente a los condóminos y cuyo resultado será la adjudicación del dominio exclusivo sobre la cosa común, los otros condóminos recibirán del precio en que fuere adjudicado el bien, el valor de sus respectivas cuotas en efectivo. También se puede hacer la adjudicación por cualquier acto a título oneroso que produzca el efecto de adjudicar el dominio exclusivo como el caso de la venta que hagan los condóminos de sus respectivas cuotas a otro copartícipe.

14. CARÁCTER Y EFECTOS DE LA PARTICIÓN

No existe acuerdo, algunos dicen que es de carácter real y otros, de carácter personal.

15. CASOS DE INDIVISIÓN FORZOSA ADMITIDOS POR LEY

Art.2100.- Habrá indivisión forzosa, cuando el condominio, sea sobre cosas afectadas como indispensables al uso común de dos o más heredades que pertenezcan a diversos propietarios. Ninguno de los condóminos podrá pedir la división sin el acuerdo unánime de los demás, o mientras uno solo de ellos tenga interés en la indivisión.

Los derechos que en tales casos corresponden a los condóminos, no son a títulos de servidumbre, sino a título de condominio.

Los copropietarios no pueden usar de la cosa común sino para las necesidades de las heredades en el interés de las cuales la cosa ha sido dejada indivisa.

Art.2102.- Habrá también indivisión forzosa, cuando la ley prohibiere la división de una cosa común, o cuando la prohibiere una estipulación válida y temporal de los condóminos, o el acto de última voluntad también temporal que no exceda, en uno y otro caso, el término de cinco años, o cuando la división fuere nociva por cualquier motivo, en cuyo caso debe ser demoradas cuando sea necesario para que no haya perjuicio a los condóminos.

16. CONDOMINIO DE MUROS

16.1. Muro divisorio: el condominio de los muros, fosos y cercas que sirven de separación entre dos heredades, es de división forzosa. Ej. Cercas. (Art. 2103).

16.2 Muro medianero: un muro es medianero y común de los vecinos de las heredades contiguas que lo han hecho construir a su costa, en el límite separativo de las dos heredades (Art. 2103).

17. MEDIANERÍA

Art.2104.- Se presumen medianeros, mientras no se pruebe lo contrario por instrumentos públicos o privados, o por signos materiales:

a. los muros divisorios entre edificios contiguos hasta el punto común de elevación;

b.	las paredes divisorias de patios, jardines, quintas u otros espacios abiertos; y

c.	los vallados, cercas, setos vivos, zanjas y acequias que dividen los predios rústicos, a no ser que una sola de las heredades se halle cerrada. Subsiste la presunción si ninguna de las dos quedase cerrada.

Se considera signo contrario a la medianería de la zanjas y acequias, el hecho de estar la tierra extraída para abrirlas o para su limpieza en una sola heredad, en cuyo caso se presumen del dueño de ésta.

Art.2105.- La presunción de medianería no existe cuando el muro o división se asienta exclusivamente en el terreno de una de las heredades, y no sobre una y otra de las contiguas.

Art.2107.- Los condóminos de una pared u otra divisoria medianera, están obligados en la proporción de sus derechos a los gastos de reparaciones o reconstrucciones de la pared o muro.

Cada uno de los condóminos de una pared puede liberarse de contribuir a los gastos de conservación de la misma, renunciando a la medianería, con tal que la pared no haga parte de un edificio que le pertenece, o que la reparación o construcción no haya llegado a ser necesaria por un hecho suyo.

Art.2113.- La medianería da derecho a cada uno de los condóminos a servirse de la pared o muro medianero para todos los usos a que ella está destinada según su naturaleza, con tal de que no se causen deterioros en la pared o comprometa su solidez y no estorbe el ejercicio de iguales derechos del vecino.

Puede arrimar toda clase de construcciones a la pared medianera, poner tirantes en todo su espesor, sin perjuicio del derecho que el otro vecino tiene para hacerlos retirar hasta la mitad de la pared en el caso que él también quiera poner en ella tirantes, o hacer el caño de una chimenea.

Art.2114.- Cada uno de los condóminos puede alzar a su costa la pared medianera, sin indemnizar al vecino por el mayor peso que cargue sobre ella, pero será de su cargo el aumento de los gastos de conservación, si fuese originado por esa causa.

Cuando la pared no pudiese soportar el aumento de la altura, el condómino que quisiere elevarla la reconstruirá a su costa exclusiva y tomará de su terreno el excedente del espesor. Indemnizará, en los dos casos al vecino, del perjuicio que la obra le haya causado, con excepción de los que provengan de molestias que no le hayan impedido o disminuido notablemente el uso de su heredad, siempre que se hubiere empleado la debida diligencia para evitarlos.

Art.2115.- En el caso del artículo anterior, el nuevo muro, aunque construido por uno de los propietarios, es medianero hasta la altura del antiguo y en todo su espesor, salvo el derecho del que ha puesto el excedente del terreno para volver a tomarlo, si la pared llega a ser demolida.

Art.2116.- El vecino que no ha contribuido a los gastos para aumentar la altura de la pared, puede siempre adquirir la medianería de la parte alzada, reembolsando la mitad de aquéllos y la del terreno excedente en el que se hubiese aumentado su espesor.

Art.2117.- El propietario cuya finca linda con un muro no medianero, tiene la facultad de adquirir la medianería con toda su extensión, o sólo hasta la altura que en la pared divisoria tenga la finca de su propiedad, reembolsando la mitad del valor de la pared o de la porción de que adquiera medianería, como también la mitad del valor del suelo sobre el que se ha asentado. Si únicamente quisiere adquirir la porción de la altura que deben tener las paredes divisorias, está obligado a pagar el valor del muro con sus cimientos.

Art.2118.- La adquisición de la medianería tiene el efecto de poner a los vecinos en un pie de perfecta igualdad, y da al que la adquiere la facultad de pedir la supresión de obras, aberturas o luces establecidas en la pared medianera que fueren incompatibles con los derechos que confiere la medianería. No puede prevalerse de éstos, para estorbar las servidumbres con que su heredad está gravada.

18. CERRAMIENTO FORZOSO

Art.2111.- Todo propietario puede obligar a su vecino a la construcción y reparación de paredes del material y espesor expresados en el artículo anterior, que separen las heredades contiguas. En defecto de reglamentos municipales que determinen la altura, ésta será de dos metros.

El vecino requerido no puede liberarse de esa obligación por el abandono del terreno o de la pared de cerramiento ya existente.

Art.2112.- El que hubiere construido en un lugar donde el cerramiento es forzoso, en su terreno y a su costa, un muro o pared de encerramiento, no puede reclamar de su vecino el reembolso de la mitad de su valor y del terreno en que se hubiere asentado, sino en el caso que el vecino quiera servirse de la pared divisoria.

19. CONDOMINIO POR CONFUSIÓN DE LÍMITES

Art.2124.- El propietario de terrenos cuyos límites estuvieren confundidos con los del fundo colindante, repútase condómino con el dueño de éste, y tiene derecho para pedir que los límites confusos se investiguen y demarquen.

20. ACCIÓN DE DESLINDE

Art.2125.- La acción de deslinde tiene por antecedente indispensable la contigüidad y confusión de dos predios rústicos. Ella no se da para dividir los predios urbanos.

Art.2126.- Esta acción compete únicamente a los que tengan derechos reales sobre el terreno, contra el propietario del fundo contiguo.

Art.2127.- Puede dirigirse contra el Estado respecto de los terrenos del dominio privado. El deslinde de los fundos del dominio público corresponde a la jurisdicción administrativa.

UNIDAD 17: DE LA PROPIEDAD DE PISOS O DEPARTAMENTOS

Esta es una forma de propiedad en que se armonizan los derechos de propiedad pertenecientes a distintas personas, que no se asemeja a la modalidad tradicional del dominio. La propiedad dividida en planos horizontales tiene una relación con el problema de la vivienda y probablemente su constitución respondió a la necesidad de arbitrar las medidas conducentes a dar vivienda a los que carecieran de ella.

La propiedad horizontal tiene una importancia decisiva para aliviar el terrible déficit de viviendas que padece la población de las grandes concentraciones urbanas. Teniendo en cuenta los elevados costos de las construcciones y del terreno y que la vivienda constituye un factor de estabilidad social demuestra la gran ventaja e importancia que posee la organización de la propiedad horizontal.

1. LEY 677/60

En la legislación nacional, la institución fue reglamentada por primera vez, con al nombre de "Propiedad por pisos y departamentos" en la Ley 677 de fecha 21 de setiembre de 1960, y esta ley actualmente se encuentra derogada por el artículo 2810 del CC.

2. FORMAS DE CONSTITUCIÓN DE LA PROPIEDAD POR PISOS Y DEPARTAMENTOS

Art.2146.- A los efectos de la construcción de la propiedad por pisos o departamentos, toda persona o grupo de personas, deberá instituir un reglamento de copropiedad y administración, formalizado por escritura pública, que será inscripta en el Registro de Inmuebles, así como toda modificación que del mismo se hiciere. Para su reforma, será necesario el voto de dos tercios de los propietarios que representen por lo menos la mitad del valor del edificio.

Individualización: Art.2129.- Cada departamento será individualizado por una designación numérica inscripta en el Registro de Inmuebles, a los efectos de su identificación.

Dominio exclusivo y copropiedad: Art.2130.- Cada propietario será titular del dominio exclusivo de su piso o departamento, o copropietario de las cosas de uso común y de aquéllas necesarias para su seguridad.

3. COSAS COMUNES

Art.2130

Se consideran comunes:

a. el terreno sobre el cual se levanta el edificio, los cimientos, muros, maestros, techos, patios, pórticos, galerías y vestíbulos comunes, escaleras y puertas de entrada;

b. las instalaciones de servicios centrales, como ascensores, montacargas, calefacción y refrigeración, aguas corrientes, gas, hornos, incineradores de residuos y central telefónica;

c. las dependencias del portero y de la administración; y

d. los tabiques o muros divisorios de los distintos departamentos.

e. Y todo lo que disponga el reglamento.

La presente enumeración no es limitativa, debiendo en cada caso determinarse el carácter común por convención de partes.

4. FACULTADES DE DISPOSICIÓN JURÍDICA Y DISPOSICIÓN MATERIAL DE CADA PROPIETARIO

Art.2133.- Además serán considerados elementos comunes, pero con carácter limitado, siempre que así se acordare por la totalidad de los condóminos, aquéllos destinados al servicio de cierto número de departamentos, con exclusión de los demás, tales como pasillos, escaleras y ascensores especiales, y servicios sanitarios comunes a los departamentos de un mismo piso.

Art.2134.- Cada propietario tiene el derecho de usar los bienes comunes conforme a su destino, sin menoscabar el derecho de los demás.

Art.2135.- Los derechos de cada propietario en los bienes comunes son inseparables del dominio, uso y goce de su respectivo piso o departamento.

Art.2136.- Cada propietario podrá enajenar el piso o el departamento que le pertenece y constituir sobre el mismo derechos reales o personales, sin necesidad de requerir el consentimiento de los demás.

En la transferencia, gravamen o embargo de un piso o departamento, se entenderán comprendidos los derechos al uso y goce de los bienes comunes.

Art.2137.- La hipoteca constituida sobre un piso o departamento que ha de construirse en un terreno en que el deudor es comunero, gravará su cuota en el terreno desde la fecha de la inscripción, y al piso o departamento que se construya, sin necesidad de nueva inscripción.

No podrán hipotecarse el terreno sobre el que se asienta el edificio de distintos propietarios, si la hipoteca no comprendiere el edificio y no mediare la conformidad de todos ellos.

Art.2138.- Cada propietario atenderá los gastos de conservación y reparación del piso o departamento que le pertenece.

Art.2139.- Queda prohibido a cada propietario, inquilino u ocupante de los pisos o departamentos, de acuerdo con las disposiciones administrativas pertinentes:

a. hacer modificaciones que puedan poner en peligro la seguridad del edificio y de los servicios comunes;

b. cambiar o modificar la estructura arquitectónica externa;

c. destinarlos a usos contrarios a la moral y buenas costumbres y a fines distintos a los previstos en el reglamento de copropietario y administración;

d. perturbar la tranquilidad de los ocupantes y vecinos con ruidos molestos y depositar mercaderías peligrosas para el edificio;

e. y elevar nuevos pisos o realizar construcciones sin el consentimiento de los propietarios de los otros pisos o departamentos.

5. REGLAMENTO DE COPROPIEDAD Y ADMINISTRACIÓN

Art.2146.- A los efectos de la construcción de la propiedad por pisos o departamentos, toda persona o grupo de personas, deberá instituir un reglamento de copropiedad y administración, formalizado por escritura pública, que será inscripta en el Registro de Inmuebles, así como toda modificación que del mismo se hiciere. Para su reforma, será necesario el voto de dos tercios de los propietarios que representen por lo menos la mitad del valor del edificio.

Art.2147.- El reglamento deberá disponer obligatoriamente sobre los siguientes puntos:

a. la forma de nombramiento de un representante de los propietarios, que podrá ser uno de ellos o un extraño, y tendrá facultades de administrar los bienes de uso común y recaudar los fondos para tal fin;

b. determinación de las bases para la remuneración del representante, duración de sus funciones, forma de su remoción, facultades para actuar ante organismos administrativos y judiciales, y designación de sustituto;

c. proporción y bases para la contribución de los propietarios destinada al pago de los gastos comunes;

d. designación y despido del personal de servicio;

e. el procedimiento de convocatoria de la asamblea de propietarios, forma de elegir un presidente, quórum para sesionar y mayoría especial para adoptar otras resoluciones;

f. ubicación y enumeración de los pisos, de los departamentos y de las cosas comunes, así como el uso de los mismos;

g. determinación del valor que se atribuye a cada piso o departamento con inclusión de sus partes accesorias;

h. cualesquiera otras facultades otorgadas al representante de los propietarios.

Art.2148.- Formalizado el reglamento de copropiedad y administración, de acuerdo con lo establecido en este Código, tendrá fuerza obligatoria respecto de los terceros adquirentes a cualquier título. La inscripción del reglamento podrá practicarse, aun cuando no esté construido el edificio.

Las mismas reglas serán aplicadas para modificar dicho reglamento o dejarlo sin efecto.

Art.2149.- En caso de silencio y obscuridad de las disposiciones del reglamento de copropiedad, las relaciones jurídicas entre los propietarios se regirán por las normas de este Código.

6. ASAMBLEA DE LOS PROPIETARIOS

Art.2155.- La asamblea queda regularmente constituida con la presencia de propietarios que representen los dos tercios del valor del edificio entero y esta misma proporción de los partícipes en el condominio.

Art.2150.- Si la asamblea de propietarios no proveyere al nombramiento del administrador, éste será nombrado por el Juez de lo Civil, a petición de uno o varios propietarios.

El administrador judicial durará un año en el cargo, y podrá ser removido por la asamblea de propietarios en cualquier momento, por causa justificada y decisión de la mayoría. Podrá igualmente ser removido por decisión judicial, en juicio breve y sumario, a instancia de uno de los propietarios, por haber dejado transcurrir un año sin rendir cuenta de su gestión, o si existen fundadas sospechas de haber el mismo incurrido en graves irregularidades. La remoción del administrador llevará implícita la revocación de sus poderes, de la que se tomará razón en el Registro Público respectivo.

Art.2154.- Además de lo establecido en los artículos anteriores, la asamblea de los propietarios provee:

a.   la confirmación del administrador, en su caso y su retribución;

b.   la aprobación del presupuesto de gastos necesarios durante el año y su distribución entre los propictarios;

c.   la aprobación de la rendición anual de cuentas del administrador y el empleo del remanente de la gestión;

d.   y las obras de mantenimiento extraordinario del edificio.

7. *CÓMPUTO DE LA MAYORÍA*

Art.2155.- La asamblea queda regularmente constituida con la presencia de propietarios que representen los dos tercios del valor del edificio entero y esta misma proporción de los partícipes en el condominio.

Son válidas las resoluciones aprobadas por el número de votos que representen la mayoría de los asambleístas y al menos la mitad del valor del edificio. Si la asamblea no puede deliberar por falta de número, se reunirá, en segunda convocatoria, dentro de los diez días contados desde la primera.

La resolución será válida si es aprobada por un número de votos que represente el tercio de los propietarios y al menos un tercio del valor del edificio.

Art.2156.- Se requiere también la mayoría de votos de los asambleístas que representen al menos la mitad del valor del edificio para las resoluciones que conciernen al otorgamiento y revocación de los poderes del administrador, o para estar en juicio como actor o demandado, cuando excedan de sus atribuciones, asimismo como para las decisiones relativas a reparaciones extraordinarias de notable importancia.

Las resoluciones que tienen por objeto de disponer las innovaciones que tiendan al mejoramiento o al uso más cómodo o al mayor rendimiento de las cosas comunes, deben ser aprobadas siempre con un número de votos que representen la mayoría de propietarios y los dos tercios del valor del edificio. La asamblea no puede deliberar si no consta que todos los propietarios han sido invitados a la reunión.

Las deliberaciones de la asamblea se harán constar en un libro de actas llevado por el administrador y que suscribirán con él dos asambleístas designados por la asamblea.

8. VENTA Y DEMOLICIÓN DE LA PROPIEDAD

Art.2161.- Si el edificio se destruyere en su totalidad o en parte que represente las dos terceras partes de su valor, cada uno de los propietarios podrá pedir la venta del terreno y de los materiales, salvo que otra solución se hubiese convenido.

En caso de destrucción de una parte menor, la asamblea de propietarios resolverá, por tres cuartas partes del valor del edificio, si ha de procederse o no a la reconstrucción, y cada uno está obligado a contribuir en proporción a sus derechos sobre aquél.

Si uno o más propietarios se negare a participar en la reconstrucción estará obligado a ceder sus derechos preferentemente a los demás propietarios o a alguno de ellos, según su evaluación judicial.

Art.2162.- Salvo lo dispuesto por leyes especiales, en caso de estado ruinoso del edificio, admitido por la mayoría de los propietarios que represente la mitad del valor del mismo, se resolverá por la misma mayoría si debe procederse a la reconstrucción o a la demolición y venta del terreno y de los materiales.

Si se resolviere la reconstrucción del edificio, la minoría de propietarios no podrá ser obligada a contribuir para el efecto, debiendo la mayoría tener preferencia para adquirir las partes de la minoría, según avaluación judicial.

Ley 941 de Registro Público de Administradores (actualizada leyes 3254 y 3291)
REGISTRO

Artículo 1º.- Registro: Créase el Registro Público de Administradores de Consorcios de Propiedad Horizontal, a cargo de la máxima autoridad del Gobierno de la Ciudad en materia de defensa de los consumidores y usuarios.

Artículo 2°.- Obligación de inscripción: La administración de consorcios no puede ejercerse a título oneroso ni gratuito sin la previa inscripción en el Registro Público de Administradores de Consorcios de Propiedad Horizontal.
(Conforme texto Art. 1º de la Ley Nº 3.254, BOCBA Nº 3315 del 04/12/2009)

Artículo 3º.- Administradores/as Voluntarios/as: Se denominan Administradores/as Voluntarios/as a todos/as aquellos/as propietarios/as que residan en unidades funcionales de edificios y cumplan la función de administrador sin percibir retribución alguna.
(Conforme texto Art. 2º de la Ley Nº 3.254, BOCBA Nº 3315 del 04/12/2009)

Artículo 4º.- Requisitos para la inscripción: Para poder inscribirse, los administradores de consorcios deben presentar la siguiente documentación:

a. Nombre y apellido o razón social. Para el caso de personas de existencia ideal, adicionalmente: copia del contrato social, modificaciones y última designación de autoridades, con sus debidas inscripciones.
b. Constitución de domicilio especial en la Ciudad.
c. Número de C.U.I.T...
d. Certificado expedido por el Registro Nacional de Reincidencia y Estadística Criminal. En el caso de las personas jurídicas, la reglamentación deberá establecer qué autoridades de las

mismas deben cumplir con este requisito.
e. Informe expedido por el Registro de Juicios Universales.(*)
f. Certificado de aprobación de un curso de capacitación en administración de consorcios de propiedad horizontal, en el modo y forma que establezca la
reglamentación de la presente.(*)
Los/las administradores/as voluntarios/as gratuitos/as solo deberán presentar:
a).- Original y copia del Documento Nacional de Identidad
b).- Copia certificada del acta de asamblea la cual deberá contener los datos del consorcio, cantidad de unidades funcionales del mismo y designación ad honorem como administrador. Asimismo, descripción de la unidad funcional de la cual es propietario con su número de matrícula del Registro de Propiedad Inmueble o, en su defecto, simple declaración jurada de la totalidad de los copropietarios.
((*) Incorporado por el Art. 3º de la Ley Nº 3.254, BOCBA Nº 3315 del 04/12/2009)

Artículo 5°.- Impedimentos: No pueden inscribirse en el Registro o mantener la condición de activo:

a. Los inhabilitados para ejercer el comercio.
b. Los fallidos y concursados hasta su rehabilitación definitiva.
c. Los sancionados con pena de exclusión, antes de pasados cinco (5) años desde que la medida haya quedado firme.
d. Los inhabilitados por condena penal por delitos dolosos relacionados con la administración de intereses, bienes o fondos ajenos, mientras dure la inhabilitación. (Incorporado por el Art. 4º de la Ley Nº 3.254, BOCBA Nº 3315 del 04/12/2009)

Artículo 6º.- Certificado de Acreditación: El administrador sólo puede acreditar ante los consorcios su condición de inscripto en el Registro, mediante un certificado emitido a su pedido, cuya validez es de treinta (30) días. En dicha certificación deben constar la totalidad de los datos requeridos al peticionante en el Artículo 4º de la presente Ley, así como las sanciones que se le

hubieran impuesto en los dos (2) últimos años.
El/la administrador/a debe presentar ante el consorcio el certificado de acreditación en la asamblea ordinaria o extraordinaria que se realice a fin de considerar su designación.
(Conforme texto Art. 5º de la Ley Nº 3.254, BOCBA Nº 3315 del 04/12/2009)

Artículo 7°.– Publicidad del Registro: El Registro es de acceso público, gratuito y debe estar disponible para su consulta en la página web del Gobierno de la Ciudad.
Asimismo, la reglamentación establecerá los lugares físicos de consulta.
(Conforme texto Art. 6º de la Ley Nº 3.254, BOCBA Nº 3315 del 04/12/2009)

OBLIGACIONES DEL ADMINISTRADOR

Artículo 8º.– Presentación de constancia de inscripción: El/la administrador/a debe presentar anualmente una constancia del certificado de inscripción en el Registro actualizado en la asamblea ordinaria. En dicha oportunidad hará entrega de una copia de la presente ley al consorcio de propietarios presentes. De igual forma procederá en cualquier asamblea donde se considere su designación o continuidad.

Artículo 9º.– Obligaciones del Administrador. En el ejercicio de sus funciones deben:

a. Ejecutar las decisiones adoptadas por la Asamblea de Propietarios conforme lo previsto por las normas vigentes.
b. Atender a la conservación de las partes comunes, resguardando asimismo la seguridad de la estructura del edificio conforme lo dispuesto por las normas vigentes.
c. Asegurar al edificio contra incendio y accidentes, al personal dependiente del Consorcio y terceros.
d. Llevar en debida forma, los libros del Consorcio conforme las normas vigentes.

e. Llevar actualizado un libro de Registro de Firmas de los Copropietarios, el que es exhibido al comienzo de cada Asamblea a fin que los copropietarios presentes puedan verificar la autenticidad de los poderes que se presenten.
f. Conservar la documentación del consorcio y garantizar el libre acceso de los consorcistas a la misma.
g. Denunciar ante el Gobierno de la Ciudad, toda situación antirreglamentaria y las obras ejecutadas en el edificio que administra sin el respectivo permiso de obra o sin aviso de obra, según corresponda conforme las normas vigentes.
h. Depositar los fondos del consorcio en una cuenta bancaria a nombre del Consorcio de Propietarios, salvo disposición contraria de la asamblea de propietarios.
i. La gestión del Administrador de Consorcios de Propiedad Horizontal debe, siempre que la Asamblea Ordinaria o Extraordinaria lo disponga, ser auditada contablemente y acompañada de un informe de control de gestión realizados por Profesionales de Ciencias Económicas.
De igual forma, la Asamblea Ordinaria o Extraordinaria podrá disponer la realización de una auditoria legal a cargo de un Profesional del Derecho.
Para lo dispuesto en los párrafos anteriores se deberá observar que los profesionales posean matrícula habilitante en la Ciudad Autónoma de Buenos Aires y su firma estar legalizada de acuerdo con la normativa correspondiente.
j. Convocar a las Asambleas Ordinarias o Extraordinarias conforme a los reglamentos de copropiedad, bajo pena de nulidad, especificando lugar, día, temario y horario de comienzo y finalización. En la misma se adjuntará copia del acta de la última asamblea realizada.
k. En caso de renuncia, cese o remoción, debe poner a disposición del consorcio, dentro de los diez (10) días, los libros y documentación relativos a su administración y al consorcio, no pudiendo ejercer en ningún caso, la retención de los mismos.
l. Los recibos de pagos de expensas deben ser numerados y contener los siguientes datos:

a).- Denominación y domicilio del consorcio.b).- Piso y departamento.
c).- Nombre y apellido del/a propietario/a.
d).- Mes que se abona, período o concepto.
e).- Vencimiento, con su interés respectivo.
f).- Datos del/a administrador/a, firma y aclaración, CUIT y número de inscripción en el Registro.
g).- Lugar y formas de pago.
m.- En caso de juicios con sentencia favorable al Consorcio de Propietarios, el administrador debe depositar en la cuenta bancaria del Consorcio los montos totales percibidos dentro de los dos (2) días hábiles desde su recepción.

Artículo 10.- De las liquidaciones de expensas: Las liquidaciones de expensas contendrán:

a. Datos del administrador (nombre, domicilio, teléfono, C.U.I.T. o C.U.I.L., Nº de inscripción en el Registro).
b. Datos del consorcio, con el Nº de C.U.I.T. y Clave de Identificación en el Sindicato Único de Trabajadores de Edificios de Renta y Horizontal.
c. Detalle de los ingresos y egresos del mes anterior y el activo o pasivo total.
d. Nombre y cargo del personal del consorcio, indicando categoría del edificio, Nº de C.U.I.L., sueldo básico, horas extras detalladas, período al que corresponde el pago, detalles de descuentos y aportes por cargas sociales a cargo del consorcio.
e. Detalle de los pagos por suministros, servicios y abonos a contratistas, indicando nombre de la empresa, dirección, Nº de C.U.I.T o C.U.I.L., Nº de matrícula, trabajo realizado, elementos provistos, importe total y en su caso, cantidad de cuotas y número de cuota que se abona.
f. Detalle de pagos por seguros, indicando nombre de la compañía, número de póliza, tipo de seguro, elementos asegurados, fechas de vencimiento de la póliza y número de la cuota que se abona.

g. El recibo del administrador por el cobro de sus honorarios, detallando Nº de C.U.I.T., número de inscripción en el Registro de Administradores, consignando su situación fiscal, importe total y período al que corresponde.
h. En caso que existieran juicios por cobro de expensas o por otras causas en los que el Consorcio sea parte, se indicará en la liquidación mensual todos los datos del mismo (número de juzgado interviniente y expediente, carátula, objeto y estado) y capital reclamado.
i. Incluir el resumen de movimientos de la cuenta bancaria del Consorcio correspondiente al mes anterior.

Artículo 11.- Requisitos para contratar: Los administradores de consorcios no pueden contratar ni someter a la consideración del consorcio los presupuestos de provisión de bienes, servicios o realización de obras que no reúnan los siguientes requisitos:
a. Título y/o matrícula del prestador o contratista, cuando la legislación vigente así lo disponga.
b. Nombre, domicilio, datos identificatorios y fotocopia de la inscripción en AFIP y ANSES del prestador del servicio o contratista.
c. Descripción detallada de precios, de los materiales y de la mano de obra, por separado.
d. El plazo en el que se realizará la obra o se prestará el servicio.
e. Si se otorga o no garantía y en su caso, el alcance y duración de esta.
f. El plazo para la aceptación del presupuesto manteniendo el precio.
g. Seguros de riesgos del trabajo del personal a cargo del prestador o contratista, en los casos que así lo exija la legislación vigente y de responsabilidad civil.

Cuando se contrate a trabajadores autónomos, las pólizas deben estar endosadas a favor del consorcio.

Los administradores deben exigir original de los comprobantes correspondientes, y guardar en archivo copia de los mismos por el plazo mínimo de dos (2) años, salvo que la Asamblea disponga uno mayor.

En aquellos casos en que la necesidad de la reparación sea de urgencia o para evitar daños mayores el/la administrador/a podrá exceptuarse del cumplimiento de los requisitos previos en este artículo limitando la intervención a lo indispensable y sometiendo el resto a lo prescripto.

Artículo 12.- Declaración jurada: Los/as administradores/as inscriptos/as en el Registro creado por esta ley, deben presentar anualmente un informe con el siguiente contenido, el que tendrá carácter de declaración jurada:

a. Listado actualizado de los consorcios que administra, consignando si lo hace a título gratuito u oneroso.
b. Copia de las actas de asamblea relativas a rendiciones de cuentas.
c. Detalle de los pagos de los aportes y contribuciones previsionales, de seguridad social, y cualquier otro aporte de carácter obligatorio, seguro de riesgo de trabajo y cuota sindical si correspondiese, relativos a los trabajadores de edificios dependientes de cada uno de los consorcios que administra.
d. Detalle de los pagos efectuados en concepto de mantenimientos e inspecciones legalmente obligatorios.
e. Declaración jurada patrimonial ante el consorcio y aprobada por este, destinado a garantizar sus responsabilidades como administrador. Esta declaración podrá sustituirse por la constancia de la constitución a favor del consorcio de propietarios, a cargo del administrador, de un seguro de responsabilidad profesional emitido por una compañía de seguros.

Se exceptúa de las obligaciones impuestas en este artículo a los/as administradores/as voluntarios/as gratuitos/as.

((*)Capítulo II conforme texto Art. 7º de la Ley Nº 3.254, BOCBA Nº 3315 del 04/12/2009)

DEL MANDATO DE ADMINISTRACIÓN

Artículo 13.- Duración: El administrador, salvo disposición en contrario establecida en el Reglamento de Copropiedad y Administración de cada consorcio, tendrá un plazo de hasta un (1) año para el ejercicio de su función, pudiendo ser renovado por la asamblea ordinaria o extraordinaria, con la mayoría estipulada en el mencionado Reglamento o en su defecto por los dos tercios de los/as Propietarios/as presentes, con mínimo quórum.
Puede ser removido antes del vencimiento del plazo de mandato con la mayoría prevista a tal efecto en el Reglamento de Copropiedad. El término de un año regirá a partir de la aprobación de esta Ley.

Artículo 14.- De los honorarios: Los honorarios del Administrador son acordados entre el Administrador y la Asamblea de Propietarios, sin ninguna otra entidad o Cámara que los regule y sólo podrán ser modificados con la aprobación de la Asamblea Ordinaria, o en su caso la Extraordinaria convocada al efecto y por la mayoría dispuesta en el Reglamento de Copropiedad. A falta de disposición se requerirá mayoría absoluta.
((*) Capítulo III conforme texto Art. 8º de la Ley Nº 3.254, BOCBA Nº 3315 del 04/12/2009)

RÉGIMEN DE INFRACCIONES Y DE SANCIONES

Artículo 15. – Infracciones: Son infracciones a la presente Ley:

a. El ejercicio de la actividad de administrador de consorcios de propiedad horizontal sin estar inscripto en el Registro creado por la presente ley, con excepción de lo dispuesto en el art. 3º.
b. La contratación de provisión de bienes o servicios o la realización de obras conprestadores que no cumplan con los recaudos previstos en el artículo 11.
c. El falseamiento de los datos a que se refiere el artículo 4º.
d. El incumplimiento de las obligaciones impuestas por el artículo 9º y 10, cuando obedecieran a razones atribuibles al administrador.
e. El incumplimiento de la obligación impuesta por el art. 6º in fine.
f. Para el caso de los administradores a título voluntario/gratuito, la única infracción será la no inscripción en el Registro.
g. El incumplimiento de la obligación impuesta por el Artículo12. (Incorporado por el Art. 1º de la Ley Nº 3.291, BOCBA Nº 3336 del 08/01/2010)

Artículo 16.– Sanciones: Las infracciones a la presente Ley se sancionan con:
a. Multa cuyo monto puede fijarse entre uno (1) y cien (100) salarios correspondientes al sueldo básico de la menor categoría de los encargados de casas de renta y propiedad horizontal sin vivienda.
b. Suspensión de hasta nueve (9) meses del Registro;
c. Exclusión del Registro.

Se puede acumular la sanción prevista en el inciso a) con las sanciones fijadas en los incisos b) y c).

En la aplicación de las sanciones se debe tener en cuenta

como agravantes, el perjuicio patrimonial causado a los administrados y, en su caso, la reincidencia.

Se considera reincidente al sancionado que incurra en otra infracción de igual especie, dentro del período de dos (2) años subsiguientes a que la sanción quedara firme.
((*) Capítulo IV incorporado por el Art. 9º de la Ley Nº 3.254, BOCBA Nº 3315 del 04/12/2009)

PROCEDIMIENTO ADMINISTRATIVO

Artículo 17.- Denuncia. La autoridad de aplicación debe recepcionar las denuncias correspondientes o actuar de oficio cuando toma conocimiento de la posible comisión por parte de los administradores de actos contrarios a la presente ley.

Artículo 18.- Instrucción del sumario. – Recibida la denuncia, si la autoridad de aplicación encontrare mérito suficiente en la misma ordenará la instrucción del
correspondiente sumario e imputará al denunciado.

La imputación debe contener inexcusablemente:
a. Una relación circunstanciada y sucinta de los hechos en que se basa.
b. La cita precisa de la norma presuntamente infringida.
c. El plazo para formular el descargo correspondiente y proponer prueba.

Artículo 19.- Prueba. En cada uno de los supuestos se da traslado al infractor mediante cédula por diez (10) días para que formule el descargo correspondiente y ofrezca la prueba de la que pretenda valerse. Notificado o vencido el plazo dado para ello, el instructor procede a recibir la causa a prueba, determinando aquella que resulta admisible, con los siguientes requisitos:

• La prueba es admitida sólo en el caso de existir hechos

controvertidos y siempre que no resulten manifiestamente inconducentes.
• Contra la resolución que deniega medidas de prueba solo procede el recurso de reconsideración.
• La prueba debe producirse dentro del término de diez (10) días hábiles, prorrogables cuando exista causa justificada, teniéndose por desistidas aquellas no producidas dentro de dicho plazo por causa imputable al sumariado.

• Es responsabilidad de la parte solicitante, la confección, suscripción y diligenciamiento de los oficios, así como los gastos, costos y costas que demande para el cumplimiento de la prueba informativa que solicite, así como la citación y comparecencia de los testigos que se ofrezca, todo bajo apercibimiento de tenerlo por desistido.

Artículo 20.- Resolución. Concluidas las diligencias sumariales, previo informe final del instructor, la autoridad de aplicación dicta resolución definitiva dentro de los veinte (20) días hábiles. La misma será publicada en el Boletín Oficial de la Ciudad Autónoma de Buenos Aires.

Artículo 21. – En todo aquello no previsto en las disposiciones que anteceden, serán de aplicación en forma supletoria las previsiones contenidas en la Ley 757 sobre procedimiento para la Defensa de los Consumidores y Usuarios y lo dispuesto por el Decreto 1.510/1997, de Procedimiento Administrativo de la Ciudad Autónoma de Buenos Aires

Artículo 22.- Prescripción: Las acciones y sanciones emergentes de la presente ley prescriben en el término de tres (3) años contados a partir de la comisión de la infracción o la notificación de la sanción pertinente.
((*)Capítulo V incorporado por el Art. 10 de la Ley Nº 3.254, BOCBA Nº 3315 del 04/12/2009)

CLÁUSULAS TRANSITORIAS

Primera: Los actuales administradores de consorcios deben inscribirse en el Registro Público de Administradores de Consorcios de Propiedad Horizontal dentro de los noventa (90) días corridos, contados a partir de la reglamentación de la presente Ley.–

Segunda: Los administradores deben acreditar su calidad de inscriptos en el Registro creado por la presente ley, en la totalidad de los consorcios donde presten servicios, al comienzo de la primera asamblea ordinaria o extraordinaria que se realice en cada uno de ellos, a partir de la puesta en funcionamiento del Registro ···

Cuadro comparativo entre la ley de propiedad horizontal 13512 y el nuevo código civil

Ley 13512 Propiedad Horizontal	Nuevo Código Civil y Comercial: Propiedad Horizontal
Art. 1° – Los distintos pisos de un edificio o distintos departamentos de un mismo piso o departamentos de un edificio de una sola planta, que sean independientes y que tengan salida a la vía pública directamente o por un pasaje común podrán pertenecer a propietarios distintos, de acuerdo a las disposiciones de esta ley. Cada piso o departamento puede pertenecer en condominio a más de una persona.	ARTICULO 2037.– Concepto. La propiedad horizontal es el derecho real que se ejerce sobre un inmueble propio que otorga a su titular facultades de uso, goce y disposición material y jurídica que se ejercen sobre partes privativas y sobre partes comunes de un edificio, de conformidad con lo que establece este Título y el respectivo reglamento de propiedad horizontal. Las diversas partes del inmueble así como las facultades que sobre ellas se tienen son interdependientes y conforman un todo no escindible. ARTICULO 2039.– Unidad funcional. El derecho de propiedad horizontal se determina en la unidad funcional, que consiste en pisos, departamentos, locales u otros espacios susceptibles de aprovechamiento por su naturaleza o destino, que tengan independencia funcional, y comunicación con la vía pública, directamente o por un pasaje común.

La propiedad de la unidad funcional comprende la parte indivisa del terreno, de las cosas y partes de uso común del inmueble o indispensables para mantener su seguridad, y puede abarcar una o más unidades complementarias destinadas a servirla.

ARTICULO 2044.– Consorcio. El conjunto de los propietarios de las unidades funcionales constituye la **persona jurídica consorcio.** Tiene su domicilio en el inmueble. Sus órganos son la asamblea, el consejo de propietarios y el administrador. La personalidad del consorcio se extingue por la desafectación del inmueble del régimen de propiedad horizontal, sea por acuerdo unánime de los propietarios instrumentado en escritura pública o por resolución judicial, inscripta en el registro inmobiliario.

ARTICULO 148.– Personas jurídicas privadas. Son personas jurídicas privadas:
a) las sociedades;
b) las asociaciones civiles;
c) las simples asociaciones;
d) las fundaciones;

e) las iglesias, confesiones, comunidades o entidades religiosas;

f) las mutuales;

g) las cooperativas;

h) el consorcio de propiedad horizontal;

i) toda otra contemplada en disposiciones de este Código o en otras leyes y cuyo carácter de tal se establece o resulta de su finalidad y normas de funcionamiento.

ARTICULO 159.– Deber de lealtad y diligencia. Interés contrario. Los administradores de la persona jurídica deben obrar con lealtad y diligencia.
No pueden perseguir ni favorecer intereses contrarios a los de la persona jurídica. Si en determinada operación los tuvieran por sí o por interpósita persona, deben hacerlo saber a los demás miembros del órgano de administración o en su caso al órgano de gobierno y abstenerse de cualquier intervención relacionada con dicha operación.

Les corresponde implementar sistemas y medios preventivos que reduzcan el riesgo de conflictos de intereses en sus

Art. 2° – Cada propietario será dueño exclusivo de su piso o departamento y copropietario sobre el terreno y sobre todas las cosas de uso común del edificio, o indispensables para mantener su seguridad. **Se consideran comunes** por dicha razón:
a) Los cimientos, muros maestros, techos, patios solares, pórticos, galerías y vestíbulos comunes, escaleras, puertas de entrada, jardines;

b) Los locales e instalaciones de servicios centrales, como calefacción, agua caliente o fría, refrigeración, etc.;

c) Los locales para alojamiento del portero y

relaciones con la persona jurídica.

ARTICULO 160.–
Responsabilidad de los administradores. Los administradores responden en forma ilimitada y solidaria frente a la persona jurídica, sus miembros y terceros, por los daños causados por su culpa en el ejercicio o con ocasión de sus funciones, por acción u omisión.

ARTICULO 2040.– Cosas y partes comunes. Son comunes a todas o a algunas de las unidades funcionales las cosas y partes de uso común de ellas o indispensables para mantener su seguridad y las que se determinan en el reglamento de propiedad horizontal. Las cosas y partes cuyo uso no está determinado, se consideran comunes.

Sobre estas cosas y partes ningún propietario puede alegar derecho exclusivo, sin perjuicio de su afectación exclusiva a una o varias unidades funcionales.

Cada propietario puede usar las cosas y partes comunes conforme a su destino, sin perjudicar o restringir los derechos de los otros propietarios.

portería;

d) Los tabiques o muros divisorios de los distintos departamentos;

e) Los ascensores, montacargas, incineradores de residuos y en general todos los artefactos o instalaciones existentes para servicios de beneficio común.

Esta enumeración **no tiene carácter taxativo.**

Los sótanos y azoteas revestirán el carácter de comunes, salvo convención en contrario.

ARTICULO 2041.– Cosas y partes necesariamente comunes. Son cosas y partes necesariamente comunes:
a) el terreno;

b) los pasillos, vías o elementos que comunican unidades entre sí y a éstas con el exterior;

c) los techos, azoteas, terrazas y patios solares;

d) los cimientos, columnas, vigas portantes, muros maestros y demás estructuras, incluso las de balcones, indispensables para mantener la seguridad;

e) los locales e instalaciones de los servicios centrales;

f) las cañerías que conducen fluidos o energía en toda su extensión, y los cableados, hasta su ingreso en la unidad funcional;

g) la vivienda para alojamiento del encargado;

h) los ascensores, montacargas y escaleras mecánicas;

i) los muros exteriores y los divisorios de unidades entre sí y con cosas y partes comunes;

j) las instalaciones necesarias para el acceso y circulación de personas con discapacidad, fijas o móviles, externas a la unidad funcional, y las vías de evacuación alternativas para casos de siniestros;

k) todos los artefactos o instalaciones existentes para servicios de beneficio común;

l) los locales destinados a sanitarios o vestuario del personal que trabaja para el consorcio.

Esta enumeración tiene **carácter enunciativo.**

ARTICULO 2042.- Cosas y partes comunes no indispensables. Son cosas y partes comunes no indispensables:

a) la piscina;

b) el solárium;

c) el gimnasio;

d) el lavadero;

e) el salón de usos múltiples.

Esta enumeración tiene **carácter enunciativo.**

ARTICULO 2043.- Cosas y partes propias. Son necesariamente propias con respecto a la unidad funcional las cosas y partes comprendidas en el volumen limitado por sus estructuras divisorias, los tabiques internos no portantes, las puertas, ventanas, artefactos

Art. 3°- Cada **propietario** podrá usar de los bienes comunes conforme a su destino, sin perjudicar o restringir el legítimo derecho de los demás.

El derecho de cada propietario sobre los bienes comunes, será proporcional al valor del departamento o piso de su propiedad, el que se fijará por acuerdo de las partes o en su defecto por el aforo inmobiliario, a los efectos del impuesto o contribución fiscal.

Los derechos de cada propietario en los bienes comunes son inseparables del dominio uso y goce de su respectivo departamento o piso. En la transferencia, gravamen o embargo de un departamento o piso se entenderán comprendidos

y los revestimientos, incluso de los balcones.

También son propias las cosas y partes que, susceptibles de un derecho exclusivo, son previstas como tales en el reglamento de propiedad horizontal, sin perjuicio de las restricciones que impone la convivencia ordenada.

ARTICULO 2045.- Facultades. **Cada propietario** puede, sin necesidad de consentimiento de los demás, enajenar la unidad funcional que le pertenece, o sobre ella constituir derechos reales o personales. La constitución, transmisión o extinción de un derecho real, gravamen o embargo sobre la unidad funcional, comprende a las cosas y partes comunes y a la unidad complementaria, y no puede realizarse separadamente de éstas.

esos derechos, y no podrán efectuarse estos actos con relación a los mismos, separadamente del piso o departamento a que accedan.

Art. 4°– Cada propietario puede, sin necesidad de consentimiento de los demás, enajenar el piso o departamento que le pertenece, o constituir derechos reales o personales sobre el mismo.

Art. 5° – Cada propietario atenderá los gastos de conservación y reparación de su propio piso o departamento estando prohibida toda innovación o modificación que pueda afectar la seguridad del edificio o los servicios comunes.

Está prohibido cambiar la forma externa del frente o decorar las paredes o recuadros exteriores con tonalidades **distintas a las del conjunto.**

Art. 6°– Queda prohibido a cada propietario y **ocupante** de los departamentos o pisos:
a) Destinarlos a usos contrarios a la moral o buenas costumbres o a

ARTICULO 2047.– Prohibiciones. Está prohibido a los propietarios y ocupantes:
a) destinar las unidades funcionales a usos contrarios a la moral o a fines distintos a los previstos en el reglamento de

fines distintos a los previstos en el reglamento de copropiedad y administración;

b) Perturbar con ruidos o de cualquier otra manera la tranquilidad de los vecinos ejercer actividades que comprometan la seguridad del inmueble, o depositar mercaderías peligrosas o perjudiciales para el edificio.

Art. 2618 Código Civil Las molestias queocasionen el humo, calor, olores, luminosidad, ruidos, vibraciones o daños similares por el ejercicio de actividades en inmuebles vecinos, no deben exceder la normal tolerancia teniendo en cuenta las condiciones del lugar y aunque mediare autorización administrativa para aquéllas.

Según las circunstancias del caso, los jueces pueden disponer la indemnización de los daños o la cesación de tales molestias.

En la aplicación de esta disposición el juez debe contemporizar las propiedad horizontal;

b) perturbar la tranquilidad de los demás de cualquier manera que exceda la normal tolerancia;

c) ejercer actividades que comprometan la seguridad del inmueble;

d) depositar cosas peligrosas o perjudiciales.

Art. 1973 Código Civil y Comercial-Inmisiones. Las molestias que ocasionan el humo, calor, olores, luminosidad, ruidos, vibraciones o inmisiones similares por el ejercicio de actividades en inmuebles vecinos, no deben exceder la normal tolerancia teniendo en cuenta las condiciones del lugar y aunque medie autorización administrativa para aquéllas.

Según las circunstancias del caso, los jueces pueden disponer la remoción de la causa de la molestia o su cesación y la indemnización de los daños. Para disponer el cese de la inmisión, el juez debe ponderar especialmente el respeto debido al uso regular de la propiedad, la prioridad en el uso, el interés general y las exigencias de la producción.

exigencias de la producción y el respeto debido al uso regular de la propiedad; asimismo tendrá en cuenta la prioridad en el uso.

El juicio tramitará sumariamente.

Art. 7°- El propietario del último piso no puede elevar nuevos pisos o realizar construcciones sin el consentimiento de los propietarios de los otros departamentos o pisos al de la planta baja o subsuelo le está prohibido hacer obras que perjudiquen la solidez de la casa, como excavaciones, sótanos, etc.
Toda obra nueva que afecte el inmueble común no puede realizarse sin la autorización de todos los propietarios.

Art. 8°- Los propietarios tienen a su cargo en proporción al valor de sus pisos o departamentos, salvo convención en contrario, las expensas de administración y reparación de las partes y bienes

ARTICULO 2051.- Mejora u obra nueva que requiere mayoría. Para realizar mejoras u obras nuevas sobre cosas y partes comunes, los propietarios o el consorcio requieren consentimiento de la mayoría de los propietarios, previo informe técnico de un profesional autorizado.
Quien solicita la autorización si le es denegada, o la minoría afectada en su interés particular que se opone a la autorización si se concede, **tienen acción para que el juez deje sin efecto la decisión de la asamblea.**
El juez debe evaluar si la mejora u obra nueva es de costo excesivo, contraria al reglamento o a la ley, y si afecta la seguridad, solidez, salubridad, destino y aspecto arquitectónico exterior o interior del inmueble. **La resolución de la mayoría no se suspende sin una orden judicial expresa.**
ARTICULO 2052.- Mejora u obra

comunes del edificio, indispensables para mantener en buen estado sus condiciones de seguridad comodidad y decoro. Están obligados en la misma forma, a contribuir al pago de las primas de seguro del edificio común y a las expensas debidas a innovaciones dispuestas en dichas partes y bienes comunes por resolución de los propietarios, en mira de obtener su mejoramiento o de uso y goce mas cómodo o de mayor renta. Cuando las innovaciones ordenadas por los propietarios fueren, a juicio de cualquiera de ellos, de costo excesivo, o contrarias al reglamento o a la ley, o perjudiciales para la seguridad, solidez, salubridad, destino o aspecto arquitectónico exterior o interior del edificio, pueden ser objeto de **reclamación formulada ante la autoridad judicial,** y resuelta por el trámite correspondiente al interdicto de obra nueva, pero **la resolución de la mayoría no será por eso nueva que requiere unanimidad.** Si la mejora u obra nueva, realizada por un propietario o por el consorcio<u>sobre cosas y partes comunes,</u> aun cuando no importe elevar nuevos pisos o hacer excavaciones, gravita o modifica la estructura del inmueble de una manera sustancial, debe realizarse con el acuerdo unánime de los propietarios.

También requiere unanimidad la mejora u obra nueva sobre cosas y partes comunes en interés particular que sólo beneficia a un propietario.

ARTICULO 2053.– Mejora u obra nueva en interés particular. Si la mejora u obra nueva autorizada sobre cosas y partes comunes es en interés particular, el beneficiario debe efectuarla a su costa y soportar los gastos de la modificación del reglamento de propiedad horizontal y de su inscripción, si hubiera lugar a ellos.

suspendida sin una expresa orden de dicha autoridad. Cualquiera de los propietarios, en ausencia del administrador y no mediando oposición de los demás, previamente advertidos, puede realizar expensas necesarias para la conservación o reparación de partes o bienes comunes con derecho a ser reembolsados. Podrá también, cualquiera de los propietarios realizar las reparaciones indispensables y urgentes sin llenar los requisitos mencionados, pudiendo reclamar el reembolso en la medida en que resultaren útiles. En su caso, podrá ordenarse restituir a su costa las cosas a su anterior estado.

Ningún propietario podrá liberarse de contribuir a las expensas comunes por renuncia del uso y goce de los bienes o servicios comunes ni por abandono del piso o departamento que le pertenece.

Art. 8°– Los propietarios tienen a su cargo en

ARTICULO 2054.– **Reparaciones urgentes.** Cualquier propietario, proporción al valor de sus pisos o departamentos, salvo convención en contrario, las expensas de administración y reparación de las partes y bienes comunes del edificio, indispensables para mantener en buen estado sus condiciones de seguridad comodidad y decoro. Están obligados en la misma forma, a contribuir al pago de las primas de seguro del edificio común y a las expensas debidas a innovaciones dispuestas en dichas partes y bienes comunes por resolución de los propietarios, en mira de obtener su mejoramiento o de uso y goce mas cómodo o de mayor renta. Cuando las innovaciones ordenadas por los propietarios fueren, a juicio de cualquiera de ellos, de costo excesivo, o contrarias al reglamento o a la ley, o perjudiciales para la seguridad, solidez, salubridad, destino o aspecto arquitectónico exterior o interior del edificio, pueden ser objeto de reclamación formulada en ausencia del administrador y de los integrantes del consejo de propietarios puede realizar reparaciones urgentes en las cosas y partes comunes, con carácter de gestor de negocios. Si el gasto resulta injustificado, el consorcio puede negar el reintegro total o parcial y exigir, si corresponde, la restitución de los bienes a su estado anterior, a costa del propietario.

ante la autoridad judicial, y resuelta por el trámite correspondiente al interdicto de obra nueva, pero la resolución de la mayoría no será por eso suspendida sin una expresa orden de dicha autoridad.

Cualquiera de los propietarios, en ausencia del administrador y no mediando oposición de los demás, previamente advertidos, puede realizar expensas necesarias para la conservación o reparación de partes o bienes comunes con derecho a ser reembolsados. Podrá también, cualquiera de los propietarios realizar las **reparaciones indispensables y urgentes** sin llenar los requisitos mencionados, pudiendo reclamar el reembolso en la medida en que resultaren útiles. En su caso, podrá ordenarse restituir a su costa las cosas a su anterior estado. Ningún propietario podrá liberarse de contribuir a las expensas comunes por renuncia del uso y goce de los bienes o servicios comunes ni por abandono del piso o departamento que le pertenece.

Art. 9° – Al constituirse el consorcio de propietarios, deberá acordar y redactar un **reglamento de copropiedad y administración por acto de escritura pública que se inscribirá en el Registro de la Propiedad.** Dicho reglamento solo podrá **modificarse por resolución de los propietarios, mediante una mayoría no menor de dos tercios.** Esta modificación deberá también consignarse en escritura pública e inscribirse en el Registro de la Propiedad. **El reglamento debe proveer** obligatoriamente, por lo menos a los siguientes puntos:

a) Designación de un representante de los propietarios, que puede ser uno de ellos o un extraño, que tendrá facultades, para administrar las cosas de aprovechamiento común y proveer a la recaudación y empleo de los fondos necesarios para tal fin. Dicho representante podrá

ARTICULO 2038.– Constitución. A los fines de la división jurídica del edificio, el titular de dominio o los condóminos deben **redactar, por escritura pública, el reglamento de propiedad horizontal, que debe inscribirse en el registro inmobiliario.**
El reglamento de propiedad horizontal se integra al título suficiente sobre la unidad funcional.

ARTICULO 2057.– Modificación del reglamento. El reglamento sólo puede **modificarse por resolución de los propietarios, mediante una mayoría de dos tercios de la totalidad de los propietarios.**
ARTICULO 2056.– Contenido. El reglamento de propiedad horizontal debe contener:

a) determinación del terreno;

b) determinación de las unidades funcionales y complementarias;

c) enumeración de los bienes propios;

d) enumeración de las cosas y partes comunes;

e) composición del patrimonio

elegir el personal de servicio de la casa y despedirlo;

b) Determinar las bases de remuneración del representante y la forma de su remoción; debiendo nombrarse, en su caso, el reemplazante por acto de escritura pública;

c) La forma y proporción de la contribución de los propietarios a los gastos o expensas comunes;

d) La forma de convocar la reunión de propietarios en caso necesario, la persona que presidirá la reunión, las mayorías necesarias para modificar el reglamento y adoptar otras resoluciones, no tratándose de los casos en que en esta ley se exige una mayoría especial.

del consorcio;

f) determinación de la parte proporcional indivisa de cada unidad;

g) determinación de la proporción en el pago de las expensas comunes;

h) uso y goce de las cosas y partes comunes;

i) uso y goce de los bienes del consorcio;

j) destino de las unidades funcionales;

k) destino de las partes comunes;

l) facultades especiales de las asambleas de propietarios;

m) determinación de la forma de convocar la reunión de propietarios, su periodicidad y su forma de notificación;

n) especificación de limitaciones a la cantidad de cartas poderes que puede detentar cada titular de unidad funcional para representar a otros en asambleas;

ñ) determinación de las mayorías necesarias para las distintas decisiones;

o) determinación de las mayorías necesarias para modificar el reglamento de propiedad horizontal;

p) forma de computar las mayorías;

q) determinación de eventuales prohibiciones para la disposición o locación de unidades complementarias hacia terceros no propietarios;

r) designación, facultades y obligaciones especiales del administrador;

s) plazo de ejercicio de la función de administrador;

t) fijación del ejercicio financiero del consorcio;

u) facultades especiales del consejo de propietarios.

ARTICULO 2065.- Representación legal. El administrador es representante legal del consorcio con el carácter de mandatario. Puede serlo un propietario o un tercero, persona humana o jurídica.

ARTICULO 2066.- Designación y remoción. El administrador designado en el reglamento de propiedad horizontal cesa en oportunidad de la primera asamblea si no es ratificado en ella. La primera asamblea debe realizarse dentro de los noventa días de cumplidos los dos años

Art. 10. – Los asuntos de interés común que no se encuentren comprendidos dentro de las atribuciones conferidas al representante de los condominios, serán resueltos, previa deliberación de los propietarios, por mayoría de **votos. Estos se computarán; en la forma que prevea el reglamento y, en su defecto, se presumirá que cada propietario tiene un voto.** Si un piso o departamento perteneciera a mas de un propietario, se unificará la representación. Cuando no fuere posible lograr la reunión de la mayoría necesaria de propietarios, **se solicitará al juez que convoque a la**

del otorgamiento del reglamento o del momento en que se encuentren ocupadas el cincuenta por ciento de las unidades funcionales, lo que ocurra primero.
Los administradores sucesivos deben ser nombrados y removidos por la asamblea, sin que ello importe la reforma del reglamento de propiedad horizontal. Pueden ser removidos sin expresión de causa.

ARTICULO 2063.− Asamblea judicial. Si el administrador o el consejo de propietarios, en subsidio, omiten convocar a la asamblea, los propietarios que representan el diez por ciento del total pueden solicitar al juez la convocatoria de una asamblea judicial. El juez debe fijar una audiencia a realizarse en su presencia a la que debe convocar a los propietarios. La asamblea judicial puede resolver con mayoría simple de presentes. Si no llega a una decisión, decide el juez en forma sumarísima. Asimismo, y si corresponde, el juez puede disponer medidas cautelares para regularizar la situación del consorcio.

reunión, que se llevará a cabo en **presencia suya** y quedará autorizado a tomar medidas urgentes. El juez deberá resolver en forma sumarísima, sin mas procedimiento que una audiencia y deberá citar a los propietarios en la forma que procesalmente corresponda a fin de escucharlos.

Art. 11. –El representante de los propietarios actuará en todas las **gestiones ante las autoridades administrativas** de cualquier clase, como mandatario legal y exclusivo de aquellos.

Esta, además, obligado a **asegurar el edificio contra incendio**.

ARTICULO 2067.– **Derechos y obligaciones.** El administrador tiene los derechos y obligaciones impuestos por la ley, el reglamento y la asamblea de propietarios. En especial debe:

a) convocar a la asamblea y redactar el orden del día;

b) ejecutar las decisiones de la asamblea;

c) atender a la conservación de las cosas y partes comunes y a la seguridad de la estructura del edificio y dar cumplimiento a todas las normas de seguridad y verificaciones impuestas por las reglamentaciones locales;

d) practicar la cuenta de expensas y recaudar los fondos necesarios para satisfacerlas. Para disponer total o parcialmente del fondo de reserva, ante gastos imprevistos y mayores que los ordinarios, el administrador debe requerir la autorización previa del consejo de propietarios;

e) rendir cuenta documentada dentro de los sesenta días de la fecha de cierre del ejercicio financiero fijado en el reglamento de propiedad horizontal;

f) nombrar y despedir al personal del consorcio, con acuerdo de la asamblea convocada al efecto;

g) cumplir con las obligaciones derivadas de la legislación laboral, previsional y tributaria;

h) **mantener asegurado el inmueble con un seguro integral de consorcios que incluya incendio, responsabilidad civil y demás riesgos de práctica, aparte de asegurar otros riesgos que la asamblea resuelva cubrir;**

i) llevar en legal forma los libros de actas, de administración, de registro de propietarios, de registros de firmas y cualquier otro que exija la reglamentación local. También debe archivar cronológicamente las liquidaciones de expensas, y conservar todos los antecedentes documentales de la constitución del consorcio y de las sucesivas administraciones;

j) en caso de renuncia o remoción, dentro de los quince

días hábiles debe entregar al consejo de propietarios los activos existentes, libros y documentos del consorcio, y rendir cuentas documentadas;

k) notificar a todos los propietarios inmediatamente, y en ningún caso después de las cuarenta y ocho horas hábiles de recibir la comunicación respectiva, la existencia de reclamos administrativos o judiciales que afecten al consorcio;

l) a pedido de parte interesada, expedir dentro del plazo de tres días hábiles el certificado de deudas y de créditos del consorcio por todo concepto con constancia de la existencia de reclamos administrativos o judiciales e información sobre los seguros vigentes;

m) **representar al consorcio en todas las gestiones administrativas y judiciales** como mandatario exclusivo con todas las facultades propias de su carácter de representante legal.

Art. 12. – En caso de destrucción total o parcial **de más de dos terceras partes del valor,** cualquiera de los propietarios puede pedir la venta del terreno y materiales. Si la mayoría

ARTICULO 2055.- **Grave deterioro o destrucción del edificio.** En caso de grave deterioro o destrucción del edificio, la asamblea por mayoría que represente más de la mitad del valor, puede resolver su no lo resolviera así, podrá recurrirse a la autoridad judicial. Si la destrucción fuere menor, la mayoría puede obligar a la minoría a contribuir a la reconstrucción, quedando autorizada, en caso de negarse a ello dicha minoría, a adquirir la parte de esta, según valuación judicial.

demolición y la venta del terreno y de los materiales, la reparación o la reconstrucción.
Si resuelve la reconstrucción, la minoría no puede ser obligada a contribuir a ella, y puede liberarse por transmisión de sus derechos a terceros dispuestos a emprender la obra. Ante la ausencia de interesados, la mayoría puede adquirir la parte de los disconformes, según valuación judicial.

Art. 13. – Los **impuestos, tasas o contribuciones de mejoras** se cobrarán a cada propietario independientemente. A tal efecto se practicarán las valuaciones en forma individual, computándose a la vez la parte proporcional indivisa de los bienes comunes.
Art. 14.– No podrá **hipotecarse el terreno** sobre el que se asienta el edificio de distintos propietarios, si la hipoteca no comprende a este y si no cuenta con la conformidad de todos los propietarios. Cada piso o departamento podrá hipotecarse separadamente, y el conjunto de los pisos o

departamentos, por voluntad de todos los propietarios.

Art. 15.– En caso de violación por parte de cualquiera de los propietarios u ocupantes, de las normas del art. 6°, el representante o los propietarios afectados formularan la **denuncia correspondiente ante el juez competente y acreditada en juicio sumarísimo la transgresión,** se impondrá al culpable pena de arresto hasta veinte días o multa en beneficio del Fisco, de doscientos a cinco mil pesos.

El juez adoptará además las disposiciones necesarias para que cese la infracción, pudiendo ordenar el allanamiento del domicilio o el uso de la fuerza pública si fuera menester.

Sin perjuicio de lo dispuesto precedentemente, si el infractor fuese, un ocupante no propietario, podrá ser desalojado en caso de reincidencia. La acción respectiva podrá ser

Infracciones

ARTICULO 2069.– Régimen. En caso de violación por un propietario u ocupante de las prohibiciones establecidas en este Código o en el reglamento de propiedad horizontal, y sin perjuicio de las demás acciones que corresponden, el consorcio o cualquier propietario afectado tienen acción para hacer cesar la infracción, la que debe sustanciarse por la vía procesal más breve de que dispone el ordenamiento local. Si el infractor es un ocupante no propietario, puede ser desalojado en caso de reiteración de infracciones.

ejercida por el representante de los propietarios o por el propietario afectado.La aplicación de estas penas no obstará el ejercicio de la acción civil resarcitoria que competa al propietario o propietarios afectados.

Art. 16.-- En caso de vetustez del edificio, la mayoría que represente más de la mitad del valor podrá resolver la demolición y venta del terreno y materiales. Si resolviera la reconstrucción, la minoría no podrá ser obligada a contribuir a ella, pero la mayoría podrá adquirir la parte de los disconformes, según valuación judicial.

Art. 17. -- La obligación que tienen los propietarios de contribuir al pago de las expensas y primas de seguro total del edificio, sigue siempre al dominio de sus respectivos

ARTICULO 2055.-- **Grave deterioro o destrucción del edificio**. En caso de grave deterioro o destrucción del edificio, la asamblea por mayoría que represente más de la mitad del valor, puede resolver su demolición y la venta del terreno y de los materiales, la reparación o la reconstrucción.
Si resuelve la reconstrucción, la minoría no puede ser obligada a contribuir a ella, y puede liberarse por transmisión de sus derechos a terceros dispuestos a emprender la obra. Ante la ausencia de interesados, la mayoría puede adquirir la parte de los disconformes, según valuación judicial.

ARTICULO 2046.-- **Obligaciones.** El propietario está obligado a:
a) cumplir con las disposiciones del reglamento de propiedad horizontal, y del reglamento interno, si lo hay;
b) conservar en buen estado su

pisos o departamentos en la extensión del art. 3266 del Código civil, aun con respecto a las **devengadas antes de su adquisición;** y el crédito respectivo goza del privilegio y derechos previstos en los arts. 3901 y 2686 del Código civil.

Art. 18. – A los efectos de la presente ley, **quedan derogados los arts. 2617, 2685 "in fine" y 2693 del Código civil,** así como toda otra disposición que se oponga a lo estatuido en esta ley.

unidad funcional;

c) pagar expensas comunes ordinarias y extraordinarias en la proporción de su parte indivisa;

d) contribuir a la integración del fondo de reserva, si lo hay;

e) permitir el acceso a su unidad funcional para realizar reparaciones de cosas y partes comunes y de bienes del consorcio, como asimismo para verificar el funcionamiento de cocinas, calefones, estufas y otras cosas riesgosas o para controlar los trabajos de su instalación;

f) notificar fehacientemente al administrador su domicilio especial si opta por constituir uno diferente del de la unidad funcional.

ARTICULO 2048.– Gastos y contribuciones. Cada propietario debe atender los gastos de conservación y reparación de su propia unidad funcional. Asimismo, debe pagar las expensas comunes ordinarias de administración y reparación o sustitución de las cosas y partes comunes o bienes del consorcio, necesarias para mantener en buen estado las condiciones de seguridad, comodidad y decoro del inmueble y las resultantes de las obligaciones impuestas al administrador por la ley, por el reglamento o por la asamblea.

Igualmente son **expensas comunes ordinarias** las requeridas por las instalaciones necesarias para el acceso o circulación de personas con discapacidad, fijas o móviles, y para las vías de evacuación alternativas para casos de siniestros.

Debe también pagar las **expensas comunes extraordinarias** dispuestas por resolución de la asamblea.

El certificado de deuda expedido por el administrador y aprobado por el consejo de propietarios, si éste existe, es título ejecutivo para el cobro a los propietarios de las expensas y demás contribuciones.

ARTICULO 2049.– Defensas. Los propietarios no pueden liberarse del pago de ninguna expensa o contribución a su cargo aun con respecto a las **devengadas antes de su adquisición,** por renuncia al uso y goce de los bienes o servicios comunes, por enajenación voluntaria o forzosa, ni por abandono de su unidad funcional.

Tampoco pueden rehusar el pago de expensas o contribuciones ni oponer

SUBCONSORCIOS

defensas por cualquier causa, fundadas en derechos que ellos invoquen contra el consorcio, excepto compensación, sin perjuicio de su articulación por la vía correspondiente.

El reglamento de propiedad horizontal puede eximir parcialmente de las contribuciones por expensas a las unidades funcionales que no tienen acceso a determinados servicios o sectores del edificio que generan dichas erogaciones.

ARTICULO 2050.– Obligados al pago de expensas. Además del propietario, y sin implicar liberación de éste, están obligados al pago de los gastos y contribuciones de la propiedad horizontal los que sean poseedores por cualquier título.

Subconsorcios

ARTICULO 2068.– Sectores con independencia. En edificios cuya estructura o naturaleza lo haga conveniente, el reglamento de propiedad horizontal puede prever la existencia de sectores con independencia funcional o administrativa, en todo aquello que no gravita sobre el edificio en general.

Cada sector puede tener una subasamblea, cuyo funcionamiento y atribuciones deben regularse especialmente y puede designarse a un subadministrador del sector. En caso de conflicto entre los diversos sectores la asamblea resuelve en definitiva.

Frente a terceros responde todo el consorcio sin tener en cuenta los diversos sectores que lo integran.

CONSEJO DE PROPIETARIOS

Consejo de propietarios

ARTICULO 2064.-
Atribuciones. La asamblea puede designar un consejo integrado por propietarios, con las siguientes atribuciones:
a) convocar a la asamblea y redactar el orden del día si por cualquier causa el administrador omite hacerlo;

b) controlar los aspectos económicos y financieros del consorcio;

c) autorizar al administrador para disponer del fondo de reserva, ante gastos imprevistos y mayores que los ordinarios;

d) ejercer la administración del consorcio en caso de vacancia o ausencia del administrador, y convocar a la asamblea si el cargo está vacante dentro de los treinta días de producida la vacancia.

ASAMBLEAS ART.9º INCISO D)

ACTAS

Excepto los casos indicados en este artículo, el consejo de propietarios no sustituye al administrador, ni puede cumplir sus obligaciones.

Asambleas

ARTICULO 2058.– Facultades de la asamblea. La asamblea es la reunión de propietarios facultada para resolver:

a) las cuestiones que le son atribuidas especialmente por la ley o por el reglamento de propiedad horizontal;

b) las cuestiones atribuidas al administrador o al consejo de propietarios cuando le son sometidas por cualquiera de éstos o por quien representa el cinco por ciento de las partes proporcionales indivisas con relación al conjunto;

c) las cuestiones sobre la conformidad con el nombramiento y despido del personal del consorcio;

d) las cuestiones no contempladas como atribuciones del administrador o del consejo de propietarios, si lo hubiere.

ARTICULO 2059.– Convocatoria y quórum. Los propietarios deben ser convocados a la asamblea en la forma prevista en

el reglamento de propiedad horizontal, con transcripción del orden del día, el que debe redactarse en forma precisa y completa; es nulo el tratamiento de otros temas, excepto si están presentes todos los propietarios y acuerdan por unanimidad tratar el tema.
La asamblea puede autoconvocarse para deliberar. Las decisiones que se adopten son válidas si la autoconvocatoria y el temario a tratar se aprueban por una mayoría de dos tercios de la totalidad de los propietarios.

Son igualmente válidas las decisiones tomadas por voluntad unánime del total de los propietarios aunque no lo hagan en asamblea.

ARTICULO 2060.- Mayoría absoluta. Las decisiones de la asamblea se adoptan por mayoría absoluta computada sobre la totalidad de los propietarios de las unidades funcionales y se forma con la doble exigencia del número de unidades y de las partes proporcionales indivisas de éstas con relación al conjunto.
La mayoría de los presentes puede proponer decisiones, las que deben comunicarse por

medio fehaciente a los propietarios ausentes y se tienen por aprobadas a los quince días de notificados, excepto que éstos se opongan antes por igual medio, con mayoría suficiente.

El derecho a promover acción judicial de nulidad de la asamblea caduca a los treinta días contados desde la fecha de la asamblea.

ARTICULO 2061.– Conformidad expresa del titular. Para la supresión o limitación de derechos acordados a las unidades que excedan de meras cuestiones de funcionamiento cotidiano, la mayoría debe integrarse con la conformidad expresa de sus titulares.

ARTICULO 2062.– Actas. Sin perjuicio de los restantes libros referidos a la administración del consorcio, es obligatorio llevar un Libro de Actas de Asamblea y un Libro de Registro de firmas de los propietarios.

Debe labrarse acta de cada asamblea en el libro respectivo, en el que los presentes deben firmar como constancia de su asistencia. Las firmas que suscriben cada asamblea deben ser cotejadas por el administrador con las firmas originales registradas.

Las actas deben confeccionarse por un secretario de actas elegido por los propietarios; éstas deben contener el resumen de lo deliberado y la transcripción de las decisiones adoptadas o, en su caso, propuestas por la mayoría de los presentes, y ser firmadas por el presidente de la asamblea y dos propietarios. Al pie de cada acta, el administrador debe dejar constancia de las comunicaciones enviadas a los ausentes, de las oposiciones recibidas y de las eventuales conformidades expresas.

Código Civil y Comercial. Libro IV, título VI, "Conjuntos inmobiliarios".

Artículo 2073

Concepto. Son conjuntos inmobiliarios los clubes de campo, barrios cerrados o privados, parques industriales, empresariales o náuticos, o cualquier otro emprendimiento urbanístico independientemente del destino de vivienda permanente o temporaria, laboral, comercial o empresarial que tenga, comprendidos asimismo aquellos que contemplan usos mixtos, con arreglo a lo dispuesto en las normas administrativas locales.

Artículo 2074

Características. Son elementos característicos de estas urbanizaciones, los siguientes: cerramiento, partes comunes y privativas, estado de indivisión forzosa y perpetua de las partes, lugares y bienes comunes, reglamento por el que se establecen órganos de funcionamiento, limitaciones y restricciones a los derechos particulares y régimen disciplinario, obligación de contribuir con los gastos y cargas comunes y entidad con personería jurídica que agrupe a los propietarios de las unidades privativas. Las diversas partes, cosas y sectores comunes y privativos, así como las facultades que sobre ellas se tienen, son interdependientes y conforman un todo no escindible.

Artículo 2075

Marco legal. Todos los aspectos relativos a las zonas autorizadas, dimensiones, usos, cargas y demás elementos urbanísticos correspondientes a los conjuntos inmobiliarios, se rigen por las normas administrativas aplicables en cada

jurisdicción.
Todos los conjuntos inmobiliarios deben someterse a la normativa del derecho real de propiedad horizontal establecida en el Título V de este Libro, con las modificaciones que establece el presente Título, a los fines de conformar un derecho real de propiedad horizontal especial.
Los conjuntos inmobiliarios preexistentes que se hubiesen establecido como derechos personales o donde coexistan derechos reales y derechos personales se deben adecuar a las previsiones normativas que regulan este derecho real.

Artículo 2076

Cosas y partes necesariamente comunes. Son necesariamente comunes o de uso común las partes y lugares del terreno destinadas a vías de circulación, acceso y comunicación, áreas específicas destinadas al desarrollo de actividades deportivas, recreativas y sociales, instalaciones y servicios comunes, y todo otro bien afectado al uso comunitario, calificado como tal por el respectivo reglamento de propiedad horizontal que regula el emprendimiento.
Las cosas y partes cuyo carácter de comunes o propias no esté determinado se consideran comunes.

Artículo 2077

Cosas y partes privativas. La unidad funcional que constituye parte privativa puede hallarse construida o en proceso de construcción, y debe reunir los requisitos de independencia funcional según su destino y salida a la vía pública por vía directa o indirecta.

Artículo 2078

Facultades y obligaciones del propietario. Cada propietario debe ejercer su derecho dentro del marco establecido en la presente normativa, con los límites y restricciones que surgen del respectivo reglamento de propiedad horizontal del conjunto inmobiliario, y teniendo en miras el mantenimiento de una buena y normal convivencia y la protección de valores paisajísticos, arquitectónicos y ecológicos.

Artículo 2079

Localización y límites perimetrales. La localización de los conjuntos inmobiliarios depende de lo que dispongan las normas provinciales y municipales aplicables.
Los límites perimetrales de los conjuntos inmobiliarios y el control de acceso pueden materializarse mediante cerramientos en la forma en que las reglamentaciones locales, provinciales o municipales establecen, en función de aspectos urbanísticos y de seguridad.

Artículo 2080

Limitaciones y restricciones reglamentarias. De acuerdo a las normas administrativas aplicables, el reglamento de propiedad horizontal puede establecer limitaciones edilicias o de otra índole, crear servidumbres y restricciones a los dominios particulares, como así también fijar reglas de convivencia, todo ello en miras al beneficio de la comunidad urbanística. Toda limitación o restricción establecida por el reglamento debe ser transcripta en las escrituras traslativas del derecho real de propiedad horizontal especial. Dicho reglamento se considera parte integrante de los títulos de propiedad que se otorgan sobre las unidades funcionales que componen el conjunto inmobiliario, y se presume conocido por todo propietario sin admitir prueba en contrario.

Artículo 2081

Gastos y contribuciones. Los propietarios están obligados a pagar las expensas, gastos y erogaciones comunes para el correcto mantenimiento y funcionamiento del conjunto inmobiliario en la proporción que a tal efecto establece el reglamento de propiedad horizontal. Dicho reglamento puede determinar otras contribuciones distintas a las expensas legalmente previstas, en caso de utilización de ventajas, servicios e instalaciones comunes por familiares e invitados de los titulares.

Artículo 2082

Cesión de la unidad. El reglamento del conjunto inmobiliario puede establecer condiciones y pautas para el ejercicio del derecho de uso y goce de los espacios e instalaciones comunes por parte de terceros en los casos en que los titulares del dominio de las unidades particulares ceden temporariamente, en forma total o parcial, por cualquier título o derecho, real o personal, el uso y goce de su unidad funcional.

Artículo 2083

Régimen de invitados y admisión de usuarios no propietarios. El reglamento puede establecer la extensión del uso y goce de los espacios e instalaciones comunes a aquellas personas que integran el grupo familiar del propietario de la unidad funcional y prever un régimen de invitados y admisión de usuarios no propietarios de dichos bienes, con las características y bajo las condiciones que, a tal efecto, dicte el consorcio de propietarios.
El uso de los bienes comunes del complejo por terceras personas puede ser pleno, parcial o limitado, temporario o permanente, es siempre personal y no susceptible de cesión ni transmisión total o parcial, permanente o transitoria, por actos entre vivos ni mortis causa. Los no propietarios quedan obligados al pago de las contribuciones y aranceles que a tal efecto determine la normativa interna del conjunto inmobiliario.

Artículo 2084

Servidumbres y otros derechos reales. Con arreglo a lo que dispongan las normas administrativas aplicables, pueden establecerse servidumbres u otros derechos reales de los conjuntos inmobiliarios entre sí o con terceros conjuntos, a fin de permitir un mejor aprovechamiento de los espacios e instalaciones comunes. Estas decisiones conforman modificación del reglamento y deben decidirse con la mayoría propia de tal reforma, según la prevea el reglamento.

Artículo 2085

Transmisión de unidades. El reglamento de propiedad horizontal puede prever limitaciones pero no impedir la libre transmisión y consiguiente adquisición de unidades funcionales dentro del conjunto inmobiliario, pudiendo establecer un derecho de preferencia en la adquisición a favor del consorcio de propietarios o del resto de propietarios de las unidades privativas.

Artículo 2086

Sanciones. Ante conductas graves o reiteradas de los titulares de las unidades funcionales violatorias del reglamento de propiedad horizontal, el consorcio de propietarios puede aplicar las sanciones previstas en ese instrumento.

2. Desarrollo del tema. Análisis de la ley y comentarios

Se ha incorporado al Código Civil y Comercial de la Nación (CCCN) la tipificación y regulación de los emprendimientos modernos llamados countries y barrios cerrados, que se denominan conjuntos inmobiliarios. De esta manera, se conforma el nuevo derecho real de propiedad horizontal especial. El principal objetivo es que el encuadre legal preexistente y futuro sea claramente oponible frente a terceros y a los participantes del complejo, tal como corresponde a un derecho real, imperando el orden público. **Los participantes deben tener derechos reales sobre propiedades residenciales y áreas comunes.**

Del artículo 2075 se desprende la obligación para los conjuntos inmobiliarios preexistentes, que estuviesen organizados con un encuadre legal de derechos personales y/o derechos reales en combinación con derechos personales, de adecuarse a la nueva normativa para conformar un derecho real de propiedad horizontal especial. Con exactitud, se expresa que "se deben adecuar a las previsiones normativas que regulan este derecho real". Asimismo, en el mismo artículo que relacionamos, se expresa que

Todos los conjuntos inmobiliarios deben someterse a la normativa del derecho real de propiedad horizontal establecida en el Título V de este libro, con las modificaciones que establece el presente Título, a los fines de conformar un derecho real de propiedad horizontal especial.

Existen muchos complejos inmobiliarios preexistentes, countries y barrios cerrados, ciudades satélites, mega-emprendimientos náuticos, etc., organizados de diferente forma respecto del tratamiento legal y los títulos de propiedad de sus parcelas residenciales y áreas recreativas deportivas comunes. Por ejemplo:

- a) Propiedades de una sociedad anónima, tanto áreas residenciales como recreativas, deportivas y sociales: los participantes construyen sus viviendas en sitios preseñalados, y, como título de sus derechos, poseen acciones de la sociedad (combinación de derecho real con derecho societario personal).
- b) Sectores del emprendimiento organizados en propiedad horizontal (Ley 13512, hoy derogada) con partes residenciales y áreas comunes y/o el mismo sector organizado como un loteo residencial, con un condominio

indiviso sobre inmuebles afectados a usos comunes recreativos: en ambos casos, se tienen áreas destinadas a recreación y deportivas con un sector lindero; el sector común, propiedad de una sociedad anónima y/o de una asociación civil. Entre los primeros sectores mencionados y los linderos la vinculación es **la calidad de socio de la sociedad anónima y/o asociación civil** (se trata de un conjunto inmobiliario que combina derechos reales con personales).

- c) Predios encuadrados en propiedad horizontal (Ley 13512, hoy derogada) integrados por sectores residenciales, unidades funcionales y áreas comunes recreativas, deportivas y sociales que pertenecen en copropiedad a los titulares del sector residencial (se trata de un derecho real).
- d) Countries o barrios cerrados conformados según el Decreto 9404/1986 de la provincia de Buenos Aires (reglamentario del Decreto-ley 8912/1977 de Ordenamiento Territorial y Uso del Suelo): 1 hay una parcelación residencial, propiedad y dominio de los participantes, inmuebles afectados a recreación, deportes, sociales e infraestructura, propiedad y dominio de una entidad jurídica, generalmente una asociación civil en forma de sociedad anónima (art. 3 Ley 19550), en la que participan todos los titulares del sector residencial como accionistas; y, finalmente, para vinculación jurídica y funcional entre los inmuebles, parcelas residenciales y sectores de inmuebles afectados como de uso común, recreativo, esparcimiento, se constituye una servidumbre predial, perpetua y gratuita. Se trata de tres derechos reales: 1) dominio sobre la parcela destinada a la construcción de la vivienda y/o sobre la construcción ya existente; 2) las áreas e inmuebles recreativos, deportivos y sociales, que están en el dominio de una entidad jurídica (asociación civil en forma de sociedad anónima y/o asociación civil, cultural, social y deportiva); 3) derecho real servidumbre predial sobre áreas comunes recreativas

a favor de los inmuebles residenciales, como vinculación jurídica, conformando un todo inescindible y asegurando el destino y afectación del uso y disfrute.

La tenencia accionaria es un derecho personal al efecto interno establecido para integrar la sociedad anónima o el derecho societario cuando se trata de una asociación civil cultural. Ni las acciones ni la calidad de socio otorgan ni propiedad, ni dominio, ni derechos reales sobre las áreas comunes, que siguen estando en cabeza de la entidad jurídica). Lo que hace al encuadre legal es la servidumbre predial vinculante, que es derecho real. Por eso, se sugiere controlar los títulos de los titulares del área residencial para establecer si se configuró la servidumbre predial de referencia y se inscribió en el Registro de la Propiedad. La participación de los residentes como accionistas (derechos societarios personales) no es el sustento del encuadre legal, pudiendo no existir. El verdadero derecho que determina el encuadre legal es la servidumbre predial (derecho real).

2.1. Acotaciones y aclaraciones

Hay que tener cuidado al expresar "servidumbres recíprocas" (generalmente, se constituyen sobre inmuebles recreativos, para garantizar el uso y disfrute y que no se innove ni se subdividan los inmuebles afectados a recreación y deportes). Simultáneamente y por separado, se constituye servidumbre urbanística sobre las parcelas residenciales, para garantizar el cumplimiento de las reglamentaciones de los códigos de edificación privados de los emprendimientos: alturas, espacios libres, linderos, techos, tipos de materiales de construcción, cuidado del medio ambiente. No se trata de servidumbres con reciprocidad en obligaciones.

Roca Sastre, en el Primer Congreso de Derecho Registral (Madrid, 2-6 de mayo de 1961), expresó:

En una palabra, en el caso de servidumbres recíprocas no hay supeditación o vínculo de causalidad obligacional entre ellas, ya que tan pronto hayan quedado constituidas subsisten por sí mismas. Lo contrario sería atribuir a la servidumbre predial un contenido obligacional de prestaciones recíprocas correlativas que no se da en ellas. Evidentemente, en la hipótesis contemplada hay solidaridad entre las servidumbres constituidas por ser elementos integrantes de un estatuto global que afecta a todas las fincas, pero esta solidaridad no entraña la correlatividad propia de las obligaciones recíprocas, y más bien puede afirmarse que la solidaridad es tal que sólo permite el juego de la acción de cumplimiento, lo que guarda consonancia con el carácter naturalmente estable de las servidumbres prediales.

Las servidumbres no se pueden entender como recíprocas.

Los comercialistas opinan que la forma de concretar la adecuación es la reforma de los estatutos de la entidad jurídica, asociación civil en forma de sociedad anónima, y conformar un reglamento de propiedad, en base a planos de mensura y subdivisión previos, incorporando las normativas del nuevo derecho real de propiedad horizontal especial a las cláusulas estatutarias de la sociedad anónima. En realidad, la adecuación requerida por la ley trata de cuestiones del derecho civil, derechos reales, con referencia a la propiedad y el dominio y a su toma de razón en el Registro de la Propiedad Inmueble, previa constitución del nuevo organigrama y organización del derecho real por escritura pública. Es mi opinión que la reforma del estatuto de la sociedad administradora no sería un mecanismo de adecuación. El objetivo fundamental es garantizar la eficacia de derechos perfectamente oponibles frente a terceros y de orden público, como los derechos reales, sin ánimo de menospreciar la utilidad de los derechos societarios ni los personales. En este sentido, cabe recordar que los derechos reales, en nuestro país *numerus clausus*, solo los determina, crea y sanciona como ley de fondo el Congreso Nacional.

No podemos tener dudas acerca de que el CCCN incorporó y creó el derecho real de propiedad horizontal especial, particularizando el derecho real de propiedad horizontal (normativa que derogó la Ley 13512) como solución apropiada a la falta de regulación y legislación nacional para las urbanizaciones modernas. Es equivocada la posición de los juristas que invocan jornadas y congresos que consideran inconveniente la creación indefinida de derechos reales por conspirar expresamente contra el *numerus clausus*: tenemos un verdadero nuevo derecho real, el de propiedad horizontal especial.

No caben dudas de que los derechos reales equivalen a mayor seguridad jurídica que los derechos personales, y el artículo 2075 CCCN determina que los conjuntos inmobiliarios preexistentes organizados como derechos personales y combinación de los derechos reales con personales deben adecuarse a las normativas para conformar el derecho real de propiedad horizontal especial. El CCCN es preciso y prolijo al pretender que los countries y barrios cerrados se encuadren dentro de los derechos reales, únicamente atento a que no son sugeribles los derechos personales. Esto último es lo que finalmente se entendió en la Comisión Bicameral del Congreso Nacional, que consideró el proyecto de ley y finalmente fue sancionado por el Congreso por Ley 26994 con vigencia a partir del 1 de agosto de 2015 (Ley 27077). En este sentido, es oportuno comentar que era un error el proyecto de ley pretendido por la Federación Argentina de Clubes de Campo, que configuraba un derecho real en combinación con el derecho personal disciplinario y de admisión. Los derechos reales deben abastecerse únicamente por sí solos, ya que no resultan combinables con derechos personales.

Ha sido curioso explicar el encuadre del Decreto 9404/1986 como la combinación de derecho real con derecho personal:

1. Dominio y propiedad de las parcelas residenciales.
2. Una entidad jurídica con dominio y propiedad de los inmuebles afectados a uso común (áreas recreativas, deportivas, sociales, infraestructuras generales). Debe entenderse que se trata de derecho personal porque la propietaria de las partes comunes, una asociación civil en forma de sociedad anónima, está integrada por socios accionistas que tienen, en lógica consecuencia, derechos societarios personales.
3. Finalmente, se constituye el derecho real de servidumbre predial, que vincula jurídica y funcionalmente los sectores residenciales y recreativos comunes para constituir un único conjunto inescindible.

¿Cuáles son los derechos reales?:

- a) Propiedad de los participantes de las parcelas residenciales
- b) Propiedad y dominio de la asociación civil en forma de sociedad anónima con respecto a las áreas de uso común
- c) Servidumbre predial vinculante de los sectores residencial y común

El encuadre del Decreto **9404/1986** ya quedaría conformado.

¿Cuáles son los derechos personales?: ser parte y accionista de la sociedad anónima, que tiene en cabeza el derecho real de dominio sobre áreas comunes. Queda claro que el derecho de propiedad de las áreas comunes no les pertenece a los accionistas, ni individualmente ni en conjunto, sino solo a la entidad jurídica y/o sociedad anónima. Los socios y/o accionistas solo tienen derechos personales con respecto a la sociedad. Como dijimos, tienen derecho real y dominio sobre sus parcelas, no por el hecho de ser accionistas. Ser accionista, aunque se estipule una obligación inescindible con la propiedad de la parcela, no tiene consecuencias jurídicas, como si fuera un derecho real. La estipulación obligacional referida es creación de los particulares desarrolladores y organizadores, y no es previsto como un derecho real legislado la unión de la acción como un inmueble conformando un todo.

Afortunadamente, tuvimos una conversación –casi un seminario privado– con la doctora Aída Kemelmajer de Carlucci –prestigiosa jurista que integró la comisión redactora del CCCN con los doctores Elena Highton y Ricardo Lorenzetti–, en la que fue una satisfacción personal esclarecer el punto en análisis y concluir que el encuadre referido (Decreto 9404/1986) conforma un encuadre en base a derechos reales. No hay derechos personales en combinación.

El encuadre se perfecciona con la vinculación jurídica funcional por la constitución de la servidumbre predial perpetua y gratuita, conformándose un conjunto inescindible entre las propiedades que pertenecen en dominio a los participantes del sector residencial y la propiedad de uso común que es propiedad y dominio de la entidad jurídica asociación civil en forma de sociedad anónima. Esto tiene mucha importancia, ya que, conforme a la letra del artículo 2075 del CCCN, los emprendimientos (Decreto 9404/1986) no tendrán obligación de adecuarse. Pueden optar por declarar, con acuerdo privado y/o particular, en forma individual y/o en asamblea unánime de sus participantes, que componen una propiedad horizontal especial: encuadre consorcial. No hará falta una instrumentación notarial de transformación al nuevo derecho real de propiedad horizontal especial.

La doctora Kemelmajer, en oportunidad de disertar en la sede del Colegio de Escribanos de la Ciudad de Buenos Aires en el mes de agosto de 2016, refirió y opinó que la ponencia presentada por el autor de este trabajo se ajustó doctrinariamente a lo que se interpreta que la ley quería decir y expresar en el texto del artículo 2075 sobre "adecuación".

La nueva normativa rige con aplicación inmediata, imperativamente y retroactivamente, para todos los conjuntos inmobiliarios preexistentes, se hayan o no adecuado, y no se necesita la conformidad de los integrantes de esos complejos para su aplicación inmediata. Son normativas de fondo y retroactivas, como por ejemplo: expensas ejecutivas, reglas de administración, consejo de propietarios, derecho de admisión "bolilla negra", terreno propio, área residencial; resulta lo mismo sin construcción y/o a construir y/o construido. **No se necesita inscribir altas de construcción en el Registro de la Propiedad Inmueble** (Decreto 947/2004 de la provincia de Buenos Aires, derogado de hecho por CCCN) con referencia a clubes de campo y barrios cerrados (ver leyes de catastro). Ha sido notable el reconocimiento que siempre tuvo el Registro de la Propiedad de la Provincia de Buenos Aires al inscribir en forma individual las unidades de la propiedad horizontal (a pesar del condominio del terreno establecido por la Ley 13512). El Registro inscribió que **la unidad funcional comprendía el terreno**(opinión de Kemelmajer de Carlucci). Si el Registro de la Propiedad de la Provincia de Buenos Aires exige previamente, para inscribir una reventa de una unidad funcional en propiedad horizontal, que se otorgue y se inscriba una escritura de obra nueva – acta de construcción finalizada, deberá recurrirse y apelarse (con sustento en el CCCN).

Abella y Mariani de Vidal [4] plantean que

… la exigencia de adecuación, impuesta por el art. 2075, último párrafo, relativa a los conjuntos inmobiliarios preexistentes, a la entrada en vigencia del nuevo Código, impresiona como de muy dudosa constitucionalidad, lesiva de la garantía de la propiedad (art. 17, Constitución Nacional) e incluso contraria a lo dispuesto por el art. 7 del propio Código.

Asimismo, se refieren a la aplicación del encuadre del Decreto 9404/1986, provincia de Buenos Aires, como la "combinación de derechos reales y personales". Repitiendo conceptos vertidos anteriormente, ratificamos que, a los efectos de organizar jurídicamente el conjunto inmobiliario bajo la figura prevista en la normativa del Decreto 9404/1986, el conjunto parcelario residencial y recreativo-deportivo es inescindible, por la vinculación jurídica de la servidumbre predial constituida sobre las áreas comunes de esparcimiento a favor de los inmuebles residenciales. Concretamente, se inscribe en el Registro de la Propiedad Inmobiliaria el dominio de cada parcela residencial, la titularidad del dominio de la asociación civil en forma de sociedad anónima, de los inmuebles afectados a espacios recreativos-deportivos y calles de circulación interna, y, finalmente, se inscribe el derecho real de servidumbre con respecto a fundos sirvientes a favor de fundos dominantes. Cumpliendo la formalidad notarial y registral pertinente referida, tenemos únicamente derechos reales que configuran el encuadre legal del conjunto inmobiliario. Los derechos de los accionistas socios de la entidad y/o asociación referida se toman nota en un registro de accionistas y/o libro de asociados.

El artículo 2075 CCCN excluye de la obligación de adecuación a los conjuntos inmobiliarios preexistentes constituidos bajo derechos reales como propiedad horizontal Ley 13512, y al encuadre Decreto 9404/1986, con la servidumbre predial, dominio de las parcelas y dominio de la propiedad común. El derecho personal societario de los accionistas no es fundamental para ser tenido en cuenta en el encuadre legal, ya que aun si los titulares del sector residencial no fueran accionistas de la asociación civil en forma de sociedad anónima, propietaria de las áreas comunes, igualmente existirá la vinculación jurídica y funcional, conformando un conjunto único inescindible del complejo inmobiliario, con la constitución del derecho real de servidumbre. Al dictarse el Decreto 9404/1986, se dispuso -y nunca se cumplió- que el Registro de la Propiedad Inmobiliaria debía tomar nota de la afectación al referido encuadre.

¿Continuaría sosteniéndose una presunta inconstitucionalidad de la nueva normativa? Sin perjuicio de lo antedicho, los titulares del emprendimiento que se organizan en el marco del Decreto 9404/1986 pueden querer adecuarse al sistema consorcial de propiedad horizontal especial. En ese supuesto, tendría que haber acuerdo unánime, expresado en documentación privada o por escritura pública; y, asimismo, en mi opinión, el representante legal del complejo, también por escritura pública, declararía que todas las propiedades existentes integran y componen un "consorcio de propiedad horizontal especial, Código Civil y Comercial de la Nación", sin necesidad de que se realicen actos notariales de transformación de los derechos reales vigentes en el derecho real de propiedad horizontal especial. Debe haber una conformidad unánime expresa de todos los titulares de las parcelas residenciales. Si el registro publicita el terreno de las unidades funcionales propias, entonces no hay que rectificar ni readecuar porque esto es, precisamente, lo que ahora dice la ley (opinión de Kemelmajer de Carlucci).

La Ley 13512 expresaba que el total del terreno o suelo del emprendimiento es propiedad común. Lo que se pretendió con la nueva normativa (art. 2075 CCCN) es que los emprendimientos constituidos como derechos personales y/o como combinación de derechos personales con derechos reales, obligatoriamente y por razones de seguridad jurídica, organización y principalmente oponibilidad frente a terceros, queden únicamente establecidos como constituidos en base a derechos reales, señalándose **propiedad horizontal con las particularidades de propiedad horizontal especial.** No sería obligatoria la adecuación formal para los que están organizados por propiedad horizontal (Ley 13512) ni para los que estuviesen correctamente encausados, según el Decreto 9404/1986, como dominio de parcelas residenciales, dominio de áreas comunes, propiedad de la asociación civil en forma de sociedad anónima y/o cualquier otro tipo societario y servidumbre predial sobre fundos áreas de uso común como sirvientes y sector residencial fundos dominantes, y, accesoriamente, servidumbre urbanística constituida sobre parcelas residenciales, fundos sirvientes a favor de inmuebles comunes y fundos dominantes.

Debe quedar claro que tener acciones o títulos societarios de la entidad jurídica propietaria de las áreas comunes no introduce ni mejora la vinculación jurídica funcional que conforma un complejo inescindible entre los sectores. No importa si se considera la acción inescindible del título de propiedad de la parcela residencial. Tal argumento convencional no tiene fuerza de derecho real. Podría existir el complejo inmobiliario inescindible, frente a terceros, con la servidumbre predial vinculante sin que los residentes sean socios de la propietaria de las áreas comunes.

Finalmente, es interesante observar que en los conjuntos inmobiliarios encuadrados linealmente por el Decreto 9404/1986, los titulares del sector residencial conforman una organización comunitaria consorcial, atento a que todos son titulares de fundos dominantes con derecho al uso y goce sobre las áreas de uso común, fundos sirvientes, según resultaría de la constitución de la servidumbre predial vinculante. En este último carácter de titulares de derecho por la servidumbre real, estarían conformando un consorcio similar a la propiedad horizontal, en la cual un conjunto de propietarios de unidades o parcelas residenciales son, a la vez, titulares de derechos reales de uso y goce que otorga la servidumbre, sobre los inmuebles afectados al uso recreativo y deportivo del emprendimiento. Y con esa organización de hecho ya estarían adecuados a las normativas de un régimen "consorcial". Deberán tener en cuenta que son de aplicación inmediata: el título ejecutivo de las expensas y el régimen de administración y opción de elección de consejo de propietarios para controlar la administración, y, desde ya, debiéndose cumplir con todas las estipulaciones de fondo que tienen vigencia imperativa, retroactiva y de orden público: derecho de admisión-bolilla negra, etc.

Se está dando que algunos autores, incluso instituciones y academias vinculadas con el notariado, sustentan jurídicamente, en forma tremendamente equivocada, que el cumplimiento de la obligación de adecuación referida en el artículo 2075 CCCN es dificultoso o imposible. Esperan una ley aclaratoria o complementaria y/o una reglamentación. Me permito expresar que no todas las situaciones son iguales. 5 Lo que debe criticarse es que, en defensa de intereses o situaciones particulares, se pretenda convalidar la suspensión de la aplicación de la ley. De todas maneras, el orden jurídico y la norma imperativa y retroactiva harán sentir sus efectos de aplicación inmediata.

El Registro de la Propiedad de la Provincia de Buenos Aires emitió la **Orden de Servicio 45/2015**, que calificó de "cumplimiento imposible el acceso registral de la adecuación de los conjuntos preexistentes" (p. 37).

Abella y Mariani de Vidal agregan:

… si el conjunto inmobiliario fue creado con arreglo a las normas en vigor en un momento anterior, tal creación constituye una situación jurídica consolidada [de derechos adquiridos]

Hoy, en lugar de derechos adquiridos, se habla de garantías constitucionales que de ser afectadas hay que probarlas por parte del afectado.

Independientemente de que no se concrete la instrumentación formal de la adecuación dispuesta en el artículo 2075 CCCN, la ley de propiedad horizontal especial es imperativa, retroactiva, de orden público y de aplicación inmediata, operativa o funcional respecto de las consecuencias de las relaciones y situaciones jurídicas existentes en los conjuntos inmobiliarios, cualquiera fuere su formato jurídico, si ello redunda en soluciones más favorables para el emprendimiento. Los profesionales del derecho deben aplicar el nuevo régimen legal, que a mi consideración es muy bueno y superador de las reglamentaciones que regían con anterioridad al 1 de agosto de 2015.

Las obligaciones del pago de expensas tendrán título ejecutivo; las administraciones podrán renovarse sin personajes perpetuos ni con mayorías accionarias de oro; es muy importante el consejo de propietarios controlador; no podrá subsistir la bolilla negra-derecho de admisión. En propiedad horizontal, el terreno área residencial es propio, ya no es más común, etc.

Si los complejos organizados con el encuadre de la Ley 13512 y los que adoptaron la normativa provincial del Decreto 9404/1986, como hemos explicado, no necesitan adecuarse cumpliendo lo dispuesto en el CCCN, los que restan y quedan, realmente organizados como derechos personales combinados con derechos reales, serán pocos, y no existen dificultades de que se encuadren dentro de los derechos reales exclusivamente, como es el propósito legislado. No es necesaria adecuación en los PH ni tampoco en los encuadres del Decreto 9404/1986.

Los encuadres legales preexistentes se deben adecuar a las previsiones normativas que regulan este derecho real.

3. Retroactividad de la ley

Artículo 7

Eficacia temporal. A partir de su entrada en vigencia, las leyes se aplican a las consecuencias de las relaciones y situaciones jurídicas existentes.

Las leyes no tienen efecto retroactivo, sean o no de orden público, excepto disposición en contrario. La retroactividad establecida por la ley no puede afectar derechos amparados por garantías constitucionales.

Lorenzetti 6, analiza la interpretación del artículo 7 CCCN y expresa, entre varias afirmaciones, que

Es una regla dirigida al juez para proteger la seguridad jurídica. Esta regla está dirigida al juez y le indica qué ley debe aplicar al resolver un caso (en cambio no está dirigida al legislador que puede dictar una ley diferente a la del Código, de la misma jerarquía normativa, estableciendo una retroactividad expresa), y establece que debe aplicar la ley de modo inmediato y que no tiene efecto retroactivo, con las excepciones previstas [...]

La ley entra en vigencia a partir de la fecha que establece (art. 5º) [...] La segunda regla general es que la ley no puede tener efectos retroactivos. La excepción es que una ley lo establezca expresamente, pero en ese caso, no puede afectar derechos amparados por garantías constitucionales [...]

En el sistema actual la noción de retroactividad es una derivación del concepto de aplicación inmediata. Por lo tanto, la ley es retroactiva si se aplica a una relación o situación jurídica ya constituida o extinguida, o a efectos ya cumplidos bajo la ley anterior. La regla general es que la ley no tiene efectos retroactivos. La excepción es que la misma ley lo establezca, pero en este caso hay un límite: no puede afectar derechos amparados por garantías constitucionales.

Kemelmajer de Carlucci expresó con referencia a los conjuntos inmobiliarios (countries y barrios cerrados):

El artículo 2075, última parte, dispone expresamente: "Los conjuntos inmobiliarios preexistentes que se hubiesen establecido como derechos personales o donde coexistan derechos reales y derechos personales se deben adecuar a las previsiones normativas que regulan este derecho real".

Ése es un caso en que el CCyC ha dispuesto expresamente su aplicación retroactiva [...] Como se explicó, la retroactividad está permitida. Quien pretenda que la aplicación de esta norma lo priva de un derecho constitucional, tiene la carga de acreditarlo. 7

Asimismo, dijo:

Si las leyes gobiernan el contenido o los efectos, cabe distinguir, con la opinión doctrinal predominante, entre situaciones legales y convencionales; la aplicación inmediata de la ley para los efectos que se produzcan en situaciones que tienen origen en actos de los particulares, la regla es que los rige la ley vigente al momento de la constitución.

Y, refiriendo a Moisset de Espanés, conceptuó:

... algunos cambios de legislación son sólo aparentes, pues el texto se limita a incorporar una solución (doctrinal o jurisprudencial) que ya integraba el sistema jurídico, de manera que no se ha producido un cambio real en el Derecho vigente y la nueva norma no encuentra dificultades para su aplicación inmediata, pues los problemas continúan solucionándose en el mismo sentido que antes de su incorporación.

A veces, la retroactividad tiene por finalidad transar en una jurisprudencia contradictoria y, de este modo, terminar con situaciones litigiosas. La finalidad es legítima y razonable.

4. Conclusiones

■ En los casos de los emprendimientos inmobiliarios, countries y barrios cerrados, la incorporación de normas regulatorias al CCCN ha conformado la legislación que estaba ausente y faltaba como ley de fondo.

■ Ha tenido en cuenta la realidad, usos y costumbres, reglamentaciones provinciales, municipales y resoluciones ministeriales.

■ Tuvo muy en cuenta las inconveniencias prácticas, las observaciones y cuestionamientos doctrinarios, diversos anteproyectos y proyectos de ley y finalmente impuso con acierto, en opinión del autor, una mejor reglamentación, que superó a la preexistente.

■ Con el mismo techo normativo, se solucionaron simultáneamente los encuadres preexistentes: propiedad horizontal Ley 13512 y Decreto 9404/1986. Ha ocurrido lo expresado precedentemente: cambio de situación y enfoque jurídico, aparente, atento a que se incorpora una solución que ya se pensaba y era tenida en cuenta.

■ La nueva normativa, retroactiva, no encuentra dificultad de aplicación.

■ El organigrama legal para los clubes de campo y barrios cerrados continúa solucionándose con el mismo objetivo y sentido preexistente.

■ La ley entró en vigencia el 1 de agosto de 2015. Es retroactiva e imperativa y de orden público. Desde esa fecha, no es necesario instrumentar altas de construcción (Decreto 947/2004 derogado) ni modificar planos y reglamentos de copropiedad (hoy de propiedad).

■ Se sustentan legalmente los subconsorcios para los edificios que en un country tienen independencia funcional.

■ No se podrá impedir la reventa de las propiedades dentro del complejo. No va más el derecho de admisión.

■ Se podrán constituir servidumbres prediales sobre inmuebles recreativos, asegurando aprovechamiento entre emprendimientos vecinos.

■ El terreno en los sectores residenciales PH ya no es más común.

■ Las unidades se edifican en terreno propio y exclusivo.

■ Las expensas las deben los propietarios y también todos los ocupantes de las unidades por cualquier título y/o derecho.

■ El cercado perimetral para resguardo y seguridad es legal.

■ Para mejorar infraestructuras y/o aumentar el área residencial y para incrementar la superficie de la propiedad ampliando, se regula el derecho de preferencia para comprar en las reventas, a favor del consorcio y/o de los propietarios.

■ Como expresó el Registro de la Propiedad Inmueble de la provincia de Buenos Aires, en la Orden de Servicio 45/2015, hay distintos criterios y opiniones académicas que responden a diferentes intereses.

■ Algunos desarrolladores y particulares demorarán en aplicar la nueva normativa, pero la mayoría se impondrá, potenciando el derecho fuente de toda razón y justicia.

■ Las disposiciones estructurales imperativas y de orden público que el legislador integró en los derechos reales no requieren para ser inmediatamente aplicadas del consentimiento de los habitantes.

Decreto Nº 18734/49 Reglamentario de la ley de Propiedad Horizontal derogado a partir del 1-8-2015

CONSIDERANDO:

Que el régimen de la propiedad de pisos y departamentos estatuido por la Ley núm. 13.512 requiere la sanción de normas reglamentarias para su efectiva aplicación;

Que en ese sentido resulta indispensable; como la misma ley lo prevé, instituir reglas especiales relativas a la inscripción del dominio en los registros públicos, adaptadas a las modalidades de la nueva forma de propiedad;

Que es también de indudable conveniencia de terminar las materias que obligatoriamente debe contener el reglamento de copropiedad y administración a que se refiere el art. 9 de la ley citada, toda vez que de la previsión y el acierto con que los propietarios regulen sus relaciones recíprocas, alejando el riesgo de eventuales conflictos, dependerá en apreciable medida el éxito del sistema;

Que por los mismos motivos es aconsejable permitir la inscripción del referido reglamento a quienes se dispongan a dividir horizontalmente en propiedad edificios ya construidos o en vías de construirse, medida coincidente con la prescripción legal que obliga al "consorcio de propietarios" a proceder a dicha inscripción;

Que con el fin de salvaguardar los derechos de los terceros adquirentes, como consecuencia del reconocimiento legal de obligaciones que siguen al dominio del piso o departamento transmitido (Ley 13.512, art. 17), es necesario facilitar a aquéllos el conocimiento anticipado de las deudas de tal naturaleza que puedan existir, a cuyo propósito se ha considerado un medio idóneo, dentro de las posibilidades reglamentarias del Poder Ejecutivo, el que se estatuye en el art. 6 del presente decreto;

Que siendo el valor asignado a cada piso o departamento el que determina, en principio, la proporción que corresponde a los propietarios en los derechos y obligaciones comunes (ley citada, arts. 3 y 8), es menester asegurar que dicha proporción no ha de ser alterada por las valuaciones que, a los efectos del pago del impuesto territorial, se realicen separadamente sobre cada unidad inmobiliaria;

Que la concesión de préstamos en condiciones liberales puede estimular la construcción de inmuebles destinados a ser divididos horizontalmente y facilitar la adquisición individual de departamentos o pisos, función que debe tomar a su cargo el Estado como medio de atenuar el problema actual de la crisis de vivienda y contribuir al propósito reiteradamente expresado, de permitir el acceso a la propiedad a las personas de situación económica modesta;

Que, finalmente, no existe riesgo alguno de que, como consecuencia de la adquisición de pisos o departamentos arrendados, se produzcan desalojos fundados en la causal que prevé el art. 2º, inc. c) de la Ley 12.998, pues a ello se opone la disposición del art. 1º de la Ley 12.228 que circunscribe su beneficio a los propietarios de casas "ya adquiridas" a la fecha de su sanción.

El Presidente de la Nación Argentina

Decreta:

I – DISPOSICIONES GENERALES

Art. 1º – Sin perjuicio de la obligación de redactar e inscribir un reglamento de copropiedad y administración, impuesta al consorcio de propietarios por el art. 9 de la Ley 13.512, dicho reglamento podrá también ser redactado e inscripto en los registros públicos por toda persona, física o ideal, que se disponga a dividir horizontalmente en propiedad –conforme al régimen de la Ley 13.512– un edificio existente o a construir y que acredite ser titular del dominio del inmueble con respecto al cual solicite la inscripción del referido reglamento.

Art. 2º – No se inscribirán en los registros públicos, títulos por los que se constituya o transfiera el dominio u otros derechos reales sobre pisos o departamentos, cuando no se encontrare inscripto con anterioridad el reglamento de copropiedad y administración o no se lo presentare en ese acto en condiciones de inscribirlo.

Art. 3º – El reglamento de copropiedad y administración, deberá proveer sobre las siguientes materias:

1) Especificación de las partes del edificio de propiedad exclusiva;

2) Determinación de la proporción que corresponda a cada piso o departamento con relación al valor de conjunto;

3) Enumeración de las cosas comunes;

4) Uso de las cosas y servicios comunes;

5) Destino de las diferentes partes del inmueble;

6) Cargas comunes y contribución a las mismas;

7) Designación de representante o administrador; retribución y forma de remoción; facultades y obligaciones;

8) Forma y tiempo de convocación a las reuniones ordinarias y extraordinarias de propietarios; persona que las preside; reglas para deliberar; quórum; mayorías necesarias para modificar el reglamento y para adoptar otras resoluciones; cómputo de los votos; representación;

9) Persona que ha de certificar los testimonios a que se refieren los arts. 5 y 6 del presente decreto;

10) Constitución de domicilio de los propietarios que no han de habitar el inmueble.

11) Autorización que prescribe el art. 27. (Inciso incorporado por art. 2º del Decreto Nº 23.149/56 B.O. 11/1/1957. Vigencia: a partir de los 15 días de su publicación).

Art. 4º – Para la inscripción del Reglamento de Co-propiedad y Administración deberá presentarse éste al Registro de la Propiedad, juntamente con el Formulario Nº 1 a que se refiere el art. 29 y un plano del edificio extendido en tela, firmado por profesional con título habilitante. En dicho plano las unidades se designarán con numeración corrida y comenzando por las de la primera planta; se consignará las dimensiones y la descripción detallada de cada unidad y de las partes comunes del edificio y se destacará en color las partes de propiedad exclusiva.

(Artículo sustituido por art. 1º del Decreto Nº 23.149/56 B.O. 11/1/1957. Vigencia: a partir de los 15 días de su publicación).

Art. 5º – Las decisiones que tome el consorcio de propietarios conforme al art. 10 de la Ley 13.512, se harán constar en actas que firmarán todos los presentes. El libro de actas será rubricado, en la Capital Federal y Territorios Nacionales, por el Registro de la Propiedad, y en las provincias por la autoridad que los respectivos gobiernos determinen. Todo propietario podrá imponerse del contenido del libro y hacerse expedir copia de las actas, la que será certificada por el representante de los propietarios o por las personas que éstos designen. Las actas podrán ser protocolizadas.

Será también rubricado por la misma autoridad el libro de administración del inmueble.

Art. 6º – A requerimiento de cualquier escribano que deba autorizar una escritura pública de transferencia de dominio sobre pisos o departamentos, el consorcio de propietarios, por intermedio de la persona autorizada, certificará sobre la existencia de deuda por expensas comunes que afecten al piso o departamento que haya de ser transferido.

Art. 7º – El Banco Hipotecario Nacional concederá préstamos de fomento, especiales u ordinarios, según corresponda a cada caso de acuerdo con su ley orgánica escalas de acuerdos e intereses y normas internas que se dicten, para facilitar la construcción o la adquisición de inmuebles destinados a ser divididos en departamentos o pisos que hubieran de adjudicarse a distintos propietarios, como así también para la adquisición aislada de uno o más departamentos o pisos de un inmueble.

II – DISPOSICIONES ESPECIALES PARA LA CAPITAL FEDERAL Y TERRITORIOS NACIONALES

Art. 8º – Los préstamos que el Banco Hipotecario Nacional ha concedido o acuerde por el sistema llamado de sociedad de propiedad colectiva, podrán ser convertidos en préstamos individuales, siempre que los interesados se ajusten al régimen de la Ley 13.512 y cumplan los requisitos que a ese efecto establezca el Banco.

Art. 9º – Se inscribirán en el Registro de la Propiedad de la Capital Federal:

1) Los títulos constitutivos o traslativos de dominio, sobre pisos o departamentos;

2) Los títulos en que se constituyan, transfieran, reconozcan, modifiquen o extingan derechos de hipoteca, usufructo, uso,

habitación, servidumbre o cualquier otro derecho real sobre ellos;

3) Los actos o contratos en cuya virtud se adjudiquen pisos o departamentos o derechos reales, aun cuando sea con la obligación por parte del adjudicatario de transmitirlos a otro, o invertir su importe en objetos determinados;

4) Las sentencias ejecutoriadas que por herencia, prescripción u otra causa reconocieren adquirido el dominio o cualquier otro derecho real sobre pisos o departamentos;

5) Los contratos de arrendamiento de pisos o departamentos por tiempo determinado, que exceda de un año;

6) Las ejecutorias que dispongan el embargo de departamentos o pisos o que inhiban a una persona de la libre disposición de los mismos.

Art. 10. – Sin perjuicio de la aplicación de las disposiciones de la Ley 1893 Título XIV, en lo que fueren compatibles con el presente régimen, para las inscripciones que se señalan en el artículo anterior se aplicarán estrictamente o por analogía las disposiciones que contienen los arts. 6, 7, 11, 14 al 17, 35, 37 a 44, 46 a 56, 58, a 60, 65, 66, 68, 72, 73, 74, 75, 77, 89 a 100, 102 a 111, 114 a 186, 190, 191, 193 a 207 del Reglamento del Registro de la Propiedad, como así también las disposiciones del Decreto Nº104.961, del 4 de mayo de 1937.

Art. 11. – Toda inscripción deberá contener las siguientes enunciaciones:

1º – Día y hora de presentación del título en el Registro;

2º – Situación del edificio, calle, número, zona, designación numérica y superficie de la unidad y su proporción en la copropiedad. (Inciso sustituido por art. 1º del Decreto Nº 23.149/56 B.O. 11/1/1957. Vigencia: a partir de los 15 días de su publicación).

3º – Valor, extensión, condiciones y cargas de cualquier especie del derecho que se inscriba;

4º – Naturaleza del acto que se inscriba y su fecha;

5º – Nombre, apellido, estado y domicilio de la persona a cuyo favor se haga la inscripción;

6º – Nombre, apellido, estado y domicilio de la persona de quien proceda inmediatamente el derecho a inscribir;

7º – Tomo y folio de la inscripción correspondiente al título transmitente;

8º – (Inciso derogado por art. 3º del Decreto Nº 23.149/56 B.O. 11/1/1957. Vigencia: a partir de los 15 días de su publicación).

9º – Constancia de haber solicitado los Certificados del Registro;

10º – Designación de la Escribanía, Oficina o Archivo en que existe el título original;

11º – Nombre y jurisdicción del funcionario, juez o tribunal que haya expedido el testimonio o la ejecutoria u ordenado la inscripción;

12º – Firma del encargado del Registro.

Art. 12. – Con los formularios de adquisición que presenten los escribanos juntamente con los testimonios del acto a inscribir y los originales de los oficios que por duplicado remitan los jueces se confeccionarán los protocolos de "Registro de Propiedad Horizontal".

Este registro se llevará abriendo uno particular a cada piso o departamento. Se asentará por primera partida la primera inscripción, ligándose por notas marginales todas las posteriores inscripciones, anotaciones y cancelaciones relativas al mismo piso o departamento.

Art. 13. – Las inscripciones de dominio de las distintas unidades que constituyen una finca, se ligarán la primera vez por notas a la inscripción de dominio de la Ley 1893.

(Artículo sustituido por art. 1º del Decreto Nº 23.149/56 B.O. 11/1/1957. Vigencia: a partir de los 15 días de su publicación).

Art. 14. – En las escrituras de trasmisión de dominio de cada unidad, se hará constar, cuando corresponda la autorización de la Dirección General Impositiva.

Art. 15. – Los libros del dominio de la propiedad horizontal serán llevados para los inmuebles de la Capital Federal, por Zona Norte y Zona Sud, según que los edificios estén situados en la parte que se extiende al Norte de la línea media de la calle Rivadavia o en la parte que se extiende al Sud de la referida línea.

En cuando a los inmuebles ubicados en los Territorios Nacionales, se abrirá un libro para cada Gobernación.

Art. 16. – Las inscripciones de cada piso o departamento pertenecientes a un mismo "Edificio", llevarán igual número de orden que se denominará "número de Edificio".

Art. 17. – El formulario del Reglamento de co-propiedad y Administración, sus eventuales modificaciones y el plano del edificio a que se refiere el art. 4º, serán debidamente registrados.

(Artículo sustituido por art. 1º del Decreto Nº 23.149/56 B.O. 11/1/1957. Vigencia: a partir de los 15 días de su publicación).

Art. 18. – En el Registro de Hipotecas sobre la Propiedad Horizontal se llevarán libros correspondientes a la Zona Norte y Zona sud de la Capital Federal y además libros especiales de ambas zonas para las escrituras de hipotecas a favor del Banco Hipotecario Nacional. También se abrirá un libro para cada Gobernación.

Art. 19. – Las referencias de hipotecas, embargos y demás restricciones al dominio, se anotarán al margen de la inscripción de cada unidad.

(Artículo sustituido por art. 1º del Decreto Nº 23.149/56 B.O. 11/1/1957. Vigencia: a partir de los 15 días de su publicación).

Art. 20. – Si en garantía de una misma obligación, se grava con hipoteca varios pisos o departamentos, se deberá presentar un formulario de inscripción por cada departamento.

Art. 21. – Cuando el reglamento de copropiedad y administración establezca determinadas condiciones para la transferencia del piso o departamento, el Registro observará y suspenderá el trámite de la inscripción del documento correspondiente hasta tanto se dé cumplimiento a lo exigido por el aludido reglamento.

Art. 22. – En los testimonios y oficios judiciales que se presenten para su inscripción se hará constar, además de los datos que prescribe la Ley 1893, los tomos, folios, números de orden de cada inscripción de la propiedad horizontal, como así también del legajo especial.

Art. 23. – Todo documento que se presente para su inscripción en el Registro de la Propiedad Horizontal, se asentará en los libros Diarios e Indice que se llevan actualmente, en los que se dejará constancia del tomo y folio correspondiente.

Art. 24. – Los escribanos de registro no autorizarán escrituras públicas de constitución o traspaso de dominio u otros derechos reales sobre pisos o departamentos, si no se hubieses inscripto previamente el reglamento de copropiedad y administración en el Registro de Propiedad, o no se lo presentase en ese acto para ser inscripto simultáneamente con el título. Deberán asimismo exigir constancia de que el edificio ha sido asegurado contra incendio, conforme a lo establecido en el art. 11 de la Ley 13.512, como también de la autorización municipal que prevé el art. 27 de este decreto.

Art. 25. – (Artículo derogado por art. 4º del Decreto Nº 7795/55 B.O. 11/1/1956).

Art. 26. – A los efectos del pago del impuesto inmobiliario, en la valuación de cada piso o departamento irá incluida la parte proporcional del valor atribuido al terreno y a las cosas de propiedad común. La proporción entre esa valuación y la que corresponde al conjunto del inmueble, permanecerá inalterable.

Si en algún departamento o piso se realizasen mejoras o se agregasen detalles de ornamentación que justifiquen el aumento del impuesto una valuación adicional se establecerá por separado para ese fin.

Art. 27. – Las autoridades municipales podrán establecer los requisitos que deben reunir los edificios que hayan de someterse al régimen de la Ley 13.512 y expedir las pertinentes autorizaciones, las que, una vez otorgadas, no podrán revocarse.

Art. 28. – Las decisiones que tome válidamente la mayoría de propietarios serán comunicadas a los interesados ausentes por carta certificada.

Art. 29. – Apruébanse los modelos de formularios anexos al presente decreto los que, además de los recaudos que establece el art. 4º del Decreto Nº 104.961, deberán presentar un margen de siete centímetros.

(Artículo sustituido por art. 1º del Decreto Nº 23.149/56 B.O. 11/1/1957. Vigencia: a partir de los 15 días de su publicación).

Art. 30. – Publíquese, comuníquese, anótese, dése a la Dirección General del Registro Nacional y archívese. PERON – Belisario Gache Pirán.

PROPIEDAD HORIZONTAL
Código Civil y Comercial

Propiedad horizontal

Disposiciones generales

ARTICULO 2037.– Concepto. La propiedad horizontal es el derecho real que se ejerce sobre un inmueble propio que otorga a su titular facultades de uso, goce y disposición material y jurídica que se ejercen sobre partes privativas y sobre partes comunes de un edificio, de conformidad con lo que establece este Título y el respectivo reglamento de propiedad horizontal. Las diversas partes del inmueble así como las facultades que sobre ellas se tienen son interdependientes y conforman un todo no escindible.

ARTICULO 2038.– Constitución. A los fines de la división jurídica del edificio, el titular de dominio o los condóminos deben redactar, por escritura pública, el reglamento de propiedad horizontal, que debe inscribirse en el registro inmobiliario.

El reglamento de propiedad horizontal se integra al título suficiente sobre la unidad funcional.

ARTICULO 2039.– Unidad funcional. El derecho de propiedad horizontal se determina en la unidad funcional, que consiste en pisos, departamentos, locales u otros espacios susceptibles de aprovechamiento por su naturaleza o destino, que tengan independencia funcional, y comunicación con la vía pública, directamente o por un pasaje común.

La propiedad de la unidad funcional comprende la parte indivisa del terreno, de las cosas y partes de uso común del inmueble o indispensables para mantener su seguridad, y puede abarcar una o más unidades complementarias destinadas a servirla.

ARTICULO 2040.– Cosas y partes comunes. Son comunes a todas o a algunas de las unidades funcionales las cosas y partes de uso común de ellas o indispensables para mantener su seguridad y las que se determinan en el reglamento de propiedad horizontal. Las cosas y partes cuyo uso no está determinado, se consideran comunes.

Sobre estas cosas y partes ningún propietario puede alegar derecho exclusivo, sin perjuicio de su afectación exclusiva a una o varias unidades funcionales.

Cada propietario puede usar las cosas y partes comunes conforme a su destino, sin perjudicar o restringir los derechos de los otros propietarios.

ARTICULO 2041.- Cosas y partes necesariamente comunes. Son cosas y partes necesariamente comunes:

a) el terreno;

b) los pasillos, vías o elementos que comunican unidades entre sí y a éstas con el exterior;

c) los techos, azoteas, terrazas y patios solares;

d) los cimientos, columnas, vigas portantes, muros maestros y demás estructuras, incluso las de balcones, indispensables para mantener la seguridad;

e) los locales e instalaciones de los servicios centrales;

f) las cañerías que conducen fluidos o energía en toda su extensión, y los cableados, hasta su ingreso en la unidad funcional;

g) la vivienda para alojamiento del encargado;

h) los ascensores, montacargas y escaleras mecánicas;

i) los muros exteriores y los divisorios de unidades entre sí y con cosas y partes comunes;

j) las instalaciones necesarias para el acceso y circulación de personas con discapacidad, fijas o móviles, externas a la unidad funcional, y las vías de evacuación alternativas para casos de siniestros;

k) todos los artefactos o instalaciones existentes para servicios de beneficio común;

l) los locales destinados a sanitarios o vestuario del personal que trabaja para el consorcio.

Esta enumeración tiene carácter enunciativo.

ARTICULO 2042.- Cosas y partes comunes no indispensables. Son cosas y partes comunes no indispensables:

a) la piscina;

b) el solárium;

c) el gimnasio;

d) el lavadero;

e) el salón de usos múltiples.

Esta enumeración tiene carácter enunciativo.

ARTICULO 2043.- Cosas y partes propias. Son necesariamente propias con respecto a la unidad funcional las cosas y partes comprendidas en el volumen limitado por sus estructuras divisorias, los tabiques internos no portantes, las puertas, ventanas, artefactos y los revestimientos, incluso de los balcones.

También son propias las cosas y partes que, susceptibles de un derecho exclusivo, son previstas como tales en el reglamento de propiedad horizontal, sin perjuicio de las restricciones que impone la convivencia ordenada.

ARTICULO 2044.- Consorcio. El conjunto de los propietarios de las unidades funcionales constituye la persona jurídica consorcio. Tiene su domicilio en el inmueble. Sus órganos son la asamblea, el consejo de propietarios y el administrador.

La personalidad del consorcio se extingue por la desafectación del inmueble del régimen de propiedad horizontal, sea por acuerdo unánime de los propietarios instrumentado en escritura

Manual Propiedad Horizontal

pública o por resolución judicial, inscripta en el registro inmobiliario.

Facultades y obligaciones de los propietarios
ARTICULO 2045.- Facultades. Cada propietario puede, sin necesidad de consentimiento de los demás, enajenar la unidad funcional que le pertenece, o sobre ella constituir derechos reales o personales. La constitución, transmisión o extinción de un derecho real, gravamen o embargo sobre la unidad funcional, comprende a las cosas y partes comunes y a la unidad complementaria, y no puede realizarse separadamente de éstas.

ARTICULO 2046.- Obligaciones. El propietario está obligado a:

a) cumplir con las disposiciones del reglamento de propiedad horizontal, y del reglamento interno, si lo hay;

b) conservar en buen estado su unidad funcional;

c) pagar expensas comunes ordinarias y extraordinarias en la proporción de su parte indivisa;

d) contribuir a la integración del fondo de reserva, si lo hay;

e) permitir el acceso a su unidad funcional para realizar reparaciones de cosas y partes comunes y de bienes del consorcio, como asimismo para verificar el funcionamiento de cocinas, calefones, estufas y otras cosas riesgosas o para controlar los trabajos de su instalación;

f) notificar fehacientemente al administrador su domicilio especial si opta por constituir uno diferente del de la unidad funcional.

ARTICULO 2047.- Prohibiciones. Está prohibido a los propietarios y ocupantes:

a) destinar las unidades funcionales a usos contrarios a la moral o a fines distintos a los previstos en el reglamento de propiedad horizontal;

b) perturbar la tranquilidad de los demás de cualquier manera que exceda la normal tolerancia;

c) ejercer actividades que comprometan la seguridad del inmueble;

d) depositar cosas peligrosas o perjudiciales.

ARTICULO 2048.- Gastos y contribuciones. Cada propietario debe atender los gastos de conservación y reparación de su propia unidad funcional.

Asimismo, debe pagar las expensas comunes ordinarias de administración y reparación o sustitución de las cosas y partes comunes o bienes del consorcio, necesarias para mantener en buen estado las condiciones de seguridad, comodidad y decoro del inmueble y las resultantes de las obligaciones impuestas al administrador por la ley, por el reglamento o por la asamblea.

Igualmente son expensas comunes ordinarias las requeridas por las instalaciones necesarias para el acceso o circulación de personas con discapacidad, fijas o móviles, y para las vías de evacuación alternativas para casos de siniestros.

Debe también pagar las expensas comunes extraordinarias dispuestas por resolución de la asamblea.

El certificado de deuda expedido por el administrador y aprobado por el consejo de propietarios, si éste existe, es título ejecutivo para el cobro a los propietarios de las expensas y demás contribuciones.

ARTICULO 2049.- Defensas. Los propietarios no pueden liberarse del pago de ninguna expensa o contribución a su cargo aun con respecto a las devengadas antes de su adquisición, por renuncia al uso y goce de los bienes o servicios comunes, por enajenación voluntaria o forzosa, ni por abandono de su unidad funcional.

Tampoco pueden rehusar el pago de expensas o contribuciones ni oponer defensas por cualquier causa, fundadas en derechos que ellos invoquen contra el consorcio, excepto compensación, sin perjuicio de su articulación por la vía correspondiente.

El reglamento de propiedad horizontal puede eximir parcialmente de las contribuciones por expensas a las unidades funcionales que no tienen acceso a determinados servicios o sectores del edificio que generan dichas erogaciones.

ARTICULO 2050.- Obligados al pago de expensas. Además del propietario, y sin implicar liberación de éste, están obligados al pago de los gastos y contribuciones de la propiedad horizontal los que sean poseedores por cualquier título.

Modificaciones en cosas y partes comunes
ARTICULO 2051.- Mejora u obra nueva que requiere mayoría. Para realizar mejoras u obras nuevas sobre cosas y partes comunes, los propietarios o el consorcio requieren consentimiento de la mayoría de los propietarios, previo informe técnico de un profesional autorizado.

Quien solicita la autorización si le es denegada, o la minoría afectada en su interés particular que se opone a la autorización si se concede, tienen acción para que el juez deje sin efecto la decisión de la asamblea.

El juez debe evaluar si la mejora u obra nueva es de costo excesivo, contraria al reglamento o a la ley, y si afecta la seguridad, solidez, salubridad, destino y aspecto arquitectónico exterior o interior del inmueble. La resolución de la mayoría no se suspende sin una orden judicial expresa.

ARTICULO 2052.- Mejora u obra nueva que requiere unanimidad. Si la mejora u obra nueva, realizada por un propietario o por el consorcio sobre cosas y partes comunes, aun cuando no importe elevar nuevos pisos o hacer excavaciones, gravita o modifica la estructura del inmueble de una manera sustancial, debe realizarse con el acuerdo unánime de los propietarios.

También requiere unanimidad la mejora u obra nueva sobre cosas y partes comunes en interés particular que sólo beneficia a un propietario.

ARTICULO 2053.- Mejora u obra nueva en interés particular. Si la mejora u obra nueva autorizada sobre cosas y partes comunes es en interés particular, el beneficiario debe efectuarla a su costa y so-portar los gastos de la modificación del reglamento de propiedad horizontal y de su inscripción, si hubiera lugar a ellos.

ARTICULO 2054.- Reparaciones urgentes. Cualquier propietario, en ausencia del administrador y de los integrantes del consejo de propietarios puede realizar reparaciones urgentes en las cosas y partes comunes, con carácter de gestor de negocios. Si el gasto resulta injustificado, el consorcio puede negar el reintegro total o parcial y exigir, si corresponde, la restitución de los bienes a su estado anterior, a costa del propietario.

ARTICULO 2055.- Grave deterioro o destrucción del edificio. En caso de grave deterioro o destrucción del edificio, la asamblea por mayoría que represente más de la mitad del valor, puede resolver su demolición y la venta del terreno y de los materiales, la reparación o la reconstrucción.

Si resuelve la reconstrucción, la minoría no puede ser obligada a contribuir a ella, y puede liberarse por transmisión de sus derechos a terceros dispuestos a emprender la obra. Ante la ausencia de interesados, la mayoría puede adquirir la parte de los disconformes, según valuación judicial.

Reglamento de propiedad horizontal
ARTICULO 2056.- Contenido. El reglamento de propiedad horizontal debe contener:

a) determinación del terreno;

b) determinación de las unidades funcionales y complementarias;

c) enumeración de los bienes propios;

d) enumeración de las cosas y partes comunes;

e) composición del patrimonio del consorcio;

f) determinación de la parte proporcional indivisa de cada unidad;

g) determinación de la proporción en el pago de las expensas comunes;

h) uso y goce de las cosas y partes comunes;

i) uso y goce de los bienes del consorcio;

j) destino de las unidades funcionales;

k) destino de las partes comunes;

l) facultades especiales de las asambleas de propietarios;

m) determinación de la forma de convocar la reunión de propietarios, su periodicidad y su forma de notificación;

n) especificación de limitaciones a la cantidad de cartas poderes que puede detentar cada titular de unidad funcional para representar a otros en asambleas;

ñ) determinación de las mayorías necesarias para las distintas decisiones;

o) determinación de las mayorías necesarias para modificar el reglamento de propiedad horizontal;

p) forma de computar las mayorías;

q) determinación de eventuales prohibiciones para la disposición o locación de unidades complementarias hacia terceros no propietarios;

r) designación, facultades y obligaciones especiales del administrador;

s) plazo de ejercicio de la función de administrador;

t) fijación del ejercicio financiero del consorcio;

Manual Propiedad Horizontal

u) facultades especiales del consejo de propietarios.

ARTICULO 2057.- Modificación del reglamento. El reglamento sólo puede modificarse por resolución de los propietarios, mediante una mayoría de dos tercios de la totalidad de los propietarios.

Asambleas

ARTICULO 2058.- Facultades de la asamblea. La asamblea es la reunión de propietarios facultada para resolver:

a) las cuestiones que le son atribuidas especialmente por la ley o por el reglamento de propiedad horizontal;

b) las cuestiones atribuidas al administrador o al consejo de propietarios cuando le son sometidas por cualquiera de éstos o por quien representa el cinco por ciento de las partes proporcionales indivisas con relación al conjunto;

c) las cuestiones sobre la conformidad con el nombramiento y despido del personal del consorcio;

d) las cuestiones no contempladas como atribuciones del administrador o del consejo de propietarios, si lo hubiere.

ARTICULO 2059.- Convocatoria y quórum. Los propietarios deben ser convocados a la asamblea en la forma prevista en el reglamento de propiedad horizontal, con transcripción del orden del día, el que debe redactarse en forma precisa y completa; es nulo el tratamiento de otros temas, excepto si están presentes todos los propietarios y acuerdan por unanimidad tratar el tema.

La asamblea puede autoconvocarse para deliberar. Las decisiones que se adopten son válidas si la autoconvocatoria y el temario a tratar se aprueban por una mayoría de dos tercios de la totalidad de los propietarios.

Son igualmente válidas las decisiones tomadas por voluntad unánime del total de los propietarios aunque no lo hagan en asamblea.

ARTICULO 2060.- Mayoría absoluta. Las decisiones de la asamblea se adoptan por mayoría absoluta computada sobre la totalidad de los propietarios de las unidades funcionales y se forma con la doble exigencia del número de unidades y de las partes proporcionales indivisas de éstas con relación al conjunto.

La mayoría de los presentes puede proponer decisiones, las que deben comunicarse por medio fehaciente a los propietarios ausentes y se tienen por aprobadas a los quince días de notificados, excepto que éstos se opongan antes por igual medio, con mayoría suficiente.

El derecho a promover acción judicial de nulidad de la asamblea caduca a los treinta días contados desde la fecha de la asamblea.

ARTICULO 2061.- Conformidad expresa del titular. Para la supresión o limitación de derechos acordados a las unidades que excedan de meras cuestiones de funcionamiento cotidiano, la mayoría debe integrarse con la conformidad expresa de sus titulares.

ARTICULO 2062.- Actas. Sin perjuicio de los restantes libros referidos a la administración del consorcio, es obligatorio llevar un Libro de Actas de Asamblea y un Libro de Registro de firmas de los propietarios.

Debe labrarse acta de cada asamblea en el libro respectivo, en el que los presentes deben firmar como constancia de su asistencia. Las firmas que suscriben cada asamblea deben ser cotejadas por el administrador con las firmas originales registradas.

Las actas deben confeccionarse por un secretario de actas elegido por los propietarios; éstas deben contener el resumen de lo deliberado y la transcripción de las decisiones adoptadas o, en su caso, propuestas por la mayoría de los presentes, y ser firmadas por el presidente de la asamblea y dos propietarios. Al pie de cada acta, el administrador debe dejar constancia de las comunicaciones enviadas a los ausentes, de las oposiciones recibidas y de las eventuales conformidades expresas.

ARTICULO 2063.- Asamblea judicial. Si el administrador o el consejo de propietarios, en subsidio, omiten convocar a la asamblea, los propietarios que representan el diez por ciento del total pueden solicitar al juez la convocatoria de una asamblea judicial. El juez debe fijar una audiencia a realizarse en su presencia a la que debe convocar a los propietarios. La asamblea judicial puede resolver con mayoría simple de presentes. Si no llega a una decisión, decide el juez en forma sumarísima. Asimismo, y si corresponde, el juez puede disponer medidas cautelares para regularizar la situación del consorcio.

Consejo de propietarios

ARTICULO 2064.- Atribuciones. La asamblea puede designar un consejo integrado por propietarios, con las siguientes atribuciones:

a) convocar a la asamblea y redactar el orden del día si por cualquier causa el administrador omite hacerlo;

b) controlar los aspectos económicos y financieros del consorcio;

c) autorizar al administrador para disponer del fondo de reserva, ante gastos imprevistos y mayores que los ordinarios;

d) ejercer la administración del consorcio en caso de vacancia o ausencia del administrador, y convocar a la asamblea si el cargo está vacante dentro de los treinta días de producida la vacancia.

Excepto los casos indicados en este artículo, el consejo de propietarios no sustituye al administrador, ni puede cumplir sus obligaciones.

Administrador

ARTICULO 2065.- Representación legal. El administrador es representante legal del consorcio con el carácter de mandatario. Puede serlo un propietario o un tercero, persona humana o jurídica.

ARTICULO 2066.- Designación y remoción. El administrador designado en el reglamento de propiedad horizontal cesa en oportunidad de la primera asamblea si no es ratificado en ella. La primera asamblea debe realizarse dentro de los noventa días de cumplidos los dos años del otorgamiento del reglamento o del momento en que se encuentren ocupadas el cincuenta por ciento de las unidades funcionales, lo que ocurra primero.

Los administradores sucesivos deben ser nombrados y removidos por la asamblea, sin que ello importe la reforma del reglamento de propiedad horizontal. Pueden ser removidos sin expresión de causa.

ARTICULO 2067.- Derechos y obligaciones. El administrador tiene los derechos y obligaciones impuestos por la ley, el reglamento y la asamblea de propietarios. En especial debe:

a) convocar a la asamblea y redactar el orden del día;

b) ejecutar las decisiones de la asamblea;

c) atender a la conservación de las cosas y partes comunes y a la seguridad de la estructura del edificio y dar cumplimiento a todas las normas de seguridad y verificaciones impuestas por las reglamentaciones locales;

d) practicar la cuenta de expensas y recaudar los fondos necesarios para satisfacerlas. Para disponer total o parcialmente del fondo de reserva, ante gastos imprevistos y mayores que los ordinarios, el administrador debe requerir la autorización previa del consejo de propietarios;

e) rendir cuenta documentada dentro de los sesenta días de la fecha de cierre del ejercicio financiero fijado en el reglamento de propiedad horizontal;

f) nombrar y despedir al personal del consorcio, con acuerdo de la asamblea convocada al efecto;

g) cumplir con las obligaciones derivadas de la legislación laboral, previsional y tributaria;

h) mantener asegurado el inmueble con un seguro integral de consorcios que incluya incendio, responsabilidad civil y demás riesgos de práctica, aparte de asegurar otros riesgos que la asamblea resuelva cubrir;

i) llevar en legal forma los libros de actas, de administración, de registro de propietarios, de registros de firmas y cualquier otro que exija la reglamentación local. También debe archivar cronológicamente las liquidaciones de expensas, y conservar todos los antecedentes documentales de la constitución del consorcio y de las sucesivas administraciones;

j) en caso de renuncia o remoción, dentro de los quince días hábiles debe entregar al consejo de propietarios los activos existentes, libros y documentos del consorcio, y rendir cuentas documentadas;

k) notificar a todos los propietarios inmediatamente, y en ningún caso después de las cuarenta y ocho horas hábiles de recibir la comunicación respectiva, la existencia de reclamos administrativos o judiciales que afecten al consorcio;

l) a pedido de parte interesada, expedir dentro del plazo de tres días hábiles el certificado de deudas y de créditos del consorcio por todo concepto con constancia de la existencia de reclamos administrativos o judiciales e información sobre los seguros vigentes;

m) representar al consorcio en todas las gestiones administrativas y judiciales como mandatario exclusivo con todas las facultades propias de su carácter de representante legal.

Subconsorcios

ARTICULO 2068.- Sectores con independencia. En edificios cuya estructura o naturaleza lo haga conveniente, el reglamento de propiedad horizontal puede prever la existencia de sectores con independencia funcional o administrativa, en todo aquello que no gravita sobre el edificio en general.

Cada sector puede tener una subasamblea, cuyo funcionamiento y atribuciones deben regularse especialmente y puede designarse a un subadministrador del sector. En caso de conflicto entre los diversos sectores la asamblea resuelve en definitiva.

Frente a terceros responde todo el consorcio sin tener en cuenta los diversos sectores que lo integran.

Infracciones

ARTICULO 2069.- Régimen. En caso de violación por un propietario u ocupante de las prohibiciones establecidas en este Código o en el reglamento de propiedad horizontal, y sin perjuicio de las demás acciones que corresponden, el consorcio o cualquier propietario afectado tienen acción para hacer cesar la infracción, la que debe sustanciarse por la vía procesal más breve de que dispone el ordenamiento local. Si el infractor es un ocupante no propietario, puede ser desalojado en caso de reiteración de infracciones.

Prehorizontalidad

ARTICULO 2070.- Contratos anteriores a la constitución de la propiedad horizontal. Los contratos sobre unidades funcionales celebrados antes de la constitución de la propiedad horizontal están incluidos en las disposiciones de este Capítulo.

ARTICULO 2071.- Seguro obligatorio. Para poder celebrar contratos sobre unidades construidas o proyectadas bajo el régimen de propiedad horizontal, el titular del dominio del inmueble debe constituir un seguro a favor del adquirente, para el riesgo del fracaso de la operación de acuerdo a lo convenido por cualquier razón, y cuya cobertura comprenda el reintegro de las cuotas abonadas con más un interés retributivo o, en su caso, la liberación de todos los gravámenes que el adquirente no asume en el contrato preliminar.

El incumplimiento de la obligación impuesta en este artículo priva al titular del dominio de todo derecho contra el adquirente a menos que cumpla íntegramente con sus obligaciones, pero no priva al adquirente de sus derechos contra el enajenante.

ARTICULO 2072.- Exclusiones. Están excluidos los contratos siguientes:

a) aquellos en los que la constitución de la propiedad horizontal resulta de la partición o liquidación de comuniones de cosas o bienes, o de la liquidación de personas jurídicas;

b) los que versan sobre inmuebles del dominio privado del Estado;

c) los concernientes a construcciones realizadas con financiamiento o fideicomiso de organismos oficiales o de entidades financieras especialmente calificadas por el organismo de control, si de sus cláusulas resulta que los contratos definitivos con los adquirentes deben ser celebrados por el ente financiador o fiduciario, a quien los propietarios deben otorgarle poder irrevocable a ese fin.

Fideicomiso Inmobiliario

1. Introducción

El Código Civil y Comercial de la Nación (CCCN) establece en su ar-tícu-lo 1669 1 varias opciones para celebrar los contratos de fideicomisos. Para algunos son solo dos posibilidades que deberían firmar todas las partes al celebrar dicho contrato, el instrumento público o el instrumento privado. Pero existiría también una tercera posibilidad, cuando se refiere a bienes inmuebles, la del instrumento privado que luego se transcribe en una escritura pública únicamente a requerimiento del fiduciario administrador. Esta tercera opción, que la norma considera específicamente como "suficiente", implicaría la no exigencia legal ni de la primera opción, la escritura pública otorgada por todos los celebrantes, ni de la segunda, la del instrumento privado que vale como promesa de otorgar la escritura pública (con su posterior cumplimiento al firmarse la escritura pública por todos los celebrantes del instrumento privado). Esto implicaría también que no toda documentación posterior en el fideicomiso 3 deblera ser celebrada únicamente en escritura pública.

2. Artículos del Código Civil y Comercial a considerar

Artículo 1015

Libertad de formas. Sólo son formales los contratos a los cuales la ley les impone una forma determinada.

Artículo 1016

Modificaciones al contrato. La formalidad exigida para la celebración del contrato rige también para las modificaciones ulteriores que le sean introducidas, excepto que versen solamente sobre estipulaciones accesorias o secundarias, o que exista disposición legal en contrario.

Artículo 1017

Escritura pública. Deben otorgarse por escritura pública:

a) Los contratos que tienen por objeto la adquisición, modificación o extinción de derechos reales sobre inmuebles. Quedan exceptuados los casos en que el acto es realizado mediante subasta proveniente de ejecución judicial o administrativa.

b) Los contratos que tienen por objeto derechos dudosos o litigiosos sobre inmuebles.

c) Todos los actos que sean accesorios de otros contratos otorgados en escritura pública.

d) Los demás contratos que, por acuerdo de partes o disposición de la ley, deben otorgarse en escritura pública.

Artículo 1018

Otorgamiento pendiente del instrumento. El otorgamiento pendiente de un instrumento previsto constituye una obligación de hacer si el futuro contrato no requiere una forma bajo sanción de nulidad. Si la parte condenada a otorgarlo es remisa, el juez lo hace en su representación, siempre que las contraprestaciones estén cumplidas, o sea asegurado su cumplimiento.

Artículo 1618

Forma. La cesión debe hacerse por escrito, sin perjuicio de los casos en que se admite la transmisión del título por endoso o por entrega manual.

Deben otorgarse por escritura pública:

a) La cesión de derechos hereditarios.

b) La cesión de derechos litigiosos. Si no involucran derechos reales sobre inmuebles, también puede hacerse por acta judicial, siempre que el sistema informático asegure la inalterabilidad del instrumento.

c) La cesión de derechos derivados de un acto instrumentado por escritura pú-blica.

Articulo 1669

Forma. El contrato, que debe inscribirse en el Registro Público que corresponda, puede celebrarse por instrumento público o privado, excepto cuando se refiere a bienes cuya transmisión debe ser celebrada por instrumento público. En este caso, cuando no se cumple dicha formalidad, el contrato vale como promesa de otorgarlo. Si la incorporación de esta clase de bienes es posterior a la celebración del contrato, es suficiente con el cumplimiento, en esa oportunidad, de las formalidades necesarias para su transferencia, debiéndose transcribir en el acto respectivo el contrato de fideicomiso.

3. Notarizar : Análisis de la redacción del Artículo 1669

Para "notarializar" la redacción, cambiamos el género instrumento público por la especie escritura pública, el género bienes por la especie inmuebles, y agregamos entre paréntesis las aclaraciones pertinentes (en forma reiterada para una mayor claridad).

Artículo 1669

Forma. El contrato, que debe inscribirse en el registro público que corresponda, puede celebrarse por escritura pública o instrumento privado, excepto cuando se refiere a inmuebles, cuya transmisión debe ser (obviamente, al ser inmueble) celebrada por escritura pública. En este caso, cuando no se cumple dicha formalidad, (se celebró en instrumento privado y no en escritura pública) el contrato vale como promesa de otorgarla (la escritura pública). Si la incorporación del inmueble es posterior a la celebración del contrato (en instrumento privado), es suficiente con el cumplimiento, en esa oportunidad (en la incorporación del inmueble), de las formalidades necesarias para su transferencia, (la escritura pública) debiéndose transcribir en el acto respectivo (en la escritura pública de incorporación del inmueble), el contrato de fideicomiso (celebrado en instrumento privado).

Con dicha redacción, queda en claro que la obligación legal del Ar-tícu-lo 1669 establece varias posibilidades al celebrar el contrato de fideicomiso: a) escritura pública; b) instrumento privado; c) instrumento privado que, cuando se refiere a inmuebles, compromete a todos los firmantes a otorgar luego el mismo contrato en escritura pública; d) instrumento privado que luego se transcribe en la escritura pública de incorporación del inmueble.

Y si nos circunscribiéramos únicamente a los contratos de fideicomiso que se refieren únicamente a inmuebles, el texto del artículo 1669 CCCN sería:

Forma. El contrato, que debe inscribirse en el registro público que corresponda, debe celebrarse por escritura pública cuando se refiere a inmuebles, cuya transmisión debe ser (obviamente, al ser inmueble) celebrada por escritura pública. En este caso, cuando no se cumple dicha formalidad (se celebró en instrumento privado y no en escritura pública), el contrato vale como promesa de otorgarla (la escritura pública). Si la incorporación del inmueble es posterior a la celebración del contrato (en instrumento privado), es suficiente con el cumplimiento, en esa oportunidad (en la incorporación del inmueble), de las formalidades necesarias para su transferencia (la escritura pública), debiéndose transcribir en el acto respectivo (en la escritura pública de incorporación del inmueble) el contrato de fideicomiso (celebrado en instrumento privado).

Para este caso (fideicomiso inmobiliario), el ar-tícu-lo 1669 CCCN establece tres posibilidades: a) escritura pública; b) instrumento privado que compromete a todos los firmantes a otorgar luego el mismo contrato en escritura pública; c) instrumento privado que luego se transcribe en la escritura pública de incorporación del inmueble.

Por lo tanto, al momento de otorgarse la escritura pública de incorporación del inmueble, los notarios nos podemos encontrar con que el contrato de fideicomiso fue celebrado en escritura pública o en instrumento privado. Si fuera escritura pública, simplemente mencionaremos que el fiduciario administrador administra el fideicomiso X, a mérito de la escritura pública X, cuya primera copia tenemos a la vista y agregamos en fotocopia autenticada a cabeza de nuestra escritura.

Si fue celebrado en instrumento privado, tendremos dos opciones:

a) Todos los firmantes del contrato original firmarían ahora una escritura pública donde mencionarían la celebración del contrato de fideicomiso en instrumento privado que en original exhiben. Se agrega en original o en fotocopia autenticada a cabeza de la escritura, se transcribe íntegramente el texto, certificando el notario que es copia fiel de su original, y todos los firmantes rubricarían la escritura en cumplimiento del ar-tícu-lo 1669, satisfaciendo de esta manera la promesa de otorgar todos la escritura pública.

b) En la misma escritura pública de incorporación del inmueble (o en otra anterior que en la segunda se relaciona y remite) se transcribe el contrato de fideicomiso.

Ahora bien, en este último caso, ¿quién sería el requirente que solicita la transcripción del contrato de fideicomiso? Evidentemente, solo el fiduciario administrador, ya que es el único que debe estar obligatoriamente presente y comparecer como parte adquirente en la escritura pública de incorporación del inmueble. Dicha incorporación consiste en la transferencia de dominio del inmueble a favor del administrador fiduciario, sea a título de "compra" del inmueble a un tercero con fondos del patrimonio fiduciario que administra o de "transferencia de dominio fiduciario" por parte del fiduciante propietario del inmueble.

En este último caso, además del fiduciario adquirente también comparece el fiduciante transmitente, pero seguramente no será este el único fiduciante en celebrar con el fiduciario el contrato de fideicomiso en instrumento privado; por tal motivo, la escritura pública de transcripción del contrato de fideicomiso no cumpliría con la promesa legal de otorgar la escritura pública asumida por todos los firmantes del contrato de fideicomiso celebrado en instrumento privado. Sin embargo, sí se estaría cumpliendo con la obligación legal que surge del último párrafo del ar-tícu-lo 1669 CCCN, que dispone que si el contrato se celebró en instrumento privado y con posterioridad se incorpora el inmueble, es "suficiente que se transcriba" el contrato de fideicomiso en la escritura pública de incorporación del inmueble. Esta última parte establece, en definitiva, que ya no sería exigible el cumplir con la promesa de todos los firmantes del contrato de fideicomiso de otorgar el mismo en escritura pública, porque sería suficiente la transcripción del contrato en la escritura de incorporación del inmueble, a requerimiento, obviamente, del fiduciario administrador que recibe el inmueble que se incorpora al patrimonio fiduciario que administra.

De la propia redacción surge claramente que la tercera opción sería "en lugar de" las dos primeras, ya que entender que sería "además de" implicaría que el legislador estaría obligando a que un contrato de fideicomiso inmobiliario que fue celebrado por las partes en escritura pública volviera a ser nuevamente transcripto en la escritura pública de incorporación del inmueble, lo que sería, a todas luces, totalmente innecesario y redundante. En base a estas consideraciones, si la obligación legal se cumple por ser suficiente con la mera transcripción en escritura pública que realiza solo el fiduciario, ¿se puede considerar en ese caso que el contrato de fideicomiso fue "celebrado en escritura pública por todos los firmantes"? Evidentemente no. El contrato se celebró por todos los firmantes en instrumento privado y se cumplió con la obligación legal de la última parte del ar-tícu-lo 1669, con una escritura pública suscripta únicamente por el fiduciario administrador como requirente de dicha protocolización.

Desde el punto de vista notarial, sería aún más práctico que el fiduciario transcribiera la totalidad del contrato de fideicomiso en una escritura pública anterior y autónoma, y no en la misma escritura pública de incorporación del inmueble, en la que simplemente se remitiría a la escritura anterior de protocolización del contrato. Lo mismo haríamos con siguientes escrituras públicas de incorporación de otros inmuebles al mismo fideicomiso, sin necesidad de transcribir el contrato en cada una de ellas y remitiendo todas a la referida escritura pública de protocolización.

4. Redacción de los restantes artículos citados

Artículo 1015

Libertad de formas. Sólo son formales los contratos a los cuales la ley les impone una forma determinada.

En base a este ar-tícu-lo, el contrato de fideicomiso tiene forma escrita, en tres opciones: escritura pública firmada por todos los celebrantes, instrumento privado firmado por todos los celebrantes, instrumento privado firmado por todos los celebrantes que luego se transcribe en una escritura pública a pedido únicamente del fiduciario administrador como requirente.

Artículo 1016

Modificaciones al contrato. La formalidad exigida para la celebración del contrato rige también para las modificaciones ulteriores que le sean introducidas, excepto que ellas versen solamente sobre estipulaciones accesorias o secundarias, o que exista disposición legal en contrario.

De optarse por la tercera opción, encontramos que el instrumento privado firmado por todos los celebrantes del contrato de fideicomiso se transcribe, posteriormente, en una escritura pública a pedido del fiduciario administrador como requirente. En este caso, la formalidad exigida para las modificaciones ulteriores del contrato de fideicomiso es también un instrumento privado celebrado por todas las partes del contrato original, o sus sucesores, que luego el administrador fiduciario unilateralmente transcribirá en una nueva escritura pública, relacionándola con la escritura pública donde se había transcripto el contrato original.

Artículo 1017

Escritura pública. Deben ser otorgados por escritura pública: [...]

c) Todos los actos que sean accesorios de otros contratos otorgados en escritura pública.

d) Los demás contratos que, por acuerdo de partes o disposición de la ley, deben ser otorgados en escritura pública.

De optarse por la tercera opción ya referida, las modificaciones serían accesorias del contrato de fideicomiso, que no fue otorgado por las partes por escritura pública (sino solo transcripto en una escritura por el fiduciario), ya que esa fue justamente la "disposición de la ley" que surge del ar-tícu-lo 1669 CCCN (3ª parte), que consideró "suficiente" dicha opción en sustitución de la disposición de la segunda parte de dicho ar-tícu-lo, que establecía la promesa de otorgar escritura pública. Por lo tanto, las posteriores modificaciones del contrato formalizado de esa manera no deben ser otorgadas tampoco por todos los celebrantes en escritura pública, ya que no sería obligatorio ni por acuerdo expreso de partes ni por disposición de la ley.

Artículo 1018

Otorgamiento pendiente del instrumento. El otorgamiento pendiente de un instrumento previsto constituye una obligación de hacer si el futuro contrato no requiere una forma bajo sanción de nulidad. Si la parte condenada a otorgarlo es remisa, el juez lo hace en su representación, siempre que las contraprestaciones estén cumplidas, o sea, asegurado su cumplimiento.

En este caso, si el contrato de fideicomiso fue celebrado por todos los celebrantes en instrumento privado y no se cumplió, como mínimo, con la obligación legal de la tercera parte del ar-tícu-lo 1669, queda subsistente por lo tanto la obligación de la segunda parte de dicho ar-tícu-lo, o sea la promesa de todos los firmantes de otorgar la escritura pública. Si alguno de los firmantes lo exige, y los restantes no cumplen con dicha obligación, el juez los condenará a otorgarlo, o lo hará el juez en definitiva, en representación de los condenados a otorgarlo. Pero si ya se había cumplido con la disposición legal de la tercera parte del ar-tícu-lo 1669, como es suficiente para la ley, no sería ya exigible el cumplir con la opción de la segunda parte. Si una de las partes del contrato demanda judicialmente el cumplimiento de la referida obligación de hacer a los restantes firmantes, que consistiría en que todos otorguen la escritura pública (conforme a la segunda opción del art. 1669), y los demandados responden que ya se cumplió con la obligación legal que surge de la tercera opción de dicho ar-tícu-lo y acompañan la primera copia de la escritura pública de incorporación del inmueble en la que, a requerimiento del fiduciario administrador, se transcribió el texto del referido contrato de fideicomiso celebrado en instrumento privado, ¿no daría el juez por cumplida la obligación legal, por acreditarse en una escritura pública que se cumplió la misma en la tercera de las opciones permitidas?

Artículo 1618

Forma. La cesión debe hacerse por escrito [...]

Deben otorgarse por escritura pública: [...]

c) La cesión de derechos derivados de un acto instrumentado por escritura pú-blica.

Si se optó por la forma de celebración de la tercera parte del ar-tícu-lo 1669 (instrumento privado transcripto en una escritura pública por el administrador fiduciario), la posterior cesión de derechos derivados del instrumento privado simplemente transcripto en una escritura pública (que es la cesión de posición contractual en el fideicomiso) puede también celebrarse en instrumento privado. No es obligatoria la escritura pública, ya que no serían estrictamente derechos derivados de un acto instrumentado por escritura pública porque en el caso de marras no fue instrumentado por todos los celebrantes, sino solo protocolizado a requerimiento del fiduciario.

5. Si se celebró el contrato desde el inicio en escritura pública

Vayamos ahora a otro supuesto: se celebró el contrato de fideicomiso en escritura pública y luego se formalizó la escritura pública de incorporación de un inmueble en la que no fue necesario transcribir el contrato, ya que simplemente se remitió a la escritura pública de celebración del contrato de fideicomiso.

Las partes ejercieron su derecho de libertad de formas y optaron por celebrar el contrato de fideicomiso en escritura pública, en lugar de optar por un instrumento privado con la simple transcripción posterior del mismo en la escritura de incorporación del inmueble. En este ejercicio de su derecho de libertad de formas, en la escritura pública de celebración del contrato de fideicomiso, y conforme al contenido del contrato de fideicomiso que establece el ar-tícu-lo 1667, los firmantes expresamente pactaron:

Que se celebraba un contrato de fideicomiso.

Que se identificaba el patrimonio fiduciario creado con una denominación de fantasía, con el domicilio contractual del fideicomiso (el que obtendría su clave de identificación tributaria [CUIT] con dicha denominación y dicho domicilio como el fiscal ante la Administración Federal de Ingresos Públicos [AFIP]) y con determinada fecha de cierre del ejercicio fiscal.

El plazo del contrato.

La manda fiduciaria consistente en la posterior incorporación por escritura pública de un inmueble que identificaban y la construcción en él de un emprendimiento edilicio que se realizaría con fondos fiduciarios que aportarían en el futuro quienes suscribieran convenios de adhesión como fiduciantes adherentes.

Todos los derechos y obligaciones de quienes fueran los fiduciantes, beneficiarios y fideicomisarios.

Los derechos y obligaciones del fiduciario (que identificaron en la escritura y comparece a la misma, aceptando el cargo).

Que los fiduciantes y beneficiarios serían las personas humanas o jurídicas por convenios de adhesión que posteriormente suscribieran cada uno con el fiduciario por instrumento privado (pactando si sería con o sin firmas certificadas notarialmente).

Que las posteriores cesiones de posición contractual que celebraran los fiduciantes adherentes originales a favor de terceros, en forma onerosa o gratuita, debían ser celebradas también en instrumento privado (pactando si serían con o sin firmas certificadas), con firma del fiduciario, notificándose (y eventualmente con su conformidad si había prestaciones pendientes de cumplimiento por el fiduciante adherente cedente).

Que las características del emprendimiento edilicio, la calidad de los materiales, los plazos constructivos, etc., surgirían de los pertinentes anexos que suscribiría oportunamente el fiduciario, también por instrumentos privados (con o sin firma certificada).

Que se celebrarían en escritura pública las posteriores modificaciones contractuales al fideicomiso, la sustitución del fiduciario y la extinción del contrato de fideicomiso luego del cumplimiento de la manda.

Como la manda es la construcción de un emprendimiento edilicio, al firmarse el contrato de fideicomiso no se conoce aún quiénes van a ser los inversores que, como fiduciantes/beneficiarios, se comprometerán oportunamente a realizar aportes de dinero efectivo en los plazos necesarios para el desarrollo de la obra y que, como contraprestación, recibirán determinada cantidad de metros cuadrados una vez finalizada la obra —y, si se estuviere previsto afectarlo al régimen de propiedad horizontal, recibirán la unidad funcional y complementaria que se pacte–. Por lo tanto, resuelven expresamente que dicha "adhesión" posterior al contrato de fideicomiso y a sus cláusulas (sin posibilidad de cambiarlas, por ser solo de "adhesión", pero estipulando expresamente los montos, plazos y la identificación de lo que recibirán) se celebraría con cada nuevo inversor en instrumentos privados, no siendo necesario formalizarlo en escritura pública. De esta manera, en la escritura pública del contrato de fideicomiso constan expresamente los datos que permiten la individualización futura de cada beneficiario, tal como exige el ar-tícu-lo 1671 CCCN (p. ej.: cada fiduciante beneficiario surgirá de cada instrumento privado de adhesión que oportunamente suscriba el fiduciario con cada fiduciante adherente beneficiario y de cada posterior instrumento privado de cesión de posición contractual que haga cada uno de ellos como cedente, a favor de un tercero cesionario).

Si nos encontramos con una escritura pública de celebración del contrato de fideicomiso en dichos términos, veremos que las partes optaron voluntariamente, dentro de la libertad de formas del ar-tícu-lo 1015 CCCN y las tres opciones referidas del ar-tícu-lo 1669, por la primera opción, escritura pública, cuando podrían haber optado por la tercera (siendo suficiente el instrumento privado que luego el fiduciario transcribe unilateralmente en la posterior escritura pública de incorporación del inmueble). Por lo tanto, la opción de firmar la escritura pública fue solo por acuerdo de partes y no por una obligación legal.

En ejercicio de dicha libertad de formas, expresamente pactaron, conforme al ar-tícu-lo 1016 CCCN, qué modificaciones ulteriores que le fueran introducidas al contrato de fideicomiso debían ser celebradas también en escritura pública y cuáles –por una cuestión de celeridad, costo y practicidad, por la enorme cantidad de documentación a suscribir (los anexos de características de la construcción, cada uno de los contratos de adhesión en el que se identifica a cada fiduciante adherente al fideicomiso con el detalle de su prestación, forma, plazos y el detalle de la contraprestación que recibiría como beneficiario, además de las posteriores cesiones que hicieran cada uno de los fiduciantes beneficiarios)– debían ser celebradas solamente por instrumento privado, por estar mencionada claramente la forma de identificarlos en la escritura pública y por considerar expresa y claramente las partes que cada posterior identificación concreta de fiduciante beneficiario se trata de las "estipulaciones accesorias o secundarias" que establece el ar-tícu-lo 1016 in fine y que pueden celebrarse por instrumento privado, sin necesidad de celebrarse en escritura pública. Esto también se vincula con los ar-tícu-los 1017, inciso d, y 1618, inciso c, del CCCN.

Por todo lo expuesto, teniendo dicha libertad de formas, las partes pueden decidir libremente que el contrato de fideicomiso se celebre en escritura pública; lo mismo sus modificaciones. Y, como no es por una obligación legal, también pueden expresamente decidir que los simples convenios de adhesión y la cesión de los mismos se celebren en instrumento privado.

6. Vinculación con otras ramas del derecho (societario y registral)

Estas consideraciones traen a colación un tema societario. La Ley General de Sociedades 19550 (LGS) no establece la obligación de escritura pública para la celebración del contrato constitutivo, sus modificaciones o cesiones de cuotas sociales de las sociedades de responsabilidad limitada (SRL). Es optativo para las partes. De esa manera, hace décadas, vemos en los contratos sociales de las SRL que se intercalan continuamente instrumentos privados y escrituras públicas.

Si los socios fundadores optaron, en dicha libertad de formas, por constituir la sociedad en escritura pública, ¿no deberían celebrarse también en escritura pública las posteriores modificaciones y cesiones de cuotas sociales, a tenor de los ar-tícu-los 1017 (incs. c y d) y 1618 (inc. c)? Pues nadie lo ha exigido ni ha impugnado dichas modificaciones, reformas de contratos o cesiones de derechos sobre cuotas sociales formalizadas en instrumentos privados, argumentando que implicaban solo promesas de celebrar la escritura pública. Y esto es así porque la disposición legal no dispone en la constitución social y sus reformas la escritura pública como única posibilidad. Las partes tienen la libertad de formas; algunas veces optan por la escritura pública y otras por el instrumento privado.

Algo similar –aunque no idéntico– pasaría con el contrato de fideicomiso. Las partes tienen la libertad de formas (las tres opciones del art. 1669; la tercera se consideraría legalmente suficiente y sustituye a la primera y a la segunda) y pueden pactar celebrar el contrato de fideicomiso por cualquiera de las tres, y también pactar libremente que las modificaciones posteriores se hagan también por la tercera opción (debiendo el fiduciario transcribirlas unilateralmente en una nueva escritura pública). Además, si optaron por la primera opción (escritura pública), para la celebración del fideicomiso pueden pactar que las modificaciones posteriores se celebren también en escritura pública, pero que los convenios de adhesión y sus cesiones lo hagan solamente por instrumento privado.

La normativa de considerar suficiente la transcripción del contrato de fideicomiso en la escritura de incorporación del inmueble es evidentemente a los efectos de poder contar con la transparencia y practicidad de acceder al contrato de fideicomiso en forma rápida y segura, por su transcripción a un protocolo notarial a requerimiento del fiduciario administrador. Las posteriores modificaciones contractuales que se transcriban en nuevas escrituras públicas a requerimiento del fiduciario administrador tendrían el mismo objetivo, pudiendo relacionarse todas las escrituras por notas marginales, para que accediendo a unas se remita a las otras.

De la misma manera, se estableció, en el ar-tícu-lo 1669, la necesidad de inscripción del contrato de fideicomiso en el registro público que corresponda. Aún no tenemos claro a cuál se refiere concretamente, si al registro público de comercio de cada jurisdicción que citaban el Código de Comercio y la anterior Ley de Sociedades Comerciales, al registro público que menciona el CCCN o a un registro público especial para fideicomisos cuya creación legislaría cada jurisdicción.

La Inspección General de Justicia (IGJ), a cargo del registro público de comercio de Capital Federal, considera en su Resolución general 7/2015 que tiene a su cargo el registro público que menciona el CCCN y que es el mismo que tiene también a su cargo inscribir los fideicomisos en el ámbito de la Capital Federal, conforme al ar-tícu-lo 1669. Asimismo, en dicha normativa reglamentaria establece que inscribe los contratos de fideicomisos, sus modificaciones contractuales, la designación y sustitución del fiduciario y la extinción del contrato; nada dice de los anexos, ni de los convenios de adhesión por fiduciantes adherentes, ni de las cesiones de

derechos de dicha posición contractual como fiduciantes y beneficiarios. Y, con respecto a la forma de celebración, determina que los notarios pueden firmar los dictámenes de precalificación profesional únicamente en los trámites de inscripción de los contratos de fideicomisos formalizados en escritura pública (serían la primera y la tercera opciones del art. 1669), mientras que los abogados únicamente pueden hacerlo en los trámites de inscripción con relación a los contratos de fideicomisos formalizados en instrumentos privados.

7. Resumen:

La normativa legal es nueva (el CCCN entró en vigencia el 1 de agosto de 2015), por lo que recién empiezan a emitirse las resoluciones administrativas de cada organismo registral o fiscal. Aún no tenemos claro si habrá pronto nuevas disposiciones que aclaren o reglamenten el CCCN. Por lo tanto, es nuestro intensión aclarar y establecer los primeros rumbos a seguir y las formas que debemos dar a la celebración de los contratos dentro de las opciones que establecen las disposiciones legales, especialmente teniendo en cuenta la realidad del mercado y el gran uso que hacen los restantes operadores del derecho de los contratos de fideicomisos de construcción, en los que, proyectando enormes emprendimientos, se redacta primero un contrato de fideicomiso con enorme cantidad de ar-tícu-los y, luego de suscripto, se formalizan durante el desarrollo del emprendimiento cientos de convenios de adhesión, uno por cada unidad a adjudicar. Allí solo se detallan los datos del inversor como fiduciante beneficiario, el monto y los plazos de sus aportes de dinero y la unidad prometida como su futura contraprestación, siendo cada convenio una simple adhesión y remisión al contrato de fideicomiso original, pero que en nada lo modifica.

En base a la nueva normativa, el contrato de fideicomiso se formalizará en escritura pública, pero que también se otorguen en escritura pública los cientos de contratos de adhesión a dicho contrato base, con sus posteriores complementos, modificaciones por cambio en las condiciones económicas del país y su reflejo en el emprendimiento constructivo, recibos de pago parciales o finales, etc., es una opción no muy aceptable para los emprendedores, los desarrolladores, los fiduciarios y los operadores del derecho no notariales. Sería una utopía notarial que todo se formalizara en escritura pública y, aunque en el futuro se pueda opinar doctrinariamente que la normativa obliga a otorgar todo en escritura pública, la realidad económica implicaría un eventual desuetudo. Además, si los jueces convalidaran la opinión de que todo se tiene que formalizar en escritura pública, esto generaría que los emprendedores desistieran de utilizar este instituto en el futuro, por haber perdido su celeridad y practicidad para la suscripción de los cientos de contratos de adhesión.

Leasing inmobiliario

El **leasing es un contrato** que se compone de dos negocios jurídicos: un arrendamiento y una opción de compra.

El cliente arrienda a la sociedad de leasing y como contraprestación va pagando una serie de cuotas periódicas.

Transcurrido un plazo de tiempo de duración del contrato, el cliente o arrendatario financiero, debe decidir si utiliza la opción de compra en su favor y adquiere la propiedad del inmueble, por una cantidad que ya se ha fijado de antemano en el contrato, que se denomina valor residual.

El leasing o arrendamiento financiero es una alternativa más que se le plantea al empresario o profesional, cuando tiene que decidir respecto al inmueble en el que va a instalar su negocio, si lo compra, lo alquila o si realiza un contrato de leasing.

El contrato de leasing ha adquirido una extraordinaria importancia , al convertirse en un importante medio de financiación, y que además va acompañado de unas importantes ventajas fiscales.

Es por ello, que el leasing es extraordinariamente atractivo para empresas de reciente creación, con buenas expectativas de demanda, o para empresas en proceso de expansión, con sus líneas de crédito agotadas, pero que tienen una buena gestión empresarial que les permite afrontar financieramente un arrendamiento.

Tipos de leasing

Según las condiciones del leasing y la finalidad del mismo, podríamos distinguir dos tipos de leasing:

- **El leasing operativo.** Es aquel en el que la sociedad de leasing entrega al cliente en arrendamiento un bien: normalmente es maquinaria, vehículos o bienes de equipo y el cliente al finalizar el contrato puede optar por adquirir el bien, o por realizar un nuevo contrato de leasing con el mismo u otro bien, o en todo caso, devolverlo a la empresa de leasing.

- **El leasing financiero**. Es el que se utiliza para inmuebles y en el que el cliente indica a la sociedad de leasing el inmueble que desea que se le arriende mediante leasing. La empresa de leasing compra el inmueble y acto seguido realiza un contrato de leasing con el cliente en el que existe una opción de compra por el valor residual.

objeto, plazo, forma y beneficios fiscales.

En cuanto al objeto del leasing inmobiliario puede serlo cualquier tipo de inmueble con entidad jurídica registral suficiente que pueda ser adquirido por la sociedad de leasing y pueda ser utilizado en las actividades empresariales o profesionales del arrendatario financiero.

En la escritura pública en la que normalmente se documenta la operación, debe expresarse de forma específica el destino del inmueble y la obligación del arrendatario financiero de destinarlo a esa actividad durante toda la duración del contrato.

Sin embargo el leasing puede también realizarse, además, de sobre locales y naves industriales, sobre edificios construidos o en construcción, o sobre terrenos sobre los que se va a edificar siempre que vayan a ser dedicados a una actividad empresarial o profesional.

Por lo que respecta al plazo, el leasing inmobiliario tiene un plazo mínimo de duración de diez años, por así exigirlo la disposición adicional séptima Ley sobre Disciplina e Intervención de las Entidades de Crédito de 29 de julio de 1988.

El contrato de leasing inmobiliario acostumbra a documentarse normalmente en escritura pública, ya que mediante dicho contrato si se ejercita la opción de compra, se adquiere la propiedad del inmueble y, sólo mediante escritura pública podrá inscribirse en el Registro de la Propiedad. Normalmente, y según la mecánica del leasing inmobiliario, la empresa de leasing debe de adquirir primero el inmueble, para luego arrendarlo mediante leasing al cliente. Lo que se hace es formalizar dos escrituras al mismo tiempo y con un número de protocolo consecutivo: en la primera escritura la empresa de leasing compra a un tercero el inmueble y en la segunda la empresa de leasing otorga el arrendamiento con opción de compra al cliente.

En cuanto a los beneficios fiscales, existe una importante ventaja, ya que la cuota que se paga por el arrendamiento financiero tiene la consideración de gasto deducible, tanto en el impuesto de sociedades, si se trata de una empresa constituida como sociedad, como también es gasto deducible en el Impuesto sobre la Renta de las Personas Físicas, si se trata de un empresario individual.

NUEVA REGLAMENTACIÓN DE LA LEY DE REGISTRO PÚBLICO DE ADMINISTRADORES de la Ciudad de Buenos Aires – DEC. 551/2010

VISTO: Las Leyes Nº 941 y sus modificatorias Nº 3.254 y 3.291, las Leyes Nº 757 y 1.845, los Decretos Nº 706/03 y Nº 179/10 y el Expediente Nº 482.187/10, y

CONSIDERANDO:
Que la Ley Nº 941 creó el Registro Público de Administradores de Consorcios de Propiedad Horizontal, imponiendo la obligatoriedad de inscripción como condición para el ejercicio de la administración de consorcios, así como diversas obligaciones para los administradores, y estableciendo un régimen de sanciones por incumplimientos a la ley;
Que por Decreto Nº 706/03 se aprobó la reglamentación de la citada ley;
Que aquella norma legal fue modificada por las Leyes Nº 3.254 y 3.291, que introdujeron cambios sustanciales en la norma de origen;
Que por Decreto Nº 179/10 se modificó al estructura

organizativa de la Jefatura de Gabinete de Ministros, estableciendo entre las responsabilidades primarias de la Dirección General de Defensa y Protección del Consumidor la de "Administrar e implementar los registros necesarios para la defensa y protección al consumidor";
Que en atención a las modificaciones introducidas al régimen vigente resulta necesario dictar una nueva reglamentación, que permita una mejor aplicación de la norma legal que nos ocupa;
Que asimismo procede dotar a la Dirección General de Defensa y Protección del Consumidor de las herramientas idóneas para un mejor cumplimiento de sus funciones, en este caso las relativas al Registro Público de Administradores de Consorcios de Propiedad Horizontal;
Que en este orden de ideas corresponde designar a la Dirección General de Defensa y Protección del Consumidor como autoridad de aplicación de la Ley Nº 941, y facultarla a dictar las normas complementarias que resulten necesarias;
Por ello, y en uso de las atribuciones conferidas por los artículos 102 y 104 de la Constitución de la Ciudad Autónoma de Buenos Aires;

EL JEFE DE GOBIERNO DE LA CIUDAD AUTÓNOMA DE BUENOS AIRES DECRETA

Artículo 1° – Apruébase la Reglamentación de la Ley N° 941 – texto conforme Leyes N° 3.254 y 3.291–, la que como Anexo I forma parte integrante del presente Decreto.
Artículo 2° – El cumplimiento de las obligaciones que surgen de las modificaciones introducidas en la Ley N° 941 por la Ley N° 3.254 debe hacerse efectivo dentro del plazo final, único e improrrogable de cuarenta y cinco (45) días, a contar desde la fecha de publicación del presente en el Boletín Oficial de la Ciudad de Buenos Aires.
Las adecuaciones que corresponda realizar deben instrumentarse inexcusablemente en la primer Asamblea Ordinaria, o en su caso en una Asamblea Extraordinaria, en la primera liquidación de expensas o en la primera contratación de

servicios, respectivamente, a realizarse con posterioridad al vencimiento del plazo previsto en el párrafo anterior.

Cumplido dicho plazo, resultará aplicable a tales incumplimientos lo previsto por el Capítulo IV de la ley que por el presente se reglamenta.

Artículo 3°.- Los administradores que se encuentren inscriptos en el Registro con anterioridad a la fecha de entrada en vigencia de la reglamentación que por el presente se aprueba, deben acreditar dentro de los cuarenta y cinco (45) días de dicha fecha su inscripción en un curso de capacitación en los términos del inciso f) del artículo 4° de la Ley.

Artículo 4º.- Desígnase a la Dirección General de Defensa y Protección del Consumidor como autoridad de aplicación de la Ley N° 941 –texto conforme Leyes N° 3.254 y 3.291–, quedando facultada para dictar las normas instrumentales e interpretativas necesarias para la mejor aplicación del citado régimen legal y la presente reglamentación.

Artículo 5° – El presente Decreto es refrendado por el señor Jefe de Gabinete de Ministros.

Artículo 6º – Dése al Registro, publíquese en el Boletín Oficial de la Ciudad de Buenos Aires, y para su conocimiento y demás efectos, remítase a la Jefatura de Gabinete de Ministros, a la Subsecretaria de Atención Ciudadana, y a la Dirección General de Defensa y Protección del Consumidor. Cumplido archívese.

ANEXO I
Reglamentación de la Ley Nº 941
(Texto conforme Leyes Nº 3.254 y Nº 3.291)

Articulo 1° – El Registro Público de Administradores de Consorcios de Propiedad Horizontal (el Registro) funciona en el ámbito de la Dirección General de Defensa y Protección al Consumidor.

Artículo 2º.- Se entiende que hay administración onerosa cuando el desempeño de la administración de un consorcio de

Propiedad Horizontal (el Consorcio) es efectuado a cambio de una contraprestación, sea ésta en dinero o en especie.
Asimismo, se considera administración onerosa la compensación de expensas, así como toda compensación de gastos que no se encuentre debidamente respaldada por documentos tales como facturas o tickets conforme la normativa vigente.
Se entiende que hay administración gratuita siempre que el desempeño de la administración del Consorcio sea efectuado ad honorem.
La autoridad de aplicación puede inscribir de oficio en el Registro a aquellos administradores de consorcio que por su condición se encuentren obligados a hacerlo, sin perjuicio de la imposición de las sanciones que correspondan.

Artículo 3º.- La administración voluntaria y gratuita sólo puede ser desempeñada por copropietarios o sus apoderados, que residan o tengan el asiento principal de sus negocios en el inmueble administrado. El poder puede ser otorgado ante escribano público o ante la autoridad de aplicación, en la forma que dispongan las normas complementarias que al efecto se dicten.

Artículo 4º.- Para inscribirse en el Registro, los administradores de consorcio deben completar una solicitud de inscripción conforme lo determine la autoridad de aplicación, la que pasará a integrar el legajo personal de cada inscripto.
Se tendrán por válidas y vinculantes para los administradores, sea su actuación onerosa o gratuita, todas las notificaciones efectuadas al domicilio constituido ante la autoridad de aplicación.
El Número de CUIT debe acreditarse mediante constancia vigente, emitida por la Administración Federal de Ingresos Públicos (AFIP).
El Certificado Nacional de Reincidencia y Estadística Criminal debe presentarse obligatoriamente en forma anual. Para las personas jurídicas debe ser cumplido por todos aquellos que

ejerzan la representación y administración de las mismas, de acuerdo con sus estatutos sociales.

La autoridad de aplicación imparte, organiza y/o supervisa – conforme a las normas complementarias que al efecto dicte– cursos de capacitación en administración de consorcios de propiedad horizontal. En todos los casos se valorará especialmente su diseño curricular, programas, carga horaria y actualización.

Los administradores voluntarios gratuitos acreditan su designación ad honorem mediante copia certificada del Acta de Asamblea con los requisitos establecidos en el inc. b) del último párrafo del artículo 4º de la Ley, o mediante la exhibición del Libro de Actas original.

Artículo 5º.– La inexistencia de los impedimentos establecidos en el artículo 5° de la Ley se acredita mediante el informe expedido por el Registro de Juicios Universales (artículo 4°, inc. e, de la Ley) y por los certificados emitidos por la autoridad competente, según el caso, en la forma y condiciones que determine la autoridad de aplicación.

En caso de concurso preventivo, el interesado debe acreditar que no está inhabilitado para ejercer el comercio mediante certificación expedida por el juzgado interviniente. Esta certificación debe ser presentada anualmente.

La autoridad de aplicación puede dar de baja la matrícula de todo administrador que, por averiguación de oficio, denuncia de consorcista y/o informe judicial o administrativo se compruebe se encuentra alcanzado por algún impedimento.

Artículo 6º.– El certificado de acreditación se emite en la forma y condiciones que determine la autoridad de aplicación.

El certificado de acreditación se renueva en forma anual, siempre que el administrador cumpla con la declaración jurada. No obstante, el administrador puede requerir a la autoridad de aplicación una constancia actualizada del certificado para presentar en la asamblea ordinaria o extraordinaria que se realice a fin de considerar su designación.

Artículo 7º.– La consulta de los datos del Registro puede efectuarse en su sede y en los Centros de Gestión y Participación Comunal, en la forma y condiciones que determine la autoridad de aplicación y con los recaudos establecidos en la Ley N° 1.845, si correspondiere.

Artículo 8º.– Para la actualización del certificado de inscripción es requisito indispensable la presentación de las correspondientes declaraciones juradas, en la forma y condiciones que establezca la autoridad de aplicación.
La copia de la Ley y su reglamentación debe entregarse a todos los propietarios presentes en la primera asamblea ordinaria a celebrarse a partir de la vigencia de la presente reglamentación, con constancia en el acta del acuse de recibo. Si el Consorcio así lo dispusiere, o a requerimiento expreso del copropietario interesado, debe efectuarse la entrega en posteriores asambleas a los copropietarios ausentes en dicha asamblea.

Artículo 9º.–

Inciso a) Las decisiones de la Asamblea de Propietarios deben establecer el plazo de ejecución exigible al administrador.

Inciso b) Las necesidades y requerimientos deben ser debidamente planteadas en Asamblea o notificadas al Consorcio por medio fehaciente. Del mismo modo deben documentarse las rechazadas por la Asamblea por falta de fondos u otros motivos ajenos al administrador.

Inciso c) La presentación de las respectivas pólizas y sus alcances se ajusta a lo que disponga la autoridad de aplicación.

Inciso d) Los libros a que se refiere este inciso son: el libro de administración; libro de actas de asamblea; libro de sueldos y jornales, libro de órdenes, libro de registro de firma de copropietarios, libro de ascensores y todo aquel libro que se disponga la autoridad de aplicación. Deben estar rubricados conforme a la normativa vigente. Cuando esta lo autorice, los registros podrán llevarse en forma electrónica.

Inciso e) Los libros de Registro de Firmas de Copropietarios deben ser autorizados y llevar el formato que la autoridad de aplicación determine.

Inciso f) Formulada la solicitud por el consorcista, el administrador debe otorgar la vista de la documentación requerida en un plazo máximo de cinco (5) días hábiles.

Inciso g) A los fines de la reglamentación del presente inciso el deber de denuncia se refiere a situaciones y obras ejecutadas con posterioridad a la entrada en vigencia de la presente reglamentación.
La autoridad de aplicación establece los plazos y procedimientos aplicables.
La denuncia debe ser comunicada a los consorcistas en la primer Asamblea Ordinaria o Extraordinaria.

Inciso h) La primer Asamblea Ordinaria inmediatamente posterior a la entrada en vigencia de la presente reglamentación, que designe al administrador o le renueve el mandato, debe decidir la apertura de cuenta bancaria a nombre del Consorcio, o la continuidad de la cuenta ya existente.
La cuenta debe tener como autorizados al administrador y a un miembro del Consejo de Administración designado por Asamblea; si el Consorcio no cuenta con Consejo de Administración la Asamblea debe designar a un consorcista como autorizado.
El administrador y el autorizado actúan en forma conjunta.

Inciso i) El auditor sólo puede ser designado por la Asamblea, siendo esta facultad indelegable.

Inciso j) El horario de finalización de la asamblea se consigna en la convocatoria de modo tentativo, pudiendo en el mismo acto de inicio definirse su duración válida. En ningún caso, puede disponerse un plazo de finalización menor al consignado en la convocatoria.
Si a la hora establecida para la finalización de la asamblea quedaran pendientes de tratamiento puntos incluidos en el orden del día, se hace un cuarto intermedio que no puede ser de más de ocho (8) días corridos. Los presentes quedan notificados de la nueva fecha y hora sin más requisito que la firma del acta.

Inciso k) El administrador puede, por razones fundadas, requerir una única prorroga por un plazo máximo de diez (10) días corridos.
Los libros y documentación deben quedar a disposición del Consorcio en el domicilio que a tal fin fije la Asamblea que remueve, acepta la renuncia o dispone el cese del administrador.

Inciso l) Sin reglamentar.

Inciso m) Toda la documentación relativa al cobro de una sentencia favorable al Consorcio, y la correspondiente constancia del depósito en la cuenta bancaria del Consorcio, debe encontrarse a disposición de los consorcistas en la primer Asamblea Ordinaria o Extraordinaria que se celebre con posterioridad a aquel.

Artículo 10.–

Inciso a) El domicilio consignado por el administrador en la liquidación de expensas debe coincidir con el domicilio especial constituido en el Registro al momento de inscripción o, en su caso, comunicado con el correspondiente formulario de cambio de domicilio.

Inciso b) Sin reglamentar.

Inciso c) Sin reglamentar.

Inciso d) La presente obligación puede ser cumplimentada acompañando copia del recibo de sueldo correspondiente. En caso de existir deudas, moratorias y/u otra situación irregular respecto a los aportes y contribuciones, debe ser consignado con su fecha, monto, número de cuota o plan correspondiente.

Inciso e) Deben acreditarse mediante copia de factura con número y fecha correspondiente o, en su caso, el detalle de la misma.

Inciso f) Sin reglamentar.

Inciso g) El recibo o factura debe encontrarse a disposición de los consorcistas en la Asamblea Ordinaria convocada para la rendición de cuentas, o cada vez que sea requerido de manera fehaciente.

Inciso h) Sin reglamentar.

Inciso i) Sin reglamentar.

Artículo 11.– En caso de incumplimiento de cualquiera de los requisitos establecidos por el artículo 11 de la Ley por causas atribuibles a los consorcistas, no imputables al administrador, éste sólo puede demostrar dicha situación mediante acta de Asamblea.
A los fines de la excepción prevista en el último párrafo del artículo que por el presente se reglamenta, se consideran reparaciones de urgencia las necesarias para evitar o solucionar un grave riesgo, o temor de daño serio e inminente sobre bienes de copropietarios, ocupantes o terceros, o cuando producido un deterioro o avería en el edificio éste ocasione grave daño y las reparaciones deban realizarse de inmediato

para hacer cesar el perjuicio.
La presentación de las respectivas pólizas de seguros y sus alcances se ajusta a lo que disponga la autoridad de aplicación.

Artículo 12.- Todo dato consignado en la declaración jurada es susceptible de control por la autoridad de aplicación.
La inclusión de datos, informaciones o documentos falsos, no veraces o contrarios a la normativa aplicable se considera incumplimiento y hace pasible de la aplicación de sanciones, sin perjuicio de las acciones civiles o penales que correspondan.
Junto con la declaración jurada el administrador debe acompañar la actualización del certificado del Registro de Juicios Universales, del Registro Nacional de Reincidencia y Estadística Criminal, y del certificado de aprobación y/o actualización del curso de capacitación en administración de consorcios de propiedad horizontal. Asimismo debe actualizar el domicilio constituido, y la constancia de CUIT.

Artículo 13.- El plazo de ejercicio de la función de administrador, cualquiera sea éste, comienza a contarse desde la fecha que disponga la asamblea ordinaria o extraordinaria que lo designe. Si la asamblea no lo estableciera, el plazo se cuenta desde la fecha de celebración de la misma.
Antes del cumplimiento del plazo del mandato, el administrador debe llamar a asamblea para decidir sobre su renovación y, de ser pertinente, el plazo por el que se llevará a cabo. Cumplido el plazo de mandato, de no realizarse asamblea se da por concluido el mismo bajo exclusiva responsabilidad del administrador, quedando los consorcistas habilitados para auto convocarse y dar solución a la situación planteada con el quórum establecido en el reglamento de copropiedad o, en su defecto, por los dos tercios de los propietarios presentes, con mínimo quórum.

Artículo 14.- Sin reglamentar.

Artículo 15.– Sin reglamentar.

Artículo 16.– Sin reglamentar.

Artículo 17.– Sin reglamentar.

Artículo 18.– Sin reglamentar.

Artículo 19.– Sin reglamentar

Artículo 20.– Sin reglamentar.

Artículo 21.– Sin reglamentar.

Artículo 22.– Sin reglamentar.

Mediación Comunitaria

La mediación comunitaria es un servicio gratuito ofrecido por el Gobierno de la Ciudad Autónoma de Buenos Aires que busca otorgar un espacio de diálogo directo y participativo entre dos o más personas que tienen un conflicto.

Un tercero neutral, el mediador, facilita la comunicación entre las partes y las acompaña en la búsqueda de un acuerdo.

A partir de opciones y propuestas sugeridas por los propios interesados, se logran convenios que tienen el alcance de acuerdos privados. El GCBA ofrece el servicio de mediación para solucionar conflictos entre vecinos.

El proceso de mediación apuesta a que los involucrados son personas capaces de hacerse cargo de sus propios problemas y quienes mejor pueden proponer las vías de solución, ya que han sido los directamente involucrados.

1.Pasos para realizar el trámite
1 Enteráte dónde se brinda el servicio

Las mediaciones comunitarias se realizan en forma gratuita, en las 15 Sedes Comunales de la Ciudad, de lunes a viernes, de 9 hs a 16 hs.

También se ofrece este servicio en las siguientes Unidades Territoriales de Inclusión Urbana (UTIU):

1. Soldati, Piletones, Carrillo. Corrales 3400

2. UTIU 8 y 9 Oeste, Sede INTA, Los Robles y Pasaje Palo Santo

3. UTIU 8 Sur, Av. Escalada 3850

4. UTIU 4 Portal Zavaleta, Osvaldo Cruz 3657

5. UTIU 8 y 9 Este: Cildañez . Av. San Juan Bautista de la Salle y Av. Derqui

6. UTIU Varela. Av. Varela 1881

También puedes realizar la audiencia a través de internet, sin necesidad de concurrir a la comuna. Para ello, sólo debes tener conexión a internet y facilitarle al mediador un mail o un número de celular.

Entérate cómo funciona el sistema de Mediación en Línea (MEL)

Mediación en Línea (MEL) te ofrece la posibilidad de realizar tus audiencias en forma virtual. Solo se debe proporcionar al equipo de mediación comunitaria tu número de celular y tu correo electrónico. Con posterioridad, recibirás en tu correo y celular, un instructivo con la explicación para conectarse el día de la audiencia. El día de la audiencia, las partes serán invitadas a la sala de mediación virtual a través de un link que enviará el mediador a sus correos. Solo se necesita tener acceso a internet.

2 Saber a quién está destinado

El destinatario del servicio de mediación comunitaria que presta el GCBA es el vecino de la ciudad de Buenos Aires. Debe entenderse por vecino a toda persona de existencia física o ideal, que sea parte de un conflicto de convivencia vecinal, que se suscite dentro de la jurisdicción de la Ciudad de Buenos Aires, o que la incidencia del mismo y sus efectos tenga lugar dentro de dicha jurisdicción.

3 Conocer cómo acceder al servicio

El vecino interesado en realizar una mediación debe asistir a la Comuna que elija, de lunes a viernes entre las 9 y 16 hs, donde sólo debe completar una solicitud de mediación, y el personal especializado lo asesorará para llevar adelante la solicitud o lo derivará –si el caso no puede ser mediado– al organismo que corresponda para intentar solucionar su problema. Si el interesado quiere utilizar el sistema de Mediación en Línea (MEL) y realizar su mediación en forma virtual, brindará al personal de mediación un correo electrónico y su número de celular.

Luego de este trámite, se acuerda una fecha para la audiencia de conciliación y se cita a ambas partes en un plazo no mayor a 20 días.

Más información

En el marco de este servicio, se entiende por conflicto vecinal al problema que se presenta dentro de la jurisdicción de la Ciudad de Buenos Aires, como consecuencia de la interrelación –por acción u omisión– entre dos personas de existencia física o ideal, consideradas vecinos.

Los conflictos alcanzados por la **Mediación Comunitaria** son:

- Conflictos con la administración por incumplimiento de sus funciones
- Conflictos por falta de mantención del edificio
- Conflictos por modificaciones o reparaciones en el edificio
- Desacuerdos con la administración
- Uso inadecuado de espacios comunes
- Modificación del destino de espacios comunes
- Utilización de espacios comunes
- Conflictos en el uso de depósito de basura
- Conflictos con reciclaje de desechos
- Daños ocasionados por rajaduras y roturas
- Daños ocasionados por filtraciones
- Daños provocados por humedad
- Conflictos en la utilización de espacios comunes
- Utilización indebida de redes informáticas
- Daños provocados por árboles o plantas en casas vecinas
- Construcciones no autorizadas en muros linderos
- Daños por construcciones en medianeras
- Apoyos indebidos en muros linderos

- Conflictos derivados de ruidos molestos
- Malos olores
- Residuos contaminantes o que pongan en peligro la integridad o seguridad de los vecinos
- Conflicto generado por tenencia irresponsable, indebida o prohibida de animales
- Problemas derivados del uso de aires acondicionados
- Conflictos derivados de cuestiones personales entre vecinos
- Suciedad
- Árboles o plantas que ocasionan conflictos en propiedades privadas o veredas
- Uso inadecuado de espacios públicos
- Publicidad no autorizada
- Residuos contaminantes

Los temas que no pueden ser tratados en Mediación Comunitaria son los siguientes:

- Temas laborales
- Causas penales
- Causas en la que exista una denuncia policial previa o que se haya iniciado una acción judicial con el mismo objeto

Organismo Responsable
Dirección General de Justicia, Registros y Mediación

Dirección: Av. Regimiento Patricios 1142 , Planta Baja.

Horarios de atención: Lunes a Viernes de 9.30 a 16.30 hs.

Tel.: 4323-8900 int. 115481/115475

Mail: mediacion@buenosaires.gob.ar

ASPECTOS CONTABLES DEL CONSORCIO LIQUIDACIÓN DE EXPENSAS COMUNES – Ley 3254 CABA
Artículo 10.- De las liquidaciones de expensas: a.- Datos del administrador (nombre, domicilio, teléfono, C.U.I.T. o C.U.I.L., Nº de inscripción en el Registro). b.- Datos del consorcio, con el Nº de C.U.I.T. y Clave de Identificación en el Sindicato Único de Trabajadores de Edificios de Renta y Horizontal. c.- Detalle de los ingresos y egresos del mes anterior y el activo o pasivo total. d.- Nombre y cargo del personal del consorcio, indicando categoría del edificio, Nº de C.U.I.L., sueldo básico, horas extras detalladas, período al que corresponde el pago, detalles de descuentos y aportes por cargas sociales a cargo del consorcio. e.- Detalle de los pagos por suministros, servicios y abonos a contratistas, indicando nombre de la empresa, dirección, Nº de C.U.I.T o C.U.I.L., Nº de matrícula, trabajo realizado, elementos provistos, importe total y en su caso, cantidad de cuotas y número de cuota que se abona.
29/04/2013

LIQUIDACIÓN DE EXPENSAS COMUNES –

Ley 3254 CABA Artículo 10.- De las liquidaciones de expensas: f.- Detalle de pagos por seguros, indicando nombre de la compañía, número de póliza, tipo de seguro, elementos asegurados, fechas de vencimiento de la póliza y número de la cuota que se abona. g.- El recibo del administrador por el cobro de sus honorarios, detallando Nº de C.U.I.T., número de inscripción en el Registro de Administradores, consignando su situación fiscal, importe total y período al que corresponde. h.- En caso que existieran juicios por cobro de expensas o por otras causas en los que el Consorcio sea parte, se indicará en la liquidación mensual todos los datos del mismo (número de juzgado interviniente y expediente, carátula, objeto y estado) y capital reclamado. i.- Incluir el resumen de movimientos de la cuenta bancaria del Consorcio correspondiente al mes anterior.

CÁLCULO Y LIQUIDACIÓN DE EXPENSAS COMUNES Otras recomendaciones: DETALLE DE LOS FONDOS RESERVADOS: Detalla el objeto, motivo, destino y monto correspondiente. La suma de los fondos reservados + los fondos disponibles, totalizará el saldo de dinero al cierre NOTAS : Información importante para futuras decisiones : a) Fechas de la limpieza de tanque. b) Seguros contratados y sus respectivos vencimientos. c) Meses en los que se procederá a la destapación de cañerías d) Detalle de obras aprobadas y su cronograma de realización. e) Información relativa a los expedientes judiciales en curso. f) Novedades legales que puedan impactar en el consorcio. g) Otros varios. ANEXOS: Son planillas y cuadros informativos, pueden tratar el estado de deudores, o trabajos de envergadura, detallando importes abonados, grado de avance, etc.. 29/04/2013 3

CÁLCULO Y LIQUIDACIÓN DE EXPENSAS COMUNES EXPENSAS ORDINARIAS Y EXTRAORDINARIAS No hay norma jurídica que regule cuáles gastos son ordinarios y cuáles no. Por asamblea, se debe fijar pautas y, en caso de litigios, acudirán al juez.

RUBROS QUE INTEGRAN LA EXPENSA Pueden presentarse indicando una lista simple de las gastos o subdividiendo las mismas en rubros, porque permite confeccionar estadísticas de distinta índole, LOS RUBROS DE LA EXPENSA SON: Sueldos y Cargas Sociales Gastos y Abonos mensuales Reparaciones Honorarios

RECIBOS DE EXPENSAS EMITIDOS POR EL ADMINISTRADOR
Art 9° Inciso I- Ley 3254 CABA Los recibos de pagos de expensas deben ser numerados y contener los siguientes datos: a).- Denominación y domicilio del consorcio. b).- Piso y departamento. c).- Nombre y apellido del/a propietario/a. d).- Mes que se abona, período o concepto. e).- Vencimiento, con su interés respectivo. f).- Datos del/a administrador/a, firma y aclaración, CUIT y número de inscripción en el Registro. g).- Lugar y formas de pago. 29/04/2013 4 Resolución 408/2012 Gobierno CABA – B.O.: 18/10/12 Vigencia: 18/10/12 Modelo único digital de liquidación de expensas. Obligatoriedad de enviarlo vía correo electrónico a los copropietarios, junto con los comprobantes de gastos digitalizados. Recibos de pago. Art. 1 – Dispóngase que los administradores de consorcios deberán liquidar las expensas del consorcio según las pautas establecidas en el "modelo único digital de liquidación de expensas", conforme el Anexo I que forma parte integrante del presente, y el cual estará disponible en la página web del Gobierno de la Ciudad Autónoma de Buenos Aires, en el Area de la Dirección General de Defensa y Protección al Consumidor, en el espacio dedicado al Registro Público de Administradores de Consorcio. Res 408/2012 Gob CABA – Continuacion) Art. 2 – Dispóngase que los administradores de consorcios deberán enviar, vía correo electrónico a los copropietarios, las liquidaciones de expensas en formato digital, efectuadas en conformidad con lo previsto en el art. 1 de la presente, acompañando la diligitalización de todos los comprobantes respaldatorios, y el cual estará disponible en la página web del Gobierno de la Ciudad Autónoma de Buenos Aires, en el Area de la Dirección General de Defensa y Protección al Consumidor, en el espacio dedicado al Registro Público de Administradores de Consorcio. Art. 3 – Dispóngase que los administradores de consorcios deberán extender los recibos de pago de expensas según las pautas establecidas en el "modelo único digital de

recibo de pago", conforme el Anexo II que forma parte integrante de la presente. 29/04/2013 5 Res 408/2012 Gob CABA – Continuacion) 4 – Establézcase un plazo de 60 días desde la publicación de la presente para que los administradores de consorcios adecúen la liquidación de expensas y la emisión de los recibos de pagos digitales al procedimiento previsto en los artículos precedentes. Art. 5 – La Dirección General de Defensa y Protección al Consumidor pondrá a disposición, en el sitio oficial del R.P. A., los modelos digitales indicados en los artículos precedentes. Art. 6 – Dispóngase que todos los ingresos y/o egresos del consorcio deberán efectuarse en forma bancarizada, a través de las cuentas bancarias que posea el consorcio. Art. 7 – Facúltase a la Dirección General de Defensa y Protección al Consumidor a realizar acciones y medidas que fomenten una relación racional y adecuada entre el consorcista, el Consejo de Administración y el administrador de consorcios. Modelo de Liquidacion de Expensas y Recibo de Pago según Recibo s 408/2012 29/04/2013 6 29/04/2013 7 29/04/2013

CÁLCULO Y LIQUIDACIÓN DE EXPENSAS COMUNES SISTEMAS Y METODOLOGÍAS VIGENTES: EXPENSAS FIJAS – CUOTA FIJA: Muy utilizado, consiste en realizar un presupuesto anual muy bien calculado y luego sobrestimarlo entre un 10% a un 15% para cubrir posibles desfasajes. La cuota fija tiene la ventaja para los consorcistas de que evita sorpresas en sus gastos mensuales, y permite el atesoramiento de excedentes. EXPENSAS VARIABLES – SISTEMA ANTIGUO – REAL A MES VENCIDO Consiste en detallar los gastos realizados durante un período mensual y recaudar sobre lo erogado. Por tanto, todos los gastos de marzo aparecerán en la liquidación al 1° de abril (en primer término pago y luego recupero el gasto => si hay deudores, aumentar el monto a recaudar para poder cubrir el mismo monto), también se puede implementar un fondo para afrontar esta circunstancia u otros hechos no previstos. 29/04/2013

CÁLCULO Y LIQUIDACIÓN DE EXPENSAS COMUNES SISTEMAS Y METODOLOGÍAS VIGENTES: EXPENSAS VARIABLES – SISTEMA MODERNO

Se basa en el concepto de "capital operativo", que representa el total necesario para afrontar los gastos del consorcio. El capital operativo o capital del consorcio se incrementa al percibir intereses punitorios o por el alquiler de la terraza, por ejemplo, para publicidad y se reduce por efecto de los deudores . El saldo de uno y otro sistema debe coincidir, y algunos administradores utilizan ambos. EXPENSAS ADELANTADAS: Se basan en un presupuesto para cada mes y se recauda antes de erogar los gastos. SISTEMAS MIXTOS: Hay muchas posibilidades, por ejemplo Gastos Reales con Cuota Fija (vulgarmente llamado "casi fijo"), etc. CÁLCULO Y LIQUIDACIÓN DE EXPENSAS COMUNES EL FONDO DE RESERVA. Se recaudan para determinados gastos extraordinarios o proyectos de envergadura, como por ejemplo, reparación o mejora del inmueble, etc. En este rubro se detalla el objeto, motivo, destino y monto correspondiente LOS INFORMES DE LIBRE DEUDA Ante el supuesto de la venta de una unidad, el administrador debe informar la deuda de la misma al comprador, o a su representante, con la previa autorización del titular quien da fe de la transacción LOS REINTEGROS Son importes a favor de los copropietarios que pueden nacer en un pago adelantado en exceso que se decide devolver 29/04/2013

LA RENDICIÓN DE CUENTAS. ASPECTOS CONTABLES

 La rendición de cuentas del Administrador, desde el punto de vista contable, es el resumen de las transacciones realizadas durante un periodo anual, o menor, es decir es la suma de la información generada mensualmente respecto de todos los rubros que integran la expensa; adicionalmente tendrá el detalle de los movimientos de fondos del consorcio Concepto Es la obligación que contrae quien administra bienes o gestionado negocios ov intereses ajenos en cuya virtud debe presentar al dueño de los bienes o intereses administrados un detalle documentado acerca de la función cumplida. Hay dos personas:v El mandante, dueño de los bienes.v El que acepta los términos del mandato o gestión a realizarv (Mandatario). Los resultados de la gestión van por riesgo del titular de los bienes y el mandatario opera por cuenta y orden del mismo Existen dos grandes tipos:v Extrajudicial: Se efectúa fuera de cualquier ámbito judicial. Sus formasv deberán ajustarse a las características propias del mandato conferido, según sea civil, comercial, etc. Judicial: En este supuesto su ámbito es el de los tribunales, aparece como talv cuando la rendición de cuentas constituye el objeto de una pretensión procesal fundada en la negativa u omisión del obligado a rendirlas, o en la negativa del dueño a recibirla. RENDICION DE CUENTAS 29/04/2013 11

RENDICION DE CUENTAS LIBROS Y REGISTROS DEL CONSORCIO

De Actas de Asambleas Registro de Copropietarios De Ordenes De Administración Sueldos y Jornales De Ascensores Libro de Control Sanitario y Agua Potable Certificación de Edificio Seguro

LIBRO DE ADMINISTRACIÓN. ASPECTOS PRÁCTICOS Es uno de los registros obligatorios con que debe contar todo consorcio y debe estar rubricado, por tanto se prohíbe: Dejar espacios en blanco Hacer interlineaciones Raspaduras y/ó enmiendas Tachar registraciones Mutilar el libro o parte de él Arrancar hojas Alterar la encuadernación o foliatura 29/04/2013

LIBROS Y REGISTROS DEL CONSORCIO

Hay varias interpretaciones relativas al contenido obligatorio de información requerida a cumplir por el administrador, en algunos casos nos encontramos con la trascripción de cada una de las liquidaciones mensuales de expensa, hay otros que adhieren una copia en los folios, otros no cuentan con el libro mencionado, sin embargo entendemos que debe quedar registrado: Diariamente cada uno de los ingresos por cualquier concepto y de cada pago, esta tarea se puede hacer copiando por algún medio mecánico o electrónico alguna planilla donde se detallen estos movimientos Al cierre de cada mes, el inventario de activos y pasivos incluidos en el informe mensual correspondiente LIBROS Y REGISTROS DEL CONSORCIO – LIBRO DE PROPIETARIOS: los matriculados pueden habilitar el Libro de Propietarios en el Consejo Profesional. Un funcionario de la Dirección General de Defensa y Protección del Consumidor del Gobierno de la CABA realiza la rúbrica de los libros previamente entregados por los matriculados, quienes podrán retirarlos una vez concluido el trámite, que se realizará en forma semanal, sin necesidad de trasladarse hasta la dependencia. Los libros, con la carátula debidamente completada, se reciben en el Sector Publicaciones, en el horario de 10:00 a 18:00 hs. Los que se reciban hasta las 18:00 hs. de los días miércoles se entregarán a partir de las 10:00 hs. del día viernes siguiente. 29/04/2013

LA DOCUMENTACION DE RESPALDO / CONSERVACION

Cada asiento y anotación tanto en el libro de administración como en el detalle de la expensa, debe tener su correlato en comprobantes que son de propiedad del consorcio,=> con cada rendición de cuentas la administración debería entregarlos al consorcio para que queden a resguardo, y con acceso limitado solo a los miembros del consejo de administración, Por posibles fiscalizaciones de los organismos de contralor laboral, previsional o gremial, debe exceptuarse de lo mencionado los recibos de haberes y las constancias de ingreso de aportes y contribuciones pertinentes, (opción por la emisión de fotocopias certificadas por escribano público). Para facilitar los controles por parte de los integrantes del consorcio o para el caso de auditorias se recomienda numerar cada una de las constancias con un orden interno, en este tratamiento se incluiría tanto los ingresos como los egresos de fondos, y registrando ese dato en el Libro de Administración.-

AUDITORIAS DE CONSORCIOS DE PROPIEDAD HORIZONTAL

Motivos Que Dan Lugar A Una Revisión: 1 – Cuando se pone a consideración de la Asamblea de Copropietarios la Rendición de Cuentas del Administrador, previo a su aprobación o rechazo, parece oportuno auditarla y analizar la gestión del Administrador, el Balance Anual, y la situación del Consorcio, 2 – También como consecuencia de una decisión del administrador no compartida por el consejo de administración. 3 – La renuncia del administrador o la no renovación de su mandato, o 4 – Como una práctica de rutina, aunque no se da habitualmente, en general se considera un gasto más que una inversión.. Permitirá conocer El estado del consorcio, y contar con una certificación y conclusiones de un profesional. . 29/04/2013

AUDITORIAS DE CONSORCIOS DE PROPIEDAD HORIZONTAL

Se enfoca en la documentación y no en la persona que administra el edificio, para poder opinar sobre la razonabilidad del estado administrativo del inmueble, de su resultado quedara respaldada la tarea del administrador y quedaran observados los errores, advirtiendo a los sobre eventuales contingencias La auditoria no se ocupara de la destituir al administrador, a veces quienes contratan la revisión intentan delegar en el profesional esa responsabilidad que en cambio es un derecho de los copropietarios (ver la Ley 13.512, su decreto reglamentario y los reglamentos de copropiedad de cada inmueble). Por tanto los consorcistas deben conocer cuál es la responsabilidad profesional, y, en la entrevista originada por la consulta como en el contenido de la cotización, es vital definir el alcance de la tarea con la mayor precisión posible para evitar

confusiones que agredan al auditor en forma personal y como profesional, y generen adicionalmente conflictos de cobranza. Las normas IRAM Serie 65000 Desde 1997, el Instituto Racionalizador Argentino de Medidas (IRAM) emite la serie 65000, que versa sobre la administración de la propiedad horizontal. Cabe destacar que consideran también cuestiones de auditoría, Si bien estas normas no son de cumplimiento obligatorio (ya que sería necesaria una ley de la jurisdicción), en cambio una decisión de la asamblea, exigirá al administrador su aplicación, algo que se recomienda pues mejora la exposición y transparencia de la gestión, tanto del administrador como del consejo. • Norma 65002 "Certificado de deuda por expensas comunes" agrega el detalle de seguros y litigios en los que el consorcio es parte. • Norma 65004 "Estatuto del Consejo de propietarios" condiciones mínimas para integrar dicho órgano, funciones, limitaciones, y un registro para asentar las decisiones adoptadas. • La norma 65006 "Liquidación de expensas comunes" incorpora el Estado Económico, con el pasivo del consorcio. • La norma 65008, de los derechos del administrador; y a su remoción o desvincule

Ley 12.981 Estatuto de Encargados de Casa de Renta y Propiedad Horizontal

Artículo 1º.– Los empleados y obreros ocupados por cualquier persona o empresa, en edificios destinados a producir renta, cualquiera fuere el carácter jurídico del empleador, quedan comprendidos en las disposiciones de la presente ley. También declárese comprendido al personal que desempeña iguales tareas en las fincas sometidas a un régimen de propiedad conforme a las disposiciones de la ley 13.512 de propiedad horizontal.

Definición

Artículo 2º.- Toda persona que trabaja en un inmueble, desempeñando en forma habitual y exclusiva, por cuenta del propietario y usufructuario, las tareas de cuidado, vigilancia y demás servicios accesorios del mismo, cualquiera fuera la forma de su retribución, será considerada, a los efectos de esta ley, encargado de casas de renta. Los ayudantes de encargados de casas de renta, ascensoristas y peones que presten servicios en forma permanente, quedan asimilados a los encargados a los fines de esta ley. Aquellas personas que poseyendo libreta otorgada a su nombre, no trabajen exclusivamente para un empleador en inmuebles que reditúen más de $ 1.000 mensuales, serán consideradas asimismo encargados de casa de renta, cuando sean complementados en sus tareas por familiares que habiten en la misma.

Beneficios

Artículo 3º.- El personal comprendido en esta presente ley gozará de los siguientes beneficios:

a) Un descanso no inferior a doce (12) horas consecutivas entre el cese de una jornada y el comienzo de la siguiente, el que será acordado en las horas convenidas por las partes, teniendo en cuenta la naturaleza del inmueble, su ubicación y modalidades de la prestación del servicio. Cuando el cese de la jornada fuera anterior a la hora 21, el descanso será sin perjuicio de la atención de los servicios centrales, los que deberán ser adecuadamente prestados en la extensión fijada por el empleador. El descanso nocturno sólo podrá ser interrumpido en casos de urgencia.

b) Un descanso intermedio de cuatro (4) horas corridas para aquellos trabajadores que realicen tareas en horas de la mañana y de la tarde, cuyo comienzo será fijado por el empleador.

c) Un descanso semanal de treinta y cinco (35) horas desde la hora 13 del día sábado hasta la hora 24 del domingo sin disminución de las retribuciones.

d) Un período mínimo y continuado de descanso anual remunerado por siguientes plazos: – Doce (12) días hábiles cuando la antigüedad en el empleo no exceda de cinco (5) años. – Veinte (20) días hábiles cuando la antigüedad sea mayor de cinco (5) años y no exceda de diez (10). – Veinticuatro (24) días hábiles cuando la antigüedad sea mayor de diez (10) años y no exceda de veinte (20). – Veintiocho (28) días hábiles cuando la antigüedad exceda de veinte (20) años. Cuando el período vacacional fuera de veinte (20) días o más, el trabajador podrá solicitar el fraccionamiento del mismo en dos (2) lapsos. El empleador deberá otorgar las vacaciones de cada año dentro del período comprendido entre el 1ro. de octubre y el 30 de abril del año siguiente. En caso de fraccionamiento, uno de los lapsos podrá otorgarse fuera del plazo previsto precedentemente, a solicitud del trabajador. Queda reservado al empleador fijar la fecha de iniciación de las vacaciones, la que deberá ser comunicada al trabajador con una anticipación no menor de treinta (30) días. Será de aplicación supletoria en cuanto no se oponga a las disposiciones anteriores lo establecido en el título V del régimen de contrato de trabajo, aprobado por ley 20.744. Durante el descanso semanal y en el período de vacaciones, las funciones de encargado y del personal asimilado podrán ser desempeñadas por un suplente, cuya retribución estará a cargo del empleador. Queda prohibido el desempeño de la suplencia por la esposa e hijos del titular o por otra persona comprendida en los beneficios de esta ley, que desempeñe funciones permanentes aun cuando fuera en otro inmueble y con otro empleador. e) Indemnizaciones en caso de accidentes de acuerdo con las leyes que rigen la materia.

Obligaciones

Artículo 4º.– Será obligación de los empleados y obreros respetar al empleador, obedecer sus órdenes, cuidar las cosas confiadas a su custodia, efectuar sus tareas con diligencia y honestidad, avisarle de todo impedimento para realizarlas siendo responsable de todo daño que causare por dolo o culpa grave. En caso de enfermedad deberá permitir la verificación médica dispuesta por el empleador. Dará aviso al mismo con 30 días de anticipación cuando decida rescindir el contrato.

Causa de cesantía

Art. 5º – Las únicas causas de cesantía del personal son las siguientes:

a) Condena judicial por delitos de acción pública y por delitos de acción privada contra el empleador o sus inquilinos, salvo los cometidos con motivo de actividad gremial. Cuando hubiere auto de prisión preventiva por delito cometido en la propiedad, el empleador tendrá derecho a suspender al empleado u obrero. Si recayere absolución o sobreseimiento se le repondrá en el cargo. En este último caso, si el proceso hubiere sido promovido por denuncia o querella del empleador, el empleado obrero tendrá derecho a la remuneración que dejó de percibir;

b) Abandono del servicio; inasistencias o desobediencias reiteradas e injustificadas de sus deberes y a las órdenes que reciba en el desempeño de sus tareas;

A los efectos de la reiteración solamente se tomarán en cuenta los hechos ocurridos en los últimos seis meses;

c) Enfermedad contagiosa crónica que constituya un peligro para los inquilinos de la casa, previo pago de las indemnizaciones correspondientes de acuerdo a lo establecido en el artículo 10;

d) Daños causados en los intereses del principal por dolo o culpa grave del empleado o incumplimiento reiterado de las demás obligaciones establecidas en el artículo 4º de esta ley. Será nula y sin ningún valor la renuncia al trabajo del empleado u obrero que no fuere formulada personalmente por éste ante la autoridad de aplicación.

Estabilidad

Artículo 6º – Los empleados y obreros de casas de renta tienen derecho a la estabilidad en el empleo, siempre que tengan una antigüedad mayor de sesenta (60) días en el mismo. En el caso de fallecimiento del propietario, o venta del edificio, quedarán a cargo de los herederos, o del comprador en su caso, las obligaciones de titular. Si el empleador demoliese la propiedad o le fuese expropiada, o mismo que si prescindiese de los servicios del empleado u obrero, sin las causas determinadas en el artículo 5º, deberá abonar, en concepto de indemnización, lo siguiente: Tres meses de sueldo en concepto de preaviso, en las condiciones determinadas en la ley 11.729, el que deberá comunicarse por telegrama colacionado; Un mes de sueldo por cada año o fracción de antigüedad en el empleo.

Remuneraciones
Articulo 7º – El sueldo del personal será fijado por el Instituto Nacional de las Remuneraciones, creado por la ley 12.921. (Esta ley fue sustituida por la ley 16.459 que creó el Consejo Nacional del Salario Vital Mínimo y Móvil). Mientras no fueren establecidas las retribuciones por el Instituto referido, fíjase los siguientes sueldos mínimos: (Las remuneraciones de esta planilla corresponden al convenio original)
a) Renta mensual de la finca de $ 1.000 a $ 1.250 m/n.: $
Edificios con servicios centrales 240.–
Edificios sin servicios centrales 225.–
Si excede de $ 1.250 y hasta $ 1.500 m/n.:
Edificios con servicios centrales 250.–
Edificios sin servicios centrales 235.–
Si fuere superior a $ 1.500 m/n.:
Edificios con servicios centrales 300.–
Edificios sin servicios centrales 285.–
b) Serenos, peones de limpieza y ascensoristas 300.–
c) Suplentes: $ 15 diarios, $ 350 mensuales. Estos trabajadores, cuando se dediquen exclusivamente a realizar suplencias, tendrán derecho a todos los beneficios que acuerda esta ley. Cuando realicen sus tareas por cuenta de varios empleadores, los derechos que les correspondan serán satisfechos en forma proporcional a cada uno de ellos.
d) En los edificios cuya renta fuere inferior a $ 1.000 mensuales, el empleador podrá optar por un cuidador cuya remuneración será la siguiente:
Casa cuya renta no exceda de $ 500:

Manual Propiedad Horizontal

Con servicios centrales 60.–
Sin servicios centrales 60.–
Cuando la renta sea mayor de $ 500 y no exceda de $ 1.000:
Con servicios centrales 120.–
Sin servicios centrales 100.–
Si en el edificio, cuya renta no fuere mayor de $ 1.000, hubiere un encargado que se desempeñare en forma exclusiva para el empleador, el trabajador tendrá derecho al sueldo mínimo que establece la escala de salarios del inciso a), no pudiendo en ningún caso modificarse en perjuicio del empleado u obrero la relación de trabajo ni las condiciones existentes a la sanción de esta ley, cuando les fueren más beneficiosas. Se entiende por servicios centrales a las instalaciones productoras de calefacción, agua caliente, refrigeración, incineradores de residuos y otros no enumerados en esta ley, sea su funcionamiento o control atendido directamente por el personal o automático. En las casas cuya renta exceda de $ 4.000 mensuales deberá colaborar en las funciones del encargado, uno o más ayudantes, proporción que determinará la Comisión Paritaria, creada por el artículo 19º de esta ley, atendiendo a las características del inmueble. No podrán disminuirse por ningún concepto las remuneraciones que perciban los empleados y obreros a la fecha de la sanción de esta ley, cuando ellas fueren superiores a las fijadas en la misma. Las retribuciones establecidas tendrán un plazo de vigencia de un año, vencido el cual la Comisión Paritaria instituida por el artículo 19º, procederá a su revisión. Las retribuciones que fije la Comisión Paritaria tendrán fuerza obligatoria para empleados y empleadores. En los supuestos a que hace referencia el último párrafo del artículo 1º, para las fincas que no produjeran renta actual, los organismos técnicos de la administración nacional determinarán su posible renta, al solo efecto de fijar las remuneraciones del personal comprendido en las disposiciones de esta ley.
Artículo 8º– El encargado de esta casa de renta o personal asimilado tendrá derecho a un aumento de su sueldo cada tres años de $ 20 mensuales, el que se aplicará tomando en

consideración la fecha en que el empleado comenzó a prestar servicios y hasta un máximo de cinco trienios.

Accidentes o enfermedades
Artículo 9º.- En caso de accidente o enfermedad inculpable, que le impida al empleado u obrero cumplir son sus obligaciones, tendrá derecho a que se le abone la retribución íntegra hasta tres meses, a partir de la interrupción de sus tareas, si tiene una antigüedad en el servicio menor de cinco años, y hasta seis meses, si la antigüedad es mayor, durante los cuales podrá seguir ocupando las habitaciones que le tuvieron asignadas, salvo que padecieran de enfermedad infecto – contagiosas, en cuyo caso percibirán el equivalente en dinero o podrán ser alojados en otros sitio a cargo del empleador. Si el titular no retomase sus funciones dentro del término de un año, después de transcurridos los plazos de tres a seis meses, según fuere su antigüedad, términos durante los cuales el empleador tiene obligación de conservarle el empleo, el suplente será confirmado como efectivo, con los derechos y obligaciones de tal, computándose su antigüedad desde el ingreso al mismo. La indemnización por accidentes o enfermedad que establece el primer apartado de este artículo no regirá para los casos previstos de la ley de accidentes de trabajo y enfermedades profesionales, cuando por esta última corresponda al empleado una indemnización mayor.

Indemnizaciones
Artículo 10º.- La indemnización que corresponda al personal no estará sujeta a moratoria ni a embargo, ni a descuento de ninguna naturaleza. Estas indemnizaciones gozarán del privilegio establecido en el artículo 129º de la ley de quiebras. (Esta ley fue sustituida por la 19.551, art. 256º).

Fallecimiento
Artículo 11º.- En caso de muerte del empleado el cónyuge, los descendientes y ascendientes en el orden y proporción que establece el Código Civil, tendrán derecho a la indemnización por antigüedad en el servicio análoga a la prevista en el art. 157º, inc. 8º del Código de Comercio, limitándose para los

descendientes a los menores de 22 años, y sin término de edad cuando estén incapacitados para el trabajo. A falta de estos parientes, serán beneficiarios de la indemnización los hermanos, si al fallecer el empleado vivían bajo su amparo y dentro de los límites fijados para los descendientes.
Artículo 12º.- Se deducirá del monto de la indemnización lo que el o los beneficiarios reciban de cajas o sociedades de seguro por actos o contrato de previsión realizados por el principal.

Obligación del empleador
Artículo 13º.- El personal que trabaje exclusivamente para un empleador, ya sea como encargado, ayudante o cuidador, tendrá derecho a gozar del uso de habitación higiénica y adecuada y recibir los útiles de trabajo necesarios para el desempeño de las tareas a su cargo. En los edificios de renta en que se haya construido vivienda para el personal referido, no podrá alternarse el destino originario de la misma en perjuicio del trabajador. Si fuere imposible dar cumplimiento a la primera cláusula del presente artículo, el trabajador tendrá derecho a un complemento del sueldo de $ 64 mensuales.

Libreta de trabajo
Artículo 14º.- Todas las personas comprendidas en el artículo 2º de esta ley deberán munirse de una libreta de trabajo con las características que determinará la reglamentación respectiva, que le será expedida gratuitamente por el Registro Nacional de Colocaciones de la Secretaría de Trabajo y Previsión (hoy Ministerio de Trabajo).
Artículo 15º.- Para obtener dicha libreta, el interesado presentará en la oficina encargada de su expedición los siguientes documentos:
a) Certificado de buena salud;
b) Certificado de buena conducta expedido por la autoridad policial respectiva;
c) Documentos de identidad personales;
d) Certificado de trabajo expedido por el empleador. En caso de exposición, la autoridad de oficio podrá proceder a la verificación correspondiente, sin perjuicio de la aplicación a los

empleadores de las sanciones previstas en esta ley.
Los documentos a que se refieren los incisos a) y b) deberán ser renovados cada dos años por el interesado. Esta renovación no será exigida cuando el trabajador siga bajo las órdenes de un mismo empleador.
Artículo 16º.- El Registro Nacional de Colocaciones no podrá efectuar ninguna colocación de esta clase de trabajadores sin la previa presentación de la libreta de trabajo por parte del interesado, según lo previsto por el artículo anterior. Es obligación del principal exigir a su empleado la presentación de la libreta de trabajo dentro de un plazo mínimo de tres meses a partir de la fecha de sanción de esta ley. En cada caso deberá comunicarse al Registro Nacional de Colocaciones el número de libreta, nombre y domicilio del trabajador y nombre del empleador, así como las demás condiciones convenidas para la prestación de los servicios.
Artículo 17º.- El Registro Nacional de Colocaciones, bajo clasificación adecuada, reservará las informaciones que se mencionan en el artículo anterior, con fines de estadística y como elemento de prueba en caso de reclamos judiciales o extrajudiciales.
Artículo 18º.- Además de las anotaciones a que refieren los artículos anteriores el empleador deberá anotar en la libreta de trabajo las constancias siguientes:
a) Fecha de ingreso del trabajador y retribución estipulada;
b) Constancia mensual de haberse efectuado el pago del salario convenido;
c) Época en que se le acordó el descanso anual a que se refiere el inc. c) del artículo 3º,
d) Si el trabajador lo solicitare, constancia del tiempo que lo tuvo a su servicio.
Queda terminantemente prohibido al empleador asentar recomendaciones personales sobre el comportamiento de empleado.

Comisión paritaria
Artículo 19º.- Instit úyese una comisión paritaria central compuesta por dos delegados patronales, que actuarán por las

organizaciones numéricamente más representativas de los mismos. Esta comisión será presidida por un funcionario del Ministerio de Trabajo y tendrá funciones conciliatorias y de arbitraje voluntario en los conflictos que se planteen entre las partes, sin perjuicio de otras facultades que expresamente se le acuerden a esta ley. En las delegaciones regionales del citado Ministerio designadas al efectuado podrán asimismo integrarse subcomisiones paritarias, cuyas facultades se limitarán a las funciones conciliatorias y de arbitraje que esta ley confiere a la paritaria central. Los laudos dictados por las subcomisiones serán elevados en todos los casos a la Comisión Paritaria Central, que deberá expedirse dentro del plazo de sesenta días de haberse sometido el problema a su consideración, entendiéndose que si así no le hiciere quedará homologada la medida adoptada por la subcomisión.

Orden público
Artículo 20º.- Las disposiciones de esta ley son de orden público y será nula y sin valor toda convención de partes que altere, modifique o anule los derechos y obligaciones determinados en las mismas.

Sanciones
Artículo 21º.- Las infracciones a las disposiciones de esta ley y su decreto reglamentario que no merezcan una sanción especial, serán penadas con multa de $ 50 por cada empleado u obrero, duplicándose en caso de reincidencia, sin que esta multa afecte el derecho del personal para deducir las acciones judiciales pertinentes. Cuando el empleado u obrero no denunciare dentro de los quince días hábiles de vencido el término anual, por ante la autoridad de aplicación, que no le han sido otorgadas las vacaciones, sufrirá la misma penalidad que el empleador. Si el mismo no diese cumplimiento al preaviso establecido en el art. 4º, será penado con multa equivalente a un mes de sueldo, duplicándose en caso de reincidencia.

Artículo 22º.- En caso de despido por causales distintas a las enumeradas en art. 5º los empleadores se harán pasibles de

una multa de $ 500 a $ 5.000 m/n, sin perjuicio de abonar a los despedidos la indemnización prevista en esta ley.
En los casos en que la legitimidad de la cesantía fuese cuestionada judicialmente, la aplicación de las sanciones precedentes se hará efectiva por el magistrado, cuando así corresponda, al dictar sentencia que ponga fin al litigio.
Artículo 23º.- El producto de las multas, que se apliquen por incumplimiento de la presente ley, ingresará a un fondo especial destinado a la construcción y sostenimiento de un policlínico para la atención del personal y sus familiares.

Exclusión
Artículo 24º.- Quedan excluidos del régimen de esta ley los cuidadores de casas de renta, que sean inquilinos de la misma y siempre que el monto total de la locación no sea superior a $ 1.000 m/n mensuales.

Libro de órdenes
Artículo 25º.- En toda casa de renta deberá llevarse un libro sellado por la autoridad de aplicación, en el que se asentarán las órdenes impartidas por el empleador, para el mejor desempeño de las tareas del personal.
Artículo 26º.- Deróganse todas las disposiciones que se opongan a la presente.
Artículo 27º.- El Poder Ejecutivo dentro de los sesenta días de la promulgación de esta ley, constituirá la comisión paritaria y la reglamentará.
Artículo 28º.- Comuníquese

Convenio Colectivo de Trabajo de Encargados Edificio –

En la Ciudad Autónoma de Buenos Aires, a los 8 días del mes de octubre de 2015, Siendo las 11:00 horas, se encuentran reunidos en la calle Tte. Gral Juan Domingo Perón 1885 de la Ciudad Autónoma de Buenos Aires, los representantes de la FEDERACION ARGENTINA DE TRABAJADORES DE EDIFICIOS DE RENTA Y HORIZONTAL, Víctor Santa Maria, Secretano General, Angel Osvaldo Bacigalupo, Secretario de Organización e Interior y Sandra Manela Cartasegna, Secretaria de Actas, miembros paritarios por el sector sindical; y por el sector empleador se encuentran presentes: por la UNION ADMINISTRADORES DE INMUEBLES, su Presidente Osvaldo Emilio Enrique Primavesi, por la CAMARA ARGENTINA DE LA PROPIEDAD HORIZONTAL Y ACTIVIDADES INMOBILIARIAS, comparece
Vicepresidente en ejercicio de la Presidencia Daniel Roberto Tocco y por la ASOCIACION INMOBILIARIA DE EDIFICIOS DE RENTA Y HORIZONTAL, su Presidente Juan Manuel de la Cruz Acosta y Lara, todos con personería jurídica y debidamente habilitadas por la autoridad de aplicación en cumplimiento de la Ley 14.250. WWWWWWWWW
En virtud de los acuerdos arribados y el estado de avance del Expediente en tramite ante el Ministerio de Trabajo, Empleo y Seguridad Social de la Nación de referencia, las partes ratifican el contenido del acuerdo arribado en el marco del CCT 589/10 (t.o. Resol S.T 637/13), reiterando a continuación los puntos del mismo
a) Para facilitar el mejor conocimiento e interpretación de los derechos y obligaciones de las partes, resulta necesaria la incorporación al texto del Convenio Colectivo de Trabajo vigente las Actas Acuerdo firmadas con posterioridad a la última modificación homologada por la Resol. S.T N° 637/13, realizadas durante los años 2013, 2014 y 2015, y que fueran debidamente homologadas por el Ministerio de Trabajo, Empleo y Segundad Social mediante las siguientes resoluciones y disposiciones Resol S T. N° 22/2014, Disp. DNRT N° 238/2014, Resol ST. N° 2372/20J4_ y Resol. S.T. N° 451/2015. Esto, conlleva a la adecuación de los artículos 4, 12 y 27. Además,

las partes acuerdan modificaciones a los artículos 2, 4, 12, 15, 21 y 28. Los artículos referidos quedan redactados de la siguiente manera:

CONVENIO COLECTIVO 589/2010 CONFORME

Resolución S de T 1934/2015

DE LAS PARTES INTERVINIENTES

ARTICULO 1°: FEDERACION ARGENTINA DE TRABAJADORES DE EDIFICIOS DE RENTA Y HORIZONTAL (F.A.T.E.R. y H.), UNION ADMINISTRADORES DE INMUEBLES, ASOCIACION INMOBILIARIA DE EDIFICIOS DE RENTA Y HORIZONTAL y CAMARA ARGENTINA DE LA PROPIEDAD HORIZONTAL Y ACTIVIDADES INMOBILIARIAS

VIGENCIA TEMPORAL

ARTICULO 2° Dos años para las cláusulas de contenido no económico a partir de su homologación Las pautas salariales se rigen de conformidad con los términos de los acuerdos anuales suscriptos por las partes a partir de su homologación respectiva

AMBITO DE APLICACION

ARTICULO 3°: Obligatorio en todo el País, con más los ajustes y modificaciones que correspondan según los distintos módulos regionales que se reconocen en este Convenio Colectivo de Trabajo.-

PERSONAL COMPRENDIDO

ARTICULO 4° Los/as empleados/as u obreros/as que presten servicios en forma habitual en Consorcios de Propietarios ocupados en edificios o emprendimientos sometidos al régimen de la Propiedad Horizontal, Ley 13 512 y/o sus modificatorias,

Código Civil y Comercial de la Nación, siendo su estabilidad la establecida en el art 6 de la Ley 12 981 –

ULTRA ACTIVIDAD
ARTICULO 5°: Vencido el término de esta Convención Colectiva, se mantendrán subsistentes las condiciones de trabajo y remunerativas resultantes de la misma, a la par que las normas relativas a contribuciones y demás obligaciones asumidas por las partes, hasta tanto entre en vigencia una nueva Convención.–

CLASIFICACION DE EDIFICIOS
ARTICULO 6°: A los fines de constituir las cuatro categorías en que se clasifican los edificios, se establecen como servicios centrales los siguientes: Agua caliente – calefacción – compactador y/o incinerador de residuos – servicio central de gas envasado (donde no hubiere gas natural) – desagote cámara séptica (circunscrito a las zonas donde existe para uso común del edificio) – ablandador de agua (circunscrito a las zonas donde existe para uso común del edificio)– natatorio – gimnasio –saunas – cancha de paddle – cancha tenis o squash – salón de usos múltiples – solarium y lavandería.
La supresión de algún servicio central, no implicará el bajar de categoría al trabajador/a.
a) 1ra. Categoría: Los edificios con tres o más servicios centrales;
b) 2da. Categoría: Los edificios con dos servicios centrales;
c) 3ra. Categoría: Los edificios con un servicio central;
d) 4ta. Categoría: Los edificios sin servicios centrales.

CATEGORIAS
ARTICULO 7°: El Personal a que se refiere esta Convención se clasificará de acuerdo a sus funciones de la siguiente forma, estando todos sujetos a lo normado por el art. 23 del presente convenio:
a) ENCARGADO/A PERMANENTE: Es quien tiene la responsabilidad directa ante el empleador del cuidado y atención del edificio, desempeñando sus tareas en forma

permanente, normal y habitual;

b) AYUDANTE PERMANENTE: Es quien secunda al encargado/a en sus tareas, debiendo desempeñarlas en forma permanente, normal y habitual;

c) AYUDANTE DE TEMPORADA DE JORNADA COMPLETA: Es aquel/la que ejerce las funciones designadas en el punto b) en forma temporaria en zonas turísticas del país y por un período mínimo de noventa días y hasta un máximo de 120 días. Los períodos mencionados podrán complementarse con las prestaciones que se efectiviquen en los denominados feriados de semana santa y vacaciones de invierno y/o verano según corresponda a la zona turística en cuestión o feriados puente. Este/a trabajador/a adquirirá su estabilidad con arreglo a lo establecido en la Ley 12.981 y modificatorias y en el art. 97 de la Ley de contrato de trabajo.

d) AYUDANTE DE TEMPORADA DE MEDIA JORNADA: Es quien cumplimenta las mismas funciones que el/la ayudante de temporada, trabajando la mitad de la jornada y percibiendo lo dispuesto en la escala salarial del presente convenio, con arreglo al cómputo de temporada efectuado en el inciso anterior.

e) AYUDANTE DE MEDIA JORNADA: Es quien cumplimenta las mismas funciones que el/la ayudante permanente en edificios de hasta treinta y cinco (35) unidades, o donde trabaje un ayudante permanente, sin importar la cantidad de unidades existentes en el edificio, trabajando la mitad de la jornada y percibiendo lo dispuesto en la escala salarial del presente Convenio o en edificios donde ya trabajasen ayudantes permanentes, trabajando la mitad de la jornada;

f) ENCARGADO/A NO PERMANENTE: Es quien realiza tareas propias del/la encargado/a en edificios en los que tengan a su cargo hasta veinticinco (25) unidades sin servicios centrales o con servicios centrales de calefacción y/o agua caliente. Este/a trabajador/a tendrá la obligación de cumplir un horario de permanencia en el mismo de hasta cuatro horas diarias. Los horarios vigentes en esta categoría a la fecha de sanción de este Convenio serán mantenidos sin modificación.

g) SUPLENTE DE JORNADA COMPLETA: Es quien reemplaza al/la titular cuya jornada de trabajo sea de 8 horas diarias, durante el descanso semanal de éste/a, vacaciones, enfermedad y/o cualquier licencia que contemple el presente Convenio y/o la legislación laboral vigente. El/la suplente del descanso semanal, adquiere estabilidad en su cargo a los 60 días corridos desde su ingreso.- La jornada laboral de este personal podrá ser igual al del/la titular, percibiendo los importes que fije la escala salarial vigente.

h) SUPLENTE DE MEDIA JORNADA: Es quien reemplaza al/la titular. Respecto de este personal rigen las mismas condiciones que la del suplente de jornada completa y percibirá el 50% del valor diario establecido para el mismo.-

i) PERSONAL ASIMILADO: Es aquel que desempeña sus tareas en forma permanente, normal y habitual, distinta de las definidas como a cargo del/la encargado/a, ayudante o vigilador/a, como ser: ascensoristas, telefonistas, administrativos/as, jardineros/as, recepcionistas, personal de mantenimiento, etc.;

j) ENCARGADO/A DE UNIDADES GUARDACOCHES: En esta categoría están comprendidos los/as trabajadores/as que realizan sus tareas en forma permanente, normal y habitual en los garages destinados a guardar los vehículos de los propietarios y/o usuarios legítimos, siendo sus tareas el realizar la limpieza general de garage, apertura y cierre del mismo dentro de su jornada de labor, acomodar y cuidar los coches;

k) PERSONAL CON MAS DE UNA FUNCION: Es el/la encargado/a o ayudante que además de las tareas especificas desempeña otras distintas en el edificio, en forma permanente, normal y habitual, dentro de su jornada de labor como ser: a) apertura, cierre, cuidado y limpieza de garage y/o jardín; b) movimiento de coches hasta un máximo de veinte (20) unidades y; c) limpieza de pileta de natación y mantenimiento del agua de la misma (con productos adecuados para la tarea, los que serán provistos por el consorcio), saunas, salones de usos múltiples, o cualquier otro de los definidos como servicios centrales en el artículo 6°.

l) PERSONAL DE VIGILANCIA NOCTURNA: Es aquel que tiene a su cargo exclusivamente la vigilancia nocturna del edificio y sus instalaciones, debiendo prestar la debida colaboración en casos de emergencia.
m) PERSONAL VIGILANCIA DIURNO: Con jornada de ocho horas diarias de lunes a Sábado hasta las 13 hs. de este último día, con la misión y función de vigilar el edificio, especialmente en cuanto a la gente que ingresa o egresa y el funcionamiento de los servicios centrales, con la obligación en este último supuesto de dar aviso inmediato al designado por el administrador en caso de detectarse fallas o emergencias.
n) PERSONAL VIGILANCIA MEDIA JORNADA: Con cuatro horas diarias de labor, de Lunes a Sábado, con iguales funciones que el de jornada completa, con un 50% del salario de este.
o) MAYORDOMO/A: es quien realiza las tareas propias del/la encargado/a en forma permanente, normal y habitual en inmuebles donde existen tres o más trabajadores/as a sus órdenes;
p) TRABAJADORES/AS JORNALIZADOS/AS O DE LIMPIEZA: Son quienes realizan tareas de limpieza y que no trabajen más de dieciocho horas por semana en el mismo edificio. A este tipo de personal se le abonará por hora de trabajo realizado no pudiendo en ningún caso pagarse menos de dos (2) horas diarias. El valor hora se obtendrá de la siguiente forma: se considerará el sueldo básico que percibe un/a Encargado/a Permanente Sin Vivienda de Edificios de primera categoría, dividiendo tal remuneración por 120, el importe resultante será el valor de una hora de trabajo. En ningún caso la aplicación de esta norma podrá dar lugar a una disminución del salario actualmente vigente.
Los trabajadores/as que realicen tareas de retiro de residuos los días domingos y feriados, quedan incluidos en esta categoría.
q) INTENDENTES: Todo/a trabajador/ra que tiene a su cargo emprendimientos destinados a propiedad horizontal y/o rentas y/o barrio cerrados y/o complejos habitacionales con servicios múltiples, prestando su conocimiento y supervisión del estado general de las instalaciones del edificio y sus servicios y

ejecutará las órdenes que la Administración le imparta a su respecto, las que deberán estar debidamente plasmadas en el Libro de Ordenes. Los intendentes no pueden cumplir las funciones que desempeñan los administradores.

DESIGNACION DE SUPLENTE
ARTICULO 8°: Cuando haya encargado/a y ayudante, será facultad del empleador la designación del suplente. Sin perjuicio de ello, en los casos en que el cónyuge del/la encargado/a desempeñe las tareas del ayudante, el franco semanal y las vacaciones serán gozadas conjuntamente, si así lo solicitaran.

COTIZACIONES SINDICALES Y A LA CAJA DE PROTECCION A LA FAMILIA
ARTICULO 9°: Para el cálculo de las cotizaciones sindicales y la Caja Protección a la Familia, se tendrá en cuenta el total de las remuneraciones percibidas por el/la empleado/a, cualquier fuese su categoría.

APORTES DE OBRA SOCIAL
ARTICULO 10°: Los aportes y contribuciones a la obra social se calcularán conforme el salario de jornada completa de la categoría en que se desempeña el trabajador/a.

BONIFICACION POR ANTIGÜEDAD
ARTICULO 11°: Independientemente de los sueldos básicos fijados en el artículo 15 de esta convención, para las diversas categorías y escalas salariales, los/as trabajadores/as percibirán una bonificación por antigüedad por cada año de servicio equivalente al 2% del sueldo básico de un ayudante permanente sin vivienda de cuarta categoría. Se considerará tiempo de servicio efectivamente trabajado desde el comienzo de la vinculación el que corresponda a los sucesivos contratos entre las mismas partes y el tiempo de servicio anterior, cuando el trabajador/a cesado en el trabajo por cualquier causa, reingrese a las órdenes del mismo empleador.
A partir del 1 de mayo de 2009, la bonificación por antigüedad para los trabajadores de las categorías de media jornada,

suplente y jornalizados (incisos d, e, h, n y p del artículo 7 y artículo 8) será del 1% del sueldo básico de los ayudantes permanentes sin vivienda de cuarta categoría. Este nuevo porcentual regirá para los trabajadores/as que ingresen a partir de la homologación del presente acuerdo.

LICENCIAS ESPECIALES
ARTICULO 12° El/la trabajador/a tiene derecho a
a) Hacer uso de la licencia con goce de sueldo por los términos y motivos que a continuación se mencionan:
* Por casamiento diez (10) días,
* Por nacimiento de hijos tres (3) días hábiles,
* Por fallecimiento de padres, esposa e hijos. cinco (5) días,
* Por fallecimiento de hermanos tres (3) días;
* Por fallecimiento de nietos, abuelos y familiar político de primer grado un (1) día.
En todos los casos de fallecimiento, el trabajador o la trabajadora deberá presentar la copia del certificado de defunción correspondiente
En los casos de fallecimiento de hermanos, nietos, abuelos y familiar político de primer grado, si el trabajador o la trabajadora debiera viajar a más de quinientos (500) kilómetros del lugar de prestación de tareas con motivo del deceso del pariente, se adicionan dos (2) días más de licencia Al efecto, el trabajador o trabajadora deberá presentar los pasajes y/o certificado de defunción y/o aquella documentación que acredite la distancia referida −
* Por enfermedad de hijo diez (10) días, una vez al año, para el cuidado de hijos menores de 15 años, para las trabajadoras activas o para los trabajadores que tengan hijos menores a su cargo exclusivo. A los fines de hacer uso de la presente deberá presentar certificado médico que acredite la enfermedad
* El empleador otorgará un permiso diario de dos horas a la madre cuyo hijo recién nacido deba permanecer hospitalizado, hasta que el mismo sea dado de alta y durante un máximo de 3 meses
*Por mudanza un (1) día, para el trabajador sin vivienda, una vez por año, no pudiendo mediar menos de 1 ano entre una

licencia y la otra
* Licencia por maternidad para la madre adoptante de un menor y por un periodo de 60 días contados a partir del otorgamiento de la guarda con fines de adopción
* Licencia por paternidad en caso de parto múltiple 10 días
*Licencia de 30 días para el padre del recién nacido cuando la madre fallece en el parto o inmediatamente después de él
En caso de casamiento, el/la trabajador/a notificara al empleador con una antelación no inferior a treinta (30) días, a la fecha de iniciación de la licencia
Todos los plazos de las licencias se computaran corridos, salvo que se especifique lo contrario −
b) Hacer uso de licencia sin goce de sueldo por los términos que se consignan Tres (3) y seis (6) meses cuando la antigüedad en el servicio fuera mayor a cinco (5) o diez (10) años respectivamente por una sola vez en el termino de diez (10) anos, debiendo notificar al empleador con una antelación no inferior a treinta (30) días de la fecha de iniciación de la licencia Esta circunstancia deberá ser homologada con el/la suplente ante la autoridad competente En este caso el/la trabajador/a con vivienda deberá permitir el alojamiento del/la suplente en la dependencia que como complemento del trabajo ocupa en la finca, la que deberá serie reintegrada al retomar el cargo El sueldo del/la reemplazante, estará a cargo del empleador y será igual al básico del reemplazado
c) Un periodo continuado de descanso anual, conservando las retribuciones que recibe durante el servicio de
* Doce días hábiles cuando la antigüedad al servicio del empleador no exceda de cinco años,
* Veinte días hábiles cuando la antigüedad al servicio del empleador sea mayor de cinco años y no exceda de diez años;
* Veinticuatro días hábiles cuando la antigüedad al servicio del empleador sea mayor de diez años y no exceda de veinte años,
* Veintiocho días hábiles cuando la antigüedad al servicio del empleador exceda de veinte años,
Los trabajadores que a la fecha de entrada en vigencia del presente convenio estuvieran gozando −de conformidad con las

disposiciones de CCT 306/98- de un periodo de vacaciones superior mantendrán su derecho

Queda reservado al empleador, dentro del plazo comprendido desde el 1° de octubre hasta el 30 de abril, señalar la época en que se acordaron las vacaciones, debiendo dar aviso al/la empleado/a u obrero/a con anticipación de cuarenta y cinco (45) días

d) Los/as trabajadores/as suplentes gozaran de las vacaciones totales establecidas en el inciso c) cuando trabajen mas de la mitad de los días laborables comprendidos en el año calendario o aniversario de trabajo de conformidad con las normas legales vigentes Los/as trabajadores/as suplentes que no reúnan el tiempo mínimo percibirán en concepto de vacaciones el salari correspondiente a un día por cada veinte días efectivamente trabajados o fracción mayor de quince días hasta los cinco años de antigüedad Luego de cinco años de antigüedad y hasta los diez el salario por vacaciones se duplicara y desde los diez años en adelante se triplicará. En estos casos, el/la suplente gozará de las vacaciones durante los días que componen su jornada habitual.

e) El trabajador/a temporario/a gozará de las mismas vacaciones que el/la suplente y de acuerdo a lo que se indica en el inciso d) -

f) Las horas extras realizadas, en cualquier fecha y circunstancia, no generarán más plazo de vacaciones -

g) El/la trabajador/a que gozare de licencia gremial y estuviere cumpliendo efectivamente la razón de su mandato, de acuerdo a lo establecido en la ley 23 551, no estará obligado/a a desalojar la vivienda durante la duración de la licencia, pero deberá acreditar fehacientemente el cumplimiento de su función gremial para lo cual fue electo/a o designado/a Ello no obstara a que el/la dirigente gremial que se encontrare en el inmueble, deba prestar la debida colaboración en caso de urgencia

La FATERyH se hará cargo de proveer el personal que reemplazara a este, con la conformidad del empleador, el que no resultara mas oneroso al mismo Si existiera alguna diferencia de haberes, este será a cargo de la FATERyH

h) El empleador otorgara hasta cinco (5) permisos especiales por año calendario y sin descuento de haberes a los trabajadores/as que fueren convocados por la FATERYH para participar en eventos de capacitación, culturales o sociales
i) Los trabajadores/as permanentes con horarios corridos tendrán 30 minutos diarios en concepto de refrigerio, tiempo en el cual el trabajador se encuentra liberado de prestar servicios Queda facultado el empleador a establecer, en base a la mejor operatoria laboral, el horario en que el trabajador/a hará uso del presente beneficio
j) Se otorga asueto los días 24 y 31 de diciembre de cada año, lo que no generará descuento alguno en los salarios Para el caso que el trabajador/a prestara servicios en dichas fechas, los días deberán ser abonados de conformidad con lo establecido en el art 13 del CCT 589/10–
k) Emisión de voto de ciudadanos extranjeros en países limítrofes para aquellos trabajadores/as de la actividad que quieran emitir voto en las elecciones nacionales de su país, de la licencia prevista en la Ley 23 759 para dichos casos, el pago de dos días estarán a cargo de los empleadores, por lo que no serán descontados del pago de la licencia anual ordinaria que corresponda
Los/as trabajadores/as que hagan uso de esta licencia deberán solicitarla por escrito y con una antelación no menor a diez días Al momento de reintegrarse a prestar tareas, los/as trabajadores/as deberán acreditar la emisión del voto respectivo con la constancia otorgada –

DIA DEL TRABAJADOR/A
ARTICULO 13°: Se establece el día 2 de octubre de cada año como el Día del/la Trabajador/a de Propiedad Horizontal Dicho dia el personal estará franco total de servicio; de trabajarlo deberá ser abonado independientemente como feriado.

VESTIMENTA
ARTICULO 14°: El empleador estará obligado a suministrar al personal, tanto sean estos permanentes o no permanentes o de media jornada, ropa de trabajo, la que no podrá contener

inscripciones publicitarias, colores llamativos o cualquier otra seña que pudiera resultar atentatoria de la dignidad del/la trabajador/a —déjese aclarado que el personal permanente es el que labora 8 horas diarias y el personal no permanente o media jornada el que solo cumple jornadas de 4 horas diarias—. El equipo de ropa consistirá en dos pantalones y dos camisas al personal masculino e idéntica ropa o dos guardapolvos al personal femenino, como así también botas de goma y guantes de cuero de descarne reforzado para el manipuleo de leña, carbón y/o residuos, y guantes de látex o similar para protección durante el uso de productos de limpieza en general. Estos elementos deberán ser suministrados al trabajador dentro de la primera semana de haber adquirido la estabilidad en el empleo. La textura de la ropa y su nivel de protección calórico deberá ajustarse a las condiciones climáticas de cada zona. La entrega será de un conjunto cada seis (6) meses. También proveerá de un extinguidor de incendios de polvo químico ABC de 5 kg como mínimo, el que será mantenido a exclusivo cargo del empleador. Este elemento de seguridad estará en el sótano, específicamente destinado para el uso del/la encargado/a, en aquellos inmuebles en donde exista compactador y/o caldera. Asimismo, se suministrará a los/as trabajadores/as los útiles de limpieza, lámparas portátiles y demás herramientas de conformidad a los dispuesto por la Ley 12.981.

En el caso de Personal Jornalizado o de Suplentes de jornada completa o de media jornada de los descansos del titular, recibirán un solo juego de ropa de trabajo al año.

El empleador tiene un plazo de noventa (90) días para la provisión de los elementos de seguridad enunciados precedentemente, a partir de la fecha de homologación del presente convenio. Al no cumplirse este requisito, el/la trabajador/a quedará liberado de la prestación del servicio.

REMUNERACIONES

ARTICULO 15° Los/as trabajadores/as comprendidos por la presente Convención laboral, percibirán las remuneraciones básicas para los días hábiles y jornadas legales que se establecen en el acuerdo salarial firmado por las partes y

vigente al momento de la suscripción del presente Asimismo
1 Se establece que el valor de la vivienda para los/as trabajadores/as que gozaren de la misma, surge de las diferentes escalas salariales vigentes, computándose dicho valor a efectos de aportes jubilatorios, aguinaldo, indemnizaciones y/o despidos, vacaciones y Obra Social Ley N° 23 660 –
2 Los/as suplentes y suplentes de media jornada percibirán los jornales fijados en las Escalas precedentes por día trabajado, de 8 horas o 4 horas según corresponda a la calificación laboral del trabajador, cualquiera sea la categoría del edificio en que desempeñen sus funciones y del/la trabajador/a que reemplace, quedando incluido dentro de ese jornal todas las labores y funciones que cumple el titular y que deberá desarrollar el suplente, manteniendo el plus de antigüedad
3 El/la trabajador/a tiene derecho a percibir sus haberes por todo concepto, incluido salario familiar, de acuerdo a la legislación vigente, de manera puntual –
4 Los sueldos de los/as trabajadores/as que a la fecha de la presente Convención fueran superiores a los establecidos en las escalas de este articulo no podrán ser disminuidos –
5 Exclusivamente los consorcios donde existen jardines al aire libre de no más de 10 Metros cuadrados, el trabajador/a, encargado/a, del cuidado y mantenimiento del mismo (regado, limpieza) percibirá el plus fijado en este articulo
6 El encargado/a o ayudante que realice tareas de limpieza de pileta de natación y mantenimiento del agua de la misma percibirán el plus fijado en este articulo, siempre que e trabajador realice los cursos sobre utilización, aprovechamiento y mantenimiento del agua que el consorcio determine
7 Bonificación anual los/as trabajadores/as percibirán, juntamente con el pago de la segunda cuota del sueldo anual complementario de cada año, una suma adicional equivalente al veinte por ciento (20%) sobre la remuneración básica de cada trabajador/a según la categoría que revista

SALARIO MINIMO, VITAL Y MOVIL

ARTICULO 16°: En los casos que por actualización del Salario Vital, Mínimo y Móvil el mismo superara las escalas salariales de la presente Convención, se le aplicará al/la trabajador/a de remuneración inferior, o sea al de la Cuarta Categoría; y a los demás trabajadores/as se les mantendrán las diferencias de acuerdo con las escalas y categorías de la presente Convención. No será de aplicación esta cláusula para aquellos/as trabajadores/as que por acuerdo de partes, perciban una remuneración superior a la que fija el Salario Vital, Mínimo y Móvil.

FERIADOS NACIONALES

ARTICULO 17°: Los feriados nacionales trabajados serán abonados con un incremento del 100% conforme lo establecido en la Ley de Contrato de Trabajo; de no ser abonados se otorgará en compensación, un descanso de treinta y seis horas corridas en la semana siguiente o cuando las partes lo convengan.

CONDICIONES PARA EL RETIRO DE RESIDUOS

ARTICULO 18°: En los edificios en que el/la trabajador/a retira los residuos de la unidad, tendrá derecho a percibir las escalas fijadas en el art. 15° por tal concepto, en proporción a la tarea asignada. Los residuos deberán estar embolsados en forma en que se garantice su higiene, respetando las regulaciones locales en materia de disposición y retiro de los mismos. Asimismo la seguridad del/la trabajador/a en el desarrollo de esta tarea deberá salvaguardarse entregándosele guantes de cuero de descarne reforzado, siendo obligatorio su uso. Esos guantes serán suministrados por el empleador quien procederá a su reposición cada vez que los mismos se deterioren, obligándose el/la trabajador/a al aviso de tal situación devolviendo los inutilizados. Dejase constancia que esta norma no podrá ser utilizada en forma alguna para reducir la retribución por ese concepto.

En los lugares donde se prevea regulación específica en materia de disposición y retiro de residuos se suscribirán convenios locales al efecto, los que formaran parte integrante del presente convenio colectivo de trabajo. Los trabajadores/as percibirán los plus que se fijen en las escalas salariales previstas en dichos convenios locales.

CONTRIBUCIONES Y APORTES MENSUALES
CAJA DE PROTECCION A LA FAMILIA

ARTICULO 19°: La Caja de Protección a la Familia alcanza en sus beneficios a la familia de todos/as los/as trabajadores/as comprendidos en esta Convención, teniendo derecho exclusivamente a tal beneficio el cónyuge, hijo/a legítimo/a o legitimado/a y adoptado/a y respecto de quienes fueran legatarios/as o beneficiarios/as instituidos/as expresamente por el/la trabajador/a, cuya designación excluirá el derecho a los demás beneficiarios. El referido beneficio por fallecimiento se regirá por la siguiente reglamentación:
1. Integración del fondo: Aporte mensual del 1,5% del salario a cargo del empleador por cada trabajador/a titular afiliado/a o no, y a cargo del/la trabajador/a el 1% de salario.
2. La F.A.T.E.R.Y.H. otorgará con lo recaudado o bien una suma de dinero en subsidios (o los correspondientes servicios en concepto de fallecimiento) o por escolaridad.
3. Lugar y forma de pago: El pago se efectuará en la institución bancaria que designe la Federación Argentina de Trabajadores de Edificios de Renta y Horizontal. El empleador deberá depositar los importes respectivos mensualmente, hasta el 15 de cada mes, produciéndose en caso contrario la mora automática sin necesidad de interpelación judicial o privada alguna.
4. Trabajador/a que agotó su licencia por enfermedad: En este supuesto, el/la trabajador/a continuará teniendo derecho al beneficio de la Caja de Protección a la Familia, siempre que abonare por su propia cuenta el aporte patronal y obrero, hasta su reintegro al trabajo o cesación definitiva del mismo. En las mismas condiciones serán considerados los/as afiliados/as

que, por razones de incapacidad, retiro voluntario o jubilación u otro motivo dejaron de pertenecer al personal activo de Edificios de Renta y Horizontal, debiendo en tales supuestos abonar de su peculio en concepto de aporte a la Caja un importe del 3% sobre el salario promedio de la actividad, produciéndose en caso de no hacerlo, la mora automática y consecuentemente la pérdida del derecho que por la presente convención se le otorga.

5. Recaudos a cumplir por los/as herederos/as y beneficiarios/as: Para acreditar el derecho respectivo, deberán presentar la siguiente documentación:

1. Partida de defunción y certificado de trabajo del/la trabajador/a fallecido/a.
2. En caso de fallecimiento del/la afiliado/a presentación del carnet de afiliado a la institución gremial, con la constancia de estar al día en el pago de la cuota sindical, al momento de fallecer, con una tolerancia de hasta noventa (90) días como máximo. El pago de las cuotas sindicales efectuadas después de fallecer el/la trabajador/a, no tendrá valor alguno a los efectos de acreditar el derecho al subsidio;
3. Documentos personales que acrediten fehacientemente el derecho de herederos/as o beneficiarios/as del/la trabajador/a fallecido/a, sin cuyos requisitos debidamente cumplidos, sin excepción alguna, no corresponderá el pago de subsidio establecido por la Caja a la cual solo podrá reclamarse previa presentación de la documentación que se menciona precedentemente.
4. Para los subsidios por escolaridad deberá presentarse certificado de estudios de escuela pública y/o privada reconocida oficialmente.

Los Sindicatos adheridos a la Federación que perciban de forma directa el aporte por la Caja de Protección a la Familia, deberán remitir a la Federación el 33% del total de lo recibido del aporte patronal en ese concepto, como contribución a la creación y manutención del título Trabajador/a Integral de Edificios.

RECLAMOS

ARTICULO 20°: Todos los reclamos a que dé lugar la aplicación de la presente Convención, se regirán por las disposiciones legales vigentes en la materia, sin que la decisión en sede administrativa afecte el derecho de las partes de recurrir ante la Justicia. El reclamo será deducido por el/la interesado/a en la filial del Sindicato de la Federación que corresponda, ante el empleador, pudiendo en caso de fracaso de la gestión radicarlos ante la Comisión Paritaria, organismo ante el cual también podrá recurrir el empleador.

COMISION PARITARIA

ARTICULO 21° Queda expresamente establecido que se constituirá una Comisión Paritaria, integrada por tres representantes patronales como titulares y tres como suplentes, tres representantes obreros como titulares y tres como suplentes, la cual tendrá las siguientes atribuciones

1 Interpretar con alcance general la presente Convención Colectiva a pedido de cualquiera de las partes signatarias de la misma o de la autoridad competente –

2 Proceder, cuando fuere necesario, a la calificación del personal y/o determinar la categoría del edificio de acuerdo a lo establecido en la presente Convención –

3 Resolver, cuando corresponde ayudante o ayudante media jornada en una determinada finca, teniéndose en cuenta las características y tareas a realizar en la misma –

4 Registrar el funcionamiento de las escuelas que otorguen el titulo de Trabajador/a Integral de Edificios –

5 Intervenir como ámbito voluntario de sustanciación de controversias y/o consultas en materia de higiene y seguridad y riesgos del trabajo, sin perjuicio de las facultades propias de los organismos creados a tales efectos por las disposiciones legales vigentes en dichas materias

6 Registrar los acuerdos que por Módulos se celebren

En caso de apelación a lo resuelto por la Comisión Pantana, dictaminará la Justicia Laboral territorialmente competente –

FUNCIONES DEL MAYORDOMO Y/O ENCARGADO

ARTICULO 22°: El/la mayordomo y/o encargado/a, recibirán las órdenes y las transmitirá al resto del personal, en caso que lo hubiere, directa y únicamente del administrador, con exclusión de cualquier otra autoridad y/o miembro del Consorcio, debiendo desempeñar todo el personal sus tareas de acuerdo a las prescripciones que se establecen en la presente Convención, sin perjuicio de las modificaciones que el Administrador disponga en uso de las facultades que le son propias, y siempre que no contravengan las establecidas en la presente Convención.

OBLIGACIONES DEL PERSONAL

ARTICULO 23°: El personal deberá:
1. Habitar la unidad que en el edificio se ha destinado a ese fin, el que no puede ser alterado, la que deberá mantener en perfecto estado de conservación e higiene destinándola exclusivamente para el uso que le es propio, para habitarla con su familia integrada por esposa/o e hijos/as, estándole prohibido darle otro destino ni albergar en ella, aunque fuera transitoriamente a personas extrañas al núcleo familiar. El administrador podrá verificar personalmente el estado de la vivienda en compañía del/la empleado/a, siempre en horarios de trabajo.– El trabajador está obligado a pernoctar en la misma en las jornadas hábiles.
2. Usar la ropa y equipamiento de trabajo que debe suministrarle el empleador de conformidad a lo establecido en el artículo 14° y 18° del presente Convenio, la que deberá conservar en perfecto estado de limpieza.
3. En caso de que un empleador le suministre indumentaria para vestir en el cumplimiento de sus funciones, el/la trabajador/a deberá usarla en las circunstancias que queden determinadas. Las prendas deberán ser confeccionadas sin adornos, leyendas ni colores llamativos. La vestimenta consistirá en dos (2) trajes, uno de verano y otro de invierno, cuatro camisas, dos corbatas y un par de zapatos. La entrega de este vestuario deberá repetirse cada dos años, la que deberá conservar en perfecto estado de limpieza.

4. Avisar al administrador, de inmediato toda novedad que se produjera en el edificio. Asimismo, el trabajador sin vivienda deberá notificar de inmediato a la administración del consorcio el cambio de domicilio, el que deberá ser realizado en forma fehaciente; en caso de no hacerlo, se tendrán por válidas las notificaciones que se cursen en el domicilio laboral.
5. Poner en conocimiento del Administrador, inmediatamente de formulado, cualquier reclamo que hagan los copropietarios. Si el administrador no viviera en el edificio, los gastos que demandare la comunicación estarán a cargo del empleador.
6. Acordar a todos y cada uno de los copropietarios u ocupantes por igual, el correcto tratamiento a que tienen derecho los integrantes del consorcio.
7. Mantener en perfecto estado de conservación, aseo e higiene, todas las partes comunes del edificio, como así también las puertas de uso común. Asimismo no estará obligado/a al lavado de paredes pintadas, salvo las manchas producidas en las interiores comunes cuando sean ocasionales y no derivadas de su uso n•rmal o producidas por el paso del tiempo. El resultante de esta tarea no es responsabilidad del/la trabajador/a.
8. Controlar el funcionamiento de las máquinas e instalaciones del edificio.
9. Entregar sin dilación alguna, a cada destinatario la correspondencia que viniera dirigida a ellos, como asimismo los resúmenes de expensas y comunicaciones que efectuare el administrador por escrito a los copropietarios.
10. Vigilar la entrada y salida de personas del edificio, impidiendo sin excepción alguna la entrada de vendedores ambulantes, promotores y/o similar y el estacionamiento de personas en las puertas de acceso o espacios comunes.
11. Impedir la entrada al edificio de proveedores, fuera del horario que al efecto fije el Administrador.
12. Poner en funcionamiento y asegurar la protección de los servicios generales del edificio, en las oportunidades que fije el administrador dentro del horario habitual de tareas, debiendo además cambiar lámparas y tubos fluorescentes de las partes

comunes de edificio.

13. Acatar las órdenes que le imparta el Administrador, las que deberán ser fijadas en un Libro de Ordenes rubricado por la autoridad competente, el que permanecerá en poder del Administrador con la obligación del encargado de notificarse recibiendo una copia de lo expuesto en el mismo, pudiendo hacer los descargos que estime conveniente.

14. Abstenerse de realizar cualquier tarea de atención a los copropietarios en su horario de trabajo, pudiendo realizarlos por su cuenta en horario de descanso y francos.

15. Mantener debidamente actualizado y proporcionar a sus reemplazantes circunstanciales o definitivos, toda la información concerniente al desempeño de las distintas tareas a su cargo.

16. La responsabilidad de las tareas recae exclusivamente en la persona designada por el principal, estando excluido derivar dicha responsabilidad en familiares o terceros, siendo tal incumplimiento una falta, no teniendo el empleador responsabilidad alguna ante eventuales accidentes o reclamos que pudieran producirse por parte de estos familiares o terceras personas.

17. Las llaves del sótano y controles del edificio, sólo podrán encontrarse en poder del/la trabajador/a encargado/a y del Administrador, o la persona que éste designe. De encontrarse su acceso en la vivienda del/la encargado/a, sólo podrá accederse en caso de emergencia.

18. El administrador del Consorcio se halla facultado para indicar el lugar donde deberán hallarse a disposición los/as empleados/as comprendidos en la C.C.T. vigente cuando no se encuentren prestando tareas efectivas.

19. El Administrador podrá determinar y ordenar la cantidad de veces que se retirarán los residuos en el edificio dentro del horario de trabajo. En caso en que en el edificio se generen residuos provenientes de consultorios médicos, odontológicos, veterinarios, de análisis clínicos, radiológicos, los mismos se dispondrán de acuerdo a la legislación vigente. El/la trabajador/a no deberá manipular en ningún caso esos

residuos.
20. El/la empleado/a con vivienda que se encuentre en el edificio, tendrá la obligación de prestar colaboración en el consorcio, aunque se encuentre fuera de su horario de servicio, cuando se produzcan emergencias, situaciones de urgencia o cuando se ponga en peligro la seguridad de los bienes y de las personas que habitan el consorcio. La colaboración prestada por el/la empleado/a en tales circunstancias deberá ser remunerada con el pago de horas extraordinarias. El desconocimiento de lo expuesto, será considerado como falta grave.
21. Entre el/la trabajador/a y el empleador se podrá establecer libremente la realización de jornadas continuadas y sin descansos intermedios, dentro de lo establecido en la presente Convención.
22. Barrer y recoger la basura del cordón de la vereda en toda la extensión del frente del edificio.
23. Deberá observar el correcto aseo e higiene personal durante la jornada laboral como asimismo de la vestimenta.

TAREAS NO OBLIGATORIAS DEL PERSONAL

ARTICULO 24°: El personal no estará obligado:
1. A realizar la cobranza de expensas comunes;
2. A la tenencia de la réplica de las llaves de las unidades que compongan el edificio;
3. A la tenencia ni atención del aparato telefónico de uso común, si lo hubiere.
4. A retirar materiales o escombros provenientes de las obras realizadas por el consorcio o por los copropietarios en el edificio.
5. El/la encargado/a no estará obligado/a a recibir ni firmar notificaciones administrativas ni judiciales y/o correspondencia certificada destinada a los consorcistas, salvo expresa autorización del destinatario.
6. A manipular los residuos para su separación que no sean realizados en su origen en las unidades funcionales.

OTRAS OBLIGACIONES DEL EMPLEADOR

ARTICULO 25°: Sin perjuicio de las obligaciones legales y convencionales a cargo del empleador, se determinan las siguientes:

1. Atender con solicitud toda observación o reclamo que por vía jerárquica le fuera dirigida por el personal en orden a la racionalización de las tareas o al mejor desempeño de las mismas.
2. Tratar con la debida consideración y respeto al personal de su dependencia.
3. Otorgar certificado de trabajo al/la empleado/a cuando le fuera solicitado.
4. Informar a la F.A.T.E.R.Y.H., signataria de este Convenio, todo movimiento que se produzca referente al personal, bajas cualquiera fueren los motivos; ingresos de nuevo personal, aportando los datos relativos al mismo, en un todo de acuerdo a lo establecido en la ley 23.660 y su reglamentaria; bajo apercibimiento de ser responsable de toda trasgresión y que, con motivo de ello ocasionare un daño o perjuicio, cualquiera fuere, contra la Institución signataria y/o el/la empleado/a.
5. Obtener la reparación y mantenimiento en buenas condiciones de uso de la vivienda, artefactos y elementos que se le entregaron al/la trabajador/a como formando parte del Contrato de Trabajo, siempre y cuando no se originaren los eventuales daños en la conducta intencional del/la trabajador/a.
6. Instalar un buzón para la recepción de la correspondencia, quedando liberado el/la trabajador/a de responsabilidad por falta o extravío de la misma, en caso de no instalarse.
7. Promover la contratación de trabajadores/as con discapacidades para cumplir tareas acorde con sus respectivas capacidades (telefonistas, administrativos/as, atención de monitores de seguridad, de sistemas de ingreso y egreso al edificio y/o cocheras del propio edificio, etc.).
8. Mantener registro actualizado de las entregas de elementos de protección personal establecidos en el presente convenio; de los registros de capacitación en materia de riesgos del trabajo, así como de las visitas técnicas y recomendaciones efectuadas

por la ART y por el responsable del Servicio de Higiene y Seguridad en el Trabajo, de acuerdo a lo establecido en el Decreto 1338/96.
9. Cada trabajador/a deberá recibir de su empleador los datos correspondientes de la ART con la que se halla cubierto su seguro de riesgos del trabajo, y los números a los que deba comunicarse en caso de accidente.
10. En caso que el/la trabajador/a sea citado/a por la ART o Servicio de Medicina del Trabajo para practicarse exámenes médicos periódicos o de cualquier otra especie y/o para realizar cursos de capacitación fijados por normas legales o convencionales, éstos se harán en horario de trabajo o en su defecto en horas extraordinarias. El desplazamiento del/la trabajador/a correrá por cuenta del empleador.
11. En los casos de despido sin invocación de justa causa, cuando el empleador abone las indemnizaciones legales dentro del plazo de 4 días hábiles, el dependiente con vivienda, deberá hacer entrega de la misma dentro del plazo de 30 días. Si el empleador no diera cumplimiento con tales pagos dentro del mencionado plazo, el derecho a permanecer en la vivienda se podrá llegar a extender hasta un plazo de 90 días contados a partir del despido.
Cuando el trabajador/a fallece, los beneficiarios del trabajador/a enumerados en el artículo 248 de la Ley 20744, podrán permanecer en la vivienda hasta un máximo de 30 días, en que deberán hacer entrega de la misma totalmente libre de ocupantes y efectos personales.

OBLIGACION DEL CONSORCIO DE ACTUAR COMO AGENTE DE RETENCION
ARTICULO 26°: El consorcio de Propietarios deberá retener:
1. Todas las contribuciones establecidas en el presente Convenio. Estos importes deben ser depositados en los bancos que disponga la F.A.T.E.R.Y.H.
2. Los importes correspondientes a la cuota sindical de los/as

trabajadores/as comprendidos en el ámbito de aplicación del presente convenio colectivo de trabajo con arreglo a lo establecido en la ley 23.551.

3. Se deja expresamente establecido que los pagos que corresponden a la aplicación de los artículos 19°, 27° y 29°, deberán ser abonados mensualmente en las condiciones fijadas en el art. 19.

4. La mora en todos los casos por falta de pago de las obligaciones que indica el presente Convenio será en forma automática, sin necesidad de interpelación judicial o extrajudicial previa.

PROTECCIÓN DE LA MATERNIDAD, VIDA, DESEMPLEO Y DISCAPACIDAD

ARTICULO 27° Las partes firmantes del presente convenio colectivo de trabajo coinciden en la necesidad de arbitrar los medios necesarios para garantizar la protección de la maternidad, vida y desempleo de los trabajadores y trabajadoras titulares de la actividad afiliados a la entidad sindical de base adherida a la FATERYH y la discapacidad de sus hijos, y/o aquellos trabajadores y trabajadoras que sin ser afiliados a la entidad sindical expresamente manifiesten su conformidad ante el empleador para acceder a los beneficios acordados en el presente articulo

En tal sentido acuerdan que se designe a la entidad sindical signataria como agente
contratante con la finalidad de que la misma contrate como tomador pólizas de seguros que brinden cobertura satisfactoria a los objetivos propuestos en el presente articulo, con una/s compañía/s de seguros debidamente autorizada/s como tales ante la SUPERINTENDENCIA DE SEGUROS DE LA NACION La entidad sindical contará con un plazo de 6 (seis) meses para efectivizarla contratación referida

En ningún caso los consorcios serán responsables por la insolvencia de las compañías
aseguradoras designadas por la Federación

Dichas pólizas, cuyos beneficiarios serán los trabajadores y las trabajadoras activas de la actividad según corresponda, que sean afiliados a la entidad sindical de base adherida a la FATERYH y/o aquellos trabajadores que sin ser afiliados a la entidad sindical hayan expresado su conformidad para acceder a los beneficios, deberán contemplar la cobertura de los siguientes riesgos (I)seguro por fallecimiento del trabajador y/ o trabajadora titular, por un capital equivalente a 4 (cuatro) veces el importe de la remuneración neta de bolsillo correspondiente a su categoría de revista en el convenio vigente al momento de su deceso (II) se cubrirán también las remuneraciones que se devenguen por accidentes o enfermedades inculpables, establecidas en la ley de contrato de trabajo las que tendrán las siguientes franquicias a cargo exclusive del empleador (i) de un mes por cada contingencia (enfermedad o accidente inculpable) denunciado por el trabajador en los casos que la legislación laboral contemple el pago de remuneraciones por un período de hasta tres meses, (ii) la franquicia será de dos y tres meses por cada contingencia, según el caso, para les supuestos en que la legislación laboral contemple el pago de remuneraciones por un período de hasta seis y doce meses respectivamente Los salarios que forman parte de esta cobertura serán abonados por el consorcio y luego reintegrados por la aseguradora dentro de los treinta días de cumplidos los requisitos formales preestablecidos para acreditar el derecho al cobro Queda expresamente aclarado que este beneficio será para la totalidad de los trabajadores de la actividad, afiliados o no a la entidad sindical de base adherida a la FATERYH (III) Se abonara bajo el presente convenio, un subsidio equivalente al 50% (cincuenta por ciento) de la remuneración neta de bolsillo correspondiente a su categoría de convenio de la trabajadora activa, que ejerza su derecho al goce de licencia por excedencia en el caso de nacimiento de hijo y/o hija, durante un plazo de hasta 3 (tres) meses Para determinar el neto del salario se deducirá del valor correspondiente a la categoría de la trabajadora un 18% que se considera equivalente a retenciones normales y habituales En aquellos supuestos que la trabajadora no ejerza dicha opci6n tendrá derecho a percibir igual suma en concepto de cobertura por maternidad. **(IV)** Deberá brindarse por la aseguradora designada la cobertura de la contingencia por desempleo, otorgándole al trabajador/a una suma en concepto de indemnización equivalente al 50 % (cincuenta por ciento) de su remuneración neta de bolsillo correspondiente a su categoría de revista en el convenio vigente al memento de extinguirse su relación laboral por despido directo, por un lapso de cuatro meses Para determinar el neto del salario se deducirá del valor correspondiente a la categoría un 18% que se considera equivalente a retenciones normales y habituales **(V)** La aseguradora deberá hacerse cargo también del pago de la cuota correspondiente a les aportes y contribuciones del régimen de obras sociales para brindar cobertura medica, con arreglo al Programa Medico Obligatorio o el que le sustituya en un futuro, a través de la Obra Social Sindical u otra entidad que determinare la FATE RyH. Los plazos de cobertura serán (a) 3 (tres) meses en el supuesto de licencia por excedencia, (b) 1 (un) año para los beneficiarios del trabajador fallecido o desempleado o su grupo familiar primario que se encontraran a su cargo en la Obra Social al memento de producirse su deceso o despido directo, **(VI)** Deberá

brindarse por la aseguradora asignada la indemnización por muerte del trabajador/a

prevista en el articulo 248 de la LCT, **(VII)** Deberá brindarse por la aseguradora asignada el pago de la licencia por maternidad para la madre adoptante de un menor y por un periodo de 60 días corridos contados a partir del otorgamiento de la guarda con fines de adopción, **(VIII)** Deberá brindarse por la aseguradora asignada el pago de la licencia por paternidad en caso de parto múltiple de 10 días corridos, **(IX)** Deberá brindarse por la aseguradora asignada el pago de la licencia por paternidad para el padre adoptante, de 3 días

corridos, **(X)** Deberá brindarse por la aseguradora asignada el pago de la licencia de 30 días corridos para el padre del recién nacido cuando la madre fallece en el parto o inmediatamente después de el . Con la cobertura establecida se dará respuesta a las situaciones enunciadas, intentándose dotar a la mujer trabajadora de la mas amplia cobertura en caso de maternidad, brindándole los medios para la prolongación de la lactancia, elemento primordial en la salud y desarrollo de los recién nacidos **(XI)** Deberá brindarse por la aseguradora asignada el pago de las indemnizaciones previstas en el art 212 de la LCT. El pago estará sujeto a la acreditación de las condiciones previstas en la póliza respectiva –

Con relación a la cobertura de la contingencia de muerte del trabajador e trabajadora titular, quedan instituidos como beneficiarios de la cobertura por muerte aquellos a quienes los trabajadores identifiquen expresamente o en su defecto aquellos reconocidos como tales en el estatuto aprobado por la Ley 12 981 y modificatorias, respetándose el orden de prelación allí establecido

En el supuesto de la cobertura monetaria por desempleo, su beneficiario/a es el trabajador o trabajadora titular

En el supuesto de aquello/a trabajadores/as cuyos ingresos se ubiquen por debajo de la

Suma correspondiente a los 3 (tres) Mopres e metodología de cálculo que pueda sustituirla en el futuro como la que brinda el acceso a les beneficios de la segundad social, el trabajador/a deberá completar en forma voluntaria la suma en menos resultante de la integración de los montos que a continuación se detallarán para tener derecho a acceder a la cobertura de las pólizas en cuestión

A fin de sufragar los gastos derivados de la contratación de las pólizas colectivas que cubran los riesgos enunciados, las partes acuerdan que la totalidad de les empleadores de la actividad efectuaran un aporte mensual del 4% (cuatro por ciento) sobre la remuneración bruta total de cada trabajador y/o trabajadora comprendido en el ámbito de aplicación dcl presente convenio colectivo de trabajo, se encuentren afiliados e no a la entidad sindical de base nucleada en la FATERYH y una retención de 1% (uno por ciento) sobre la remuneración bruta total de les trabajadores y/o trabajadoras afiliados a la entidad sindical base adhenda a ia FATERYH, y de aquellos trabajadores que sin ser afiliados hayan manifestado en forma expresa su conformidad para acceder a les beneficios.

El aporte patronal incrementado en un 1% es desde el 1 de junio de 2015, ascendiendo el aporte al 4% señalado en el párrafo anterior desde dicha fecha

Los empleadores depositaran mensualmente les importes resultantes de la aplicacion de los aportes y retenciones establecidas en el presente articulo, en la misma oportunidad en que se efectiviccen les depósitos en la fecha establecida en el art 26, en una cuenta corriente especial que a tal efecto abrirá la entidad sindical firmante del presente convenio, con el objeto de otorgarle a dichos fondos una administración y registración diferenciada del patrimonio social.

La Federación asume la obligación directa de abonar en tiempo y forma las primas frente a la aseguradora designada.

En caso de incumplimiento por parte de los empleadores del pago en tiempo y forma de su aporte mensual y de la retención correspondiente, la Federación deberá afrontar las coberturas a su cargo, quedando en tal caso el empleador obligado a reintegrar a la Federación tales importes con los intereses correspondientes, sin perjuicio del derecho de la Federación firmante de reclamar los aportes y contribuciones adeudados con los recargos que procedan.

Por otra parte, queda establecido que el eventual excedente que pudiera resultar entre la suma total recaudada y el importe que en definitiva deba abonarse en concepto de premio total de las pólizas, será administrado por la FATERyH para cubrir la contingencia de discapacidad de los hijos de los titulares aportantes u otras prestaciones sociales o contingencias incluidas en el presente articulo que por cualquier circunstancia no pudieran ser objeto de seguro Se comenzará a efectivizar la transferencia aludida luego de conformar una previsión equivalente a 3 (tres) meses de pago del premio de las pólizas. Los trabajadores y/o trabajadoras titulares de la actividad afiliados a la entidad sindical deberán contar con una antigüedad minima en el empleo de 6 (seis) meses para quedar comprendidos en los beneficios establecidos en el presente articulo

Asimismo, queda establecido que los/as trabajadores/as en periodo de guarda del puesto, por enfermedad o accidente inculpable tendrán derecho a gozar de les mismos beneficios que se otorgan por el presente a les trabajadores en situación de despido directo, en materia de cobertura Estos beneficios se mantendrán en los periodos enunciados, siempre y cuando los beneficiarios no tengan derecho a coberturas por parte de la segundad social

Asimismo se deja constancia que los beneficios establecidos en el presente acuerdo no excluyen la obligación que le puedan deparar a los respectivos empleadores

La FATERYH podrá destinar el eventual excedente resultante entre la suma recaudada y los premios total a abonarse por las pólizas contratadas bajo el concepto de este articulo, para brindar prestaciones de naturaleza cultural, educativa, de capacitación y formación profesional, sociales en general o cualquier otra propia de su objeto asociacional, en beneficio de sus asociados

FORMACION DEL TRABAJADOR/A DE EDIFICIO

ARTICULO 28° La formación del/la trabajador/a de edificio comprende les siguientes

1) Competencias Laborales

Entre el Ministerio de Trabajo, Empleo y Segundad Social, la representación sindical y las cámaras empleadoras signatarias, y de conformidad con la norma de competencia laboral elaborada para la actividad, se evaluarán y certificaran las competencias laborales de los/las trabajadores/as que cumplan con los requisitos allí establecidos

2) Trabajador/a Integral de Edificio

El titulo de Trabajador/a Integral de Edificio se obtendrá en las escuelas de capacitación creadas y/o a crearse que cuenten con habilitación de las autoridades publicas, que autoricen y aprueben sus programas de capacitación, previo registro en la Comisión Paritaria de Interpretación

La Escuela de Capacitación Ministro Jose Maria Freire y sus Delegaciones se encuentra autorizada para extender el titulo de Trabajador/a integral de Edificio

3) Capacitaciones en materia de Segundad, Higiene y/u otros
De conformidad con la legislación vigente en cada jurisdicción, se obtendrán certificaciones en las capacitaciones que la Autoridad local prevea en materia de seguridad, higiene y demás actividades que refieran al mejor desempeño de la actividad Los cursos de este tramo deberán acreditar al menos treinta y cinco (35) horas de formación

La remuneración de todos/as los/as trabajadores/as egresados gozaran de un adicional del 5% (cinco por ciento) sobre su remuneración básica por cada tramo, obtenidos los certificados correspondientes

En los lugares donde no se realice la certificación de competencias laborales, les trabajadores que obtengan el titulo de Trabajador/ra Integral de Edificios percibirán el 10% de adicional sobre su remuneración básica.

Les/las trabajadoras que a la fecha de entrada en vigencia de la presente cláusula se
encuentren percibiendo el adicional por Trabajador/a Integral de Edificios, mantendrán esa condición.

En ningún caso los/las trabajadores/as percibirán mas de un 15% (quince por ciento) en
concepto de formación de conformidad con el presente articulo

El certificado de trabajo que el empleador está obligado a entregar deberá constar además de lo prescripto en el articulo 80 de la LCT, la calificación profesional obtenida en el o los puestos de trabajo desempeñados, hubiere o no realizado el trabajador acciones regulares de capacitación

Si el trabajador/a realiza acciones de capacitación que resulten inherentes a su actividad y en los centros de formación de la FATERYH o de sus sindicatos adheridos, tendrá derecho a un total de 40 horas anuales sin descuento alguno en la remuneración para el desarrollo de las mismas.-

SERVICIO DE CONCILIACION

ARTICULO 29°: En virtud de lo acordado en fecha 16 de abril de 2009, los representantes de la parte sindical, FEDERACION ARGENTINA DE TRABAJADORES DE EDIFICIOS DE RENTA Y HORIZONTAL, (FATERyH), los de la ASOCIACION INMOBILIARIA

DE EDIFICIOS DE RENTA Y HORIZONTAL (AIERH), los de la UNION DE ADMINISTRADORES DE INMUEBLES, (UADI) y los de la CAMARA ARGENTINA DE LA PROPIEDAD HORIZONTAL Y ACTIVIDADES INMOBILIARIAS (CAPHyAI), resuelven crear el SERVICIO de FACILITACION OPTATIVA para TRABAJADORES y EMPLEADORES de RENTA y HORIZONTAL. Es un servicio de facilitación y negociación laboral optativa, que funcionará en el marco de este convenio y del convenio vigente para los trabajadores/as de edificios de renta. Tiene por misión brindar a los trabajadores y empleadores un espacio imparcial, que posibilite la negociación de sus respectivos intereses. El Consejo Directivo estará conformado por seis integrantes titulares, tres por la parte sindical, de los cuales uno será del SUTERH Ciudad de Bs. As. y GBA y los otros dos de la FATERyH, los otros tres por la parte patronal que será, uno por la AIERH, otro por la UADI y otro por la CAPHyAI. Asimismo habrá dos integrantes suplentes, uno por la parte sindical y otro por la patronal. El Consejo Directivo aprobara el diseño y desarrollo del Servicio para su funcionamiento y homologación. Asimismo, a efectos de poner en marcha el Servicio, las partes acuerdan incrementar en un 0,5% el aporte empleador previsto en el artículo 27° de este convenio. A tal fin, la FATERyH destinará una cuenta especial para dicha recaudación, asignando los fondos necesarios para el funcionamiento del Servicio. Las partes estiman que este Servicio se implementará en un plazo de 180 días".

MODULO PARTICULAR

ARTICULO 30°: Las partes signatarias del presente convenio constituirán hasta seis módulos regionales de negociación colectiva a los fines de tratar localmente las condiciones de trabajo de la región, en particular sobre duración y distribución de jornadas de trabajo, vestimenta, plus salarial, el trabajo de temporada, determinación y duración de la temporada, descanso semanal, vacaciones. Ninguno de los temas a tratar por los módulos regionales de negociación colectiva podrán establecer cláusulas que otorguen beneficios inferiores a los dispuestos en este convenio general.

La Paritaria nacional establecerá los módulos regionales considerando las realidades locales.-

Estas comisiones se constituirán con la representación de tres miembros titulares y tres suplentes de las entidades sindicales locales, pertenecientes a la FATERYH, con ámbito de actuación territorial correspondientes a la zona de que se trate y otros tantos de la representación patronal signataria del presente convenio.

Los miembros de las comisiones fijarán de común acuerdo el lugar en donde se reunirán, debiendo ineludiblemente presentar ante la Delegación local del Ministerio de Trabajo, Empleo y Seguridad Social de la Nación los acuerdos y conclusiones arribados a los fines legales pertinentes, previa aprobación de la Paritaria Nacional a los efectos de su articulación con el presente convenio.

RECONOCIMIENTO DE LA REPRESENTACION SINDICAL

ARTICULO 31°: La parte patronal, signataria de la presente Convención reconoce a la Federación Argentina de Trabajadores de Edificio de Renta y Horizontal y a sus sindicatos filiales, como únicos responsables de la representación de los trabajadores comprendidos dentro de las leyes 12.981, 13.263, 14.095, 13.512 y 21.239, de acuerdo con el Decreto Nro. 11.296/49; con todos los derechos y obligaciones a que se refiere la ley 23.551 y sus decretos reglamentarios.

MODULOS INTERNACIONALES

ARTICULO 32°: Que conforme a los convenios celebrados con Organizaciones Internacionales —tales como la UITEC, UNI, etc.—, así como con Cámaras Empleadoras de Latinoamérica, el presente convenio es de aplicación para los trabajadores migrantes que desarrollen tareas comprendidas en el presente.

RECONOCIMIENTO DE SITUACIONES DE VIOLENCIA
ARTICULO 33°: En virtud de la posible existencia de situaciones de violencia que se puedan suscitarse, las partes signatarias del presente se comprometen a canalizar las mismas conforme lo establecido por la legislación nacional vigente y demás normativa existente en materia de prevención y lucha contra todas las formas de violencia. Al efecto se propicia la creación y participación de las partes en redes de prevención y orientación en dicha materia.

COPIA CERTIFICADA DEL CONVENIO
ARTICULO 34°: El Ministerio de Trabajo, Empleo y Seguridad Social expedirá copia debidamente autenticada de la presente Convención Colectiva de Trabajo, a solicitud de cualquiera de las partes firmantes de la misma. Dejándose constancia según lo convenido por las partes, que cualquier aumento masivo decretado por el Gobierno Nacional será incorporado a las escalas remunerativas básicas conforme lo establecido en el artículo 15 del presente convenio colectivo de trabajo.

a) Se reitera que en el Anexo 1 del acuerdo agregado en estos actuados, de fecha 24 DE AGOSTO DE 2015, se acompañó el texto del convenio colectivo en el que se resaltan las modificaciones introducidas y en el Anexo 2 se adjunto el texto ordenado del convenio colectivo de trabajo, cuya homologación se pretende,

b) En vistas de la gran ayuda que significo la contribución solidaria acordada en los términos del art 9 de la Ley 14 250 (t.o. 2004) para las Obras Sociales de la actividad, lo que significo una mejora en las prestaciones brindadas, se considera propicio renovar la misma por un nuevo periodo. Así, se establece una contribución solidaria a cargo de los empleadores comprendidos en el CCT 589/10 (t o Resol S de T 637/13), desde el mes de Septiembre/2015 y hasta el mes de Agosto/2016 inclusive, de PESOS CINCUENTA ($50) cada mes, por cada trabajador comprendido en el Convenio Colectivo de Trabajo. Estas sumas serán aplicadas en forma proporcional para los trabajadores/as que revistan en las

categorías previstas en los incisos d), e), h), n) y p) del articulo 7° y articulo 8° del presente Convenio Colectivo de Trabajo.-
c) En virtud de las disposiciones legales vigentes que fomentan la conformación de entidades de seguros mutuos que brinden las prestaciones previstas en el sistema de Riesgos del Trabajo (Ley 24 557 y modificatorias), y entendiendo que los riesgos el trabajo son una preocupación tanto de la representación sindical como de la parte empleadora, quienes realizan cotidianamente acciones tendientes al cuidado de la salud de los trabajadores/as y a la prevención de accidentes de trabajo y enfermedades profesionales Por ello, en este acto, las partes asumen el compromiso de fomentar la conformación de una ART – Mutual, lo que se llevará a cabo en el plazo de ciento ochenta (180) días, para poder dar cumplimiento con los requisitos establecidos en la Resolución N° 1810/2015 de la Superintendencia de
Riesgos del Trabajo y del Ministerio de Trabajo, Empleo y Seguridad Social.
No habiendo otro asunto que tratar, se da por finalizada la reunión cerrando el acta comprometiéndose las partes a presentarla y ratificarla personalmente ante el Ministerio de Trabajo, Empleo y Seguridad social de la Nación para su homologación, y a ratificar el pedido de homologación el texto ordenado del CCT, firmando todos al pie de conformidad cinco (5) ejemplares de un mismo tenor y a un solo efecto, en el día y lugar indicados en el encabezamiento del presente.-
SIGUEN LAS FIRMAS

Decreto 11296/49 – Reglamentario de la Ley de Encargados

Artículo 1º.- La Ley 12.981, modificada por la ley 13.263 se aplicará de acuerdo con las normas establecidas en la presente reglamentación a todas las personas que se encuentren en las condiciones previstas por el art. 2do. de dicha ley.

Definiciones

Artículo 2º.- A los efectos de la aplicación de este decreto y de la ley que reglamenta, se considerará:

- 1ro. Encargado de casas de renta: a toda persona que trabaje en un inmueble desempeñado en forma habitual y exclusiva por cuenta del propietario o usufructuario las tareas de cuidado, vigilancia y demás servicios accesorios del mismo, cualquiera fuera la forma de su retribución, así como también a las que poseyendo libreta otorgada a su nombre, no trabajen exclusivamente para un empleador en inmuebles que reditúen más de $ 1.000 mensuales, y sean complementados en sus tareas por familiares que habiten en el mismo.
- 2do. Ayudante de encargado: al trabajador que preste servicios bajo la dirección de un encargado de casa de renta, secundando al mismo en las tareas de atención y vigilancia que se encuentren a su cargo.
- 3ro. Ascensorista: al trabajador destinado exclusivamente a la atención de los ascensores.
- 4to. Peón: al trabajador auxiliar del encargado o ayudante, destinado a las tareas de limpieza y atención de los servicios accesorios y a aquellos destinados a efectuar las reparaciones en el inmueble que por su poca importancia no requieren conocimientos especializados. Quedan comprendidos en esa categoría los jardineros ocupados en el cuidado, limpieza y atención de los jardines existentes en los inmuebles a que se refiere la ley, en relación permanente de dependencia y en forma no intermitente. Igualmente revestirán este carácter los trabajadores que se ocupen en forma permanente por cuenta de un empleador en la limpieza y atención de los departamentos u oficinas en los edificios de renta.
- 5to. Empleador:

a) al propietario o usufructuario de uno o varios inmuebles destinados a producir renta;

b) a las empresas dedicadas a la administración de propiedades;

c) al encargado de casa de renta en los casos de que las personas a que se refiere el tercer párrafo del inciso 4, actuaren bajo su dependencia;

d) a las personas que alquilen un inmueble con el fin de lucrar con su locación.

Artículo 3º − Los menores de edad ocupados en cualquiera de las tareas enumeradas en el artículo anterior estarán amparados por las disposiciones de la ley, sin perjuicio del cumplimiento por los empleadores de las leyes protectoras del trabajo de menores.

De la jornada y descanso

Artículo 4º .− La jornada de trabajo de los peones, ascensoristas y jardineros se ajustará a los términos de la ley 11.544.

Artículo 5º .− En la Capital Federal el descanso diario establecido en el art. 3ro. de la ley se hará efectivo a partir de las 21 horas hasta las 7 horas de día subsiguiente. Durante este lapso deberán permanecer cerrados los edificios si no mediaren circunstancias imprevistas o autorización del Ministerio de Trabajo.

Artículo 6º .− El otorgamiento de las vacaciones anuales se hará efectivo, de acuerdo con el régimen del decreto − ley nro. 1.740/45, en cuanto no haya sido modificado por la ley 12.981.

Estabilidad

Artículo 7º .− En los casos en que el empleador prescindiese, por cualquier causa, de los servicios de un empleado u obrero que gozare de uso de habitación, sin acordarle el término de preaviso que establece el artículo 6º. de la ley, deberá concederle un plazo de 30 días para el desalojo. Cuando se diere preaviso, el plazo a que se refiere el párrafo anterior integrará el término legal respectivo.

Artículo 8º .− Para determinar la existencia de enfermedad contagiosa crónica a que se refiere el art. 5to, inc. c) de la ley, se requerirá dictamen previo de autoridad médica nacional, provincial o municipal competente en el lugar de trabajo.

De la determinación de las remuneraciones

Artículo 9º .– Para la determinación de las remuneraciones mínimas fijadas por el art. 7mo. de la ley se tomará en cuenta la renta bruta de la finca, incluyendo a tal efecto lo percibido por alquiler de todas las dependencias que formen parte del edificio. En los casos en que parte de la finca se encuentre ocupada por el propietario de la misma o por otras personas que no abonen alquiler, la autoridad de aplicación determinará el respectivo valor locativo, tomando en consideración la naturaleza del inmueble y los alquileres abandonados por viviendas análogas del mismo edificio.

Artículo 10º .– A los efectos de la fijación de remuneraciones se considerarán edificios con servicios centrales los que tengan cualquiera de los servicios mencionados en el artículo 7mo. de la ley.

Artículo 11º .– Cuando el empleador provea de habitación al personal enumerado en el artículo 13 de la ley, se asignará a la misma un valor no inferior a sesenta pesos. En los casos en que no le fuera posible al empleador proporcionar el uso de habitación, el complemento en dinero que deberá abonar en sustitución del mismo no podrá ser inferior a dicha suma. Los valores a que se refieren los párrafos anteriores se considerarán parte integrante de la remuneración.

Artículo 12º .– En lo concerniente a los salarios mínimos establecidos en la ley, los ayudantes de encargados de casas de renta a que se refiere el artículo 2º , segundo párrafo de la misma, y el artículo 2º , inciso 2, de esta reglamentación, quedan equiparados a los serenos, peones de limpieza y ascensoristas.

Artículo 13º .– Los aumentos periódicos establecidos en el artículo 8º de la ley se harán sobre las remuneraciones mínimas establecidas en el artículo 7º de la misma, de acuerdo con los períodos trienales de antigüedad que tenga el beneficiario y con la limitación en cuanto al máximo que el mismo establezca. En los casos en que el trabajador gozare de una remuneración mayor que la que corresponde por la aplicación de este artículo se mantendrá aquella. La antigüedad del personal que ha prestado servicios para un mismo empleador en distintos inmuebles se computará a partir del día en que comenzó a hacerlo en el primero de ellos. En los casos de transferencia del inmueble la antigüedad se computará a partir de la fecha en que comenzó a trabajar en el mismo, salvo que con motivo de la transferencia hubiera existida ruptura del contrato con las indemnizaciones legales y comienzo de uno nuevo. Para calcular la antigüedad del suplente que trabaje por cuenta de un mismo empleador en distintos inmuebles se computará cada veintiséis días de trabajo efectivo como un mes de antigüedad.

De los instrumentos de contralor
Artículo 14º .- La libreta de trabajo para personal de encargados de casas de renta y asimilados se confeccionará según el modelo oficial que apruebe el Ministerio de Trabajo y contendrá, además de las constancias enumeradas en el artículo 18º de la ley, las siguientes:
1) Número de orden.
2) Transcripción de la ley nro. 12.981 reformada por la ley nro. 13.263 y de la presente reglamentación.
3) Fotografía del empleado u obrero.
4) Nombre, apellido, nacionalidad, estado civil y firma del Ministro.
5) Número de la cédula de identidad o libreta de enrolamiento.
6) Número de inscripción en la sección correspondiente del Instituto Nacional de Previsión Social.
7) Indicación de los días y horas de comienzo y terminación del descanso semanal.
Artículo 15º .- Las respectivas asociaciones profesionales con personería gremial podrán intervenir, en nombre de sus afiliados, en las gestiones de obtención de las libretas de trabajo.
Artículo 16º .- El Registro General de Colocaciones llevará un índice, de numeración correlativa a la de las libretas de trabajo, en el que se inscribirán las referencias consignadas en las mismas y las modificaciones que se introdujeren

posteriormente. En el mismo registro se inscribirán las fechas de comienzo y terminación de los períodos anuales de vacaciones, a cuyo efecto los empleadores deberán comunicarlas con quince días de anticipación.
Artículo 17º .– La libreta de trabajo tendrá carácter de documento habilitante, personal e intransferible no pudiendo ser en ningún caso por el empleador.
Artículo 18º .– El Registro General de Colocaciones, de acuerdo a las constancias del certificado de trabajo expedido por el empleador que exige el artículo 15º , inciso d) de la ley, determinará la categoría del beneficiario, debiendo otorgar distintos tipos de libretas de trabajo para cada una de las categorías de trabajadores comprendidos en el artículo 2º de la ley y artículo 2º de la presente reglamentación. Los documentos a que se refieren los incisos a) y b) del artículo 15º de la ley, no serán renovados cuando el trabajador siga bajo las órdenes de un mismo empleador o continúe desempeñando sus tareas en un mismo inmueble, aún cuando hubiera mediado transferencia del mismo o cambio de administración.
Artículo 19º .– Los empleadores deberán colocar en lugar visible de la finca, sin perjuicio de las constancias en la libreta de trabajo, una planilla de horarios que será registrada por la autoridad de aplicación y en la que anotarán las horas de comienzo y terminación de las tareas del personal comprendido en la ley, como así también de los descansos acordados durante la jornada y del descanso semanal.
Artículo 20º .– Las modificaciones que eventualmente se introdujeren con respecto a la constancias enunciadas en el artículo anterior, se inscriban en la libreta de trabajo y se comunicarán igualmente a la autoridad de aplicación.

De la comisión paritaria

Artículo 21º .– Los delegados de los trabajadores y de los empleadores que integren la comisión paritaria a que se refiere el artículo 19º de la ley, en número de dos titulares y dos suplentes por cada representación, serán nombrados por el señor Ministro de Trabajo a propuesta de las respectivas organizaciones profesionales: para los trabajadores, la que tenga personería gremial y sea numéricamente más representativa en la actividad de que se trata y para los empleadores, la que reúne esta última condición. Los delegados suplentes integrarán la comisión paritaria en caso de ausencia, impedimento, renuncia, remoción o fallecimiento de los delegados titulares.

Artículo 22º .- Los delegados deberán reunir las siguientes condiciones:

a) Ser mayor de 22 años;
b) Tener certificado de buena conducta expedido por la autoridad policial del lugar del trabajo;
c) No tener antecedentes de condena en delito reprimido con pena corporal;
d) Para los delegados obreros se requerirá ser trabajador en ejercicio en la actividad de referencia. Se considerará cumplida esta condición cuando el trabajador se haya desempeñado bajo las órdenes de un empleador hasta un período no mayor de dos años con anterioridad a la fecha de la proposición.

Artículo 23º .- Los delegados durarán dos años en sus funciones, salvo las causas de remoción a que se refiere el artículo 24º de esta reglamentación, pudiendo ser reelegidos. Dos meses antes de la caducidad de los mandatos, deberán formularse las propuestas para la integración de la comisión paritaria en el período siguiente. Cada una de las reglamentaciones tendrá un voto, debiendo decidir el presidente en caso de empate en las vacaciones.

Artículo 24º .- Los delegados que integren la comisión paritaria podrán ser removidos de sus funciones por resolución del señor Ministro de Trabajo en los siguientes casos:

a) Si fueren condenados por delitos castigados con pena corporal;
b) Si cometieren faltas graves en el ejercicio de sus funciones;
c) Si faltaren sin causa justificada al 20% de las reuniones de comisión, realizadas en un período de seis meses;
d) Si por modificaciones en la construcción de las asociaciones que representan, o por decisión de éstas, hubiera desaparecido el carácter representativo que determinó su designación.

Artículo 25º .– La Comisión deberá constituirse a los sesenta días de la firma de la presente reglamentación, a cuyo término cesara en sus funciones la comisión paritaria nombrada por decreto Número 5.013/48.

De la autoridad de aplicación y sanciones
Artículo 26º .– El Ministerio de Trabajo y sus declaraciones regionales en las respectivas jurisdicciones, tendrán a su cargo la aplicación y vigilancia del cumplimiento de las disposiciones de la ley 12.981 modificada por la ley 13.263 y de la presente reglamentación.
Artículo 27º .– El juzgamiento de las infracciones se efectuará de conformidad con el procedimiento instituido por la ley 11.570 (esta ley fue sustituida por el decreto – ley nro. 18.695/70) en la Capital Federal y los similares existentes en jurisdicción provincial.
Artículo 28º .– Se considerarán infracciones al artículo 6º de la ley todos los casos en que se prescinda de los servicios de un trabajador por causal distintos de las denunciadas en el artículo 5to. de la misma. En los casos en que la legitimidad de la cesantía fuere cuestionada judicialmente, la aplicación de las sanciones previstas por el artículo 22º de la ley, se hará efectiva por el magistrado, cuando así corresponda al dictar la sentencia que ponga fin al litigio. De las penalidades aplicadas se dará cuenta al Ministerio de Trabajo, ingresando los importes respectivos al fondo especial instituido por el artículo 23º .

Disposiciones varias
Artículo 29º .– Derógase el decreto Nro. 29.509/47 y toda otra disposición que se oponga al presente.
Artículo 30º .– Comuníquese, publíquese, dese a la Dirección General del Boletín Oficial e Imprentas y archívese.

CONSERVACION EDIFICIO

Ordenanza Nº: 14089 / 1943

Publicado en el B.M. Nº 6764 el 25-01-1943

CODIGO DE EDIFICACIÓN ORDENANZA N° 14089

INDICE SISTEMATICO

Descargar de —los anexos fotográficos del Código

SECCION 1 – GENERALIDADES

1.1 DEL TITULO, ALCANCES Y OBLIGACIONES
1.1.1 TITULO

1.1.2 ALCANCE DEL C.E.

1.1.3 OBLIGACION DE LOS PROPIETARIOS, USUARIOS, PROFESIONALES Y

EMPRESAS

1.1.4 IDIOMA NACIONAL Y SISTEMA METRICO DECIMAL

1.2 DE LA ACTUALIZACION Y PUBLICACION DEL C.E.

1.2.1 ACTUALIZACION DEL C.E.-VIGENCIA

1.2.2 PUBLICACION DEL C.E. Y SUS ACTUALIZACIONES

1.3 DE LAS DEFINICIONES

1.3.1 REDACCION DEL C.E.

1.3.2 DEFINICIONES

1.3.3 ABREVIATURAS

SECCION 2 - DE LA ADMINISTRACION
2.1 DE LAS TRAMITACIONES

2.1.1 REQUERIMIENTO DE PERMISO O AVISO

2.1.2 DOCUMENTOS NECESARIOS PARA LA TRAMITACION DE PERMISOS Y

AVISOS DE OBRA

2.1.3 PAGO DE LOS DERECHOS DE DELINEACION Y CONSTRUCCION Y

CONCESION DEL PERMISO

2.1.5 DESISTIMIENTO DE OBRA-OBRAS PARALIZADAS Y REANUDACION

DE TRAMITE DE PERMISOS ARCHIVADOS

2.1.6 ARCHIVO DE PLANOS

2.1.7 CERTIFICADOS DE ESCRIBANOS

2.2 DE LA INSPECCION DE OBRAS

-2

2.2.1 CONTRALOR DE LAS OBRAS

2.2.2 SOLICITUD DE SEÑALAMIENTO DE LINEA MUNICIPAL Y FIJACION DE

NIVEL

2.2.3 DECLARACION JURADA DE FINALIZACION DE LAS OBRAS DE

EDIFICACION

2.2.4 CONFORME DE LAS INSPECCIONES DE OBRA

2.2.5 OBRAS EN CONTRAVENCIÓN

2.3 DE LA HABILITACION

2.3.1 OBLIGACION DE POSEER "HABILITACION"

2.3.2 USO PROVISIONAL

2.3.3 "HABILITACION"- CONSTANCIAS

2.3.4 RESPONSABILIDAD DEL USUARIO

2.3.5 CAMBIO DE USUARIO-TRANSFERENCIA DE UNA "HABILITACION"

2.3.6 RENOVACION DE UNA "HABILITACION" ACORDADA

2.3.7 REGISTRO DE "HABILITACIONES"

2.4 DE LAS PENALIDADES

2.4.1 CONCEPTO DE LAS PENALIDADES

2.4.2 CLASES DE LAS PENALIDADES

2.4.3 GRADUACION DE LAS PENALIDADES POR DETERMINADAS FALTAS

2.4.4 INHABILITACION EN EL USO DE LA FIRMA PARA TRAMITACIONES

Manual Propiedad Horizontal

ANTE LA MUNICIPALIDAD

2.4.5 PARALIZACION O CLAUSURA DE LA OBRA

2.4.6 REGISTRO DE PENALIDADES APLICADAS A PROFESIONALES Y

EMPRESAS

2.4.7 COMUNICACION A LOS CONSEJOS PROFESIONALES DE LAS

PENALIDADES

2.4.8 ALCANCES DE LA SUSPENSION Y/ O INHABILITACION EN EL USO DE

LA FIRMA PARA TRAMITACIONES ANTE LA MUNICIPALIDAD

2.5 DE LOS PROFESIONALES Y EMPRESAS

2.5.1 PROYECTO Y DIRECCION DE OBRAS

2.5.2 DIRECTORES TECNICOS DE OBRA

2.5.3 PROFECIONALES QUE PUEDEN INTERVENIR EN OBRAS DE

URBANIZACION Y AGRIMENSURA

2.5.4 PROFECIONALES QUE PUEDEN SER CONSTRUCTORES E

INSTALADORES

2.5.5 EMPRESAS Y REPRESENTANTES TECNICOS

2.5.6 OBRAS QUE PUEDEN PROYECTAR Y EJECUTAR EL PROPIETARIO, EL

CONTRUCTOR, EL INSTALADOR O EMPRESA

2.5.7 CASOS ESPECIALES DE INTERVENCIÓN DE PROFESIONALES Y

Manual Propiedad Horizontal

EMPRESAS

2.5.8 RESPONSABILIDAD DE PROFESIONALES Y EMPRESAS

2.5.9 DISPOSICIONES COMUNES PARA PROFESIONALES Y EMPRESAS

−3

SECCION 3 − DE LAS VERIFICACIONES DE OFICIO − ARCHIVO DE EXPEDIENTES DE OBRAS, NO IMPULSADOS
3.1 DE LAS VERIFICACIONES TECNICO− ADMINISTRATIVAS DE OFICIO

3.1.1 VERIFICACIONES TECNICO− ADMINISTRATIVAS DE OFICIO DE

PROYECTOS DE OBRAS, CERTIFICADOS DE USO CONFORME Y

LIQUIDACIONES DE DERECHOS DE DELINEACIÓN Y CONSTRUCCION

SECCION 4 − DEL PROYECTO DE LAS OBRAS
4.1 DE LA LINEA Y DEL NIVEL

4.1.2 NIVEL

4.3 DE LAS CERCAS Y ACERAS

4.3.1 GENERALIDADES SOBRE CERCAS Y ACERAS

4.3.2 CERCAS AL FRENTE

4.3.3 ACERAS EN GENERAL

4.3.4 ACERAS CON SOLADOS DE ANCHO REDUCIDO 4.4 DE LAS FACHADAS

4.4.1 GENERALIDADES SOBRE ARQUITECTURA Y ESTETICA URBANA

4.4.2 ARQUITECTURA DE LAS FACHADAS

4.4.3 LIMITACION DE LAS SALIENTES DE LAS FACHADAS

4.4.6 FACHADA EN EL CASO DE PREDIOS QUE LINDAN DIRECTAMENTE

CON PARQUES, PLAZAS, PLAZOLETAS, PASEOS PUBLICOS Y ZONAS DE

VIAS FERREAS.

4.4.8 MEDIDORES Y AGREGADOS EN LA FACHADA PRINCIPAL

4.4.9 TOLDOS EN LA FACHADA PRINCIPAL

4.6 DE LOS LOCALES

4.6.1 CLASIFICACION DE LOS LOCALES

4.6.2 ALTURA MINIMA DE LOCALES Y DISTANCIA MINIMA ENTRE

SOLADOS

4.6.3 AREAS Y LADOS MINIMOS DE LOCALES Y COMUNICACIONES

4.6.4 ILUMINACION Y VENTILACION NATURAL DE LOCALES

4.6.5 VENTILACION NATURAL POR CONDUCTO

4.6.6 ILUMINACION Y VENTILACION ARTIFICIAL DE LOCALES

4.6.7 CALEFACCION DE LOCALES POR AIRE CALIENTE

4.7 DE LOS MEDIOS DE SALIDA

4.7.1 GENERALIDADES SOBRE MEDIOS DE SALIDA

4.7.2 NUMERO DE OCUPANTES

4.7.3 SITUACION DE LOS MEDIOS EXIGIDOS DE SALIDA

4.7.4 PUERTAS DE SALIDA

4.7.5 ANCHO DE PASO, PASAJES O CORREDORES DE SALIDA

4.7.6 MEDIOS DE EGRESO EN LUGARES DE ESPECTACULOS PUBLICOS

4.7.7 ESCALERAS EXIGIDAS DE SALIDAS

−4

4.7.8 ESCALERAS MECANICAS Y RAMPAS

4.7.9 PUERTAS GIRATORIAS

4.7.10 SALIDA DE VEHICULOS

4.7.11 MEDIOS DE EGRESO EN LUGARES DE CONGRESOS Y/O

CONVENCIONES

4.8 DEL PROYECTO DE LAS INSTALACIONES COMPLEMENTARIAS

4.8.1 COORDINACION DE FUNCIONES ENTRE REPARTICIONES PUBLICAS

DEL ESTADO Y LA MUNICIPALIDAD

4.8.2 SERVICIOS DE SALUBRIDAD

4.8.3 SERVICIOS DE SANIDAD

4.8.4 LOCALES PARA DETERMINADAS INSTALACIONES

4.8.5 CONDUCTOS PARA AIRE ACONDICIONADO

4.8.6 BUZONES PARA CORRESPONDENCIA

4.8.7 PARARRAYOS

4.8.8 VIVIENDA DEL ENCARGADO DEL EDIFICIO

4.9 DE LAS OBRAS EN MATERIAL COMBUSTIBLE

4.9.1 DEPENDENCIAS DE MATERIAL COMBUSTIBLE

4.9.2 OBRAS PROVISORIAS DE MATERIAL COMBUSTIBLE

4.9.3 MADERA ESTRUCTURAL EN LA COMPOSICIÓN ARQUITECTONICA

4.10 DE LAS OBRAS QUE PRODUZCAN MOLESTIAS

4.10.1 INTERCEPCION DE VISTAS A PREDIOS LINDEROS Y ENTRE

UNIDADES DE USO INDEPENDIENTE EN UN MISMO PREDIO

4.10.2 APERTURA DE VANOS EN MUROS DIVISORIOS O MURO PRIVATIVO

CONTIGUO A PREDIO LINDERO

4.10.3 INSTALACIONES QUE AFECTEN A UN MURO DIVISORIO, PRIVATIVO

CONTIGUO A PREDIO LINDERO O SEPARATIVO ENTRE UNIDADES DE USO

INDEPENDIENTE

4.10.4 INSTALACIONES QUE PRODUZCAN MOLESTIAS

4.10.5 MOLESTIAS PROVENIENTES DE UNA FINCA VECINA

4.11 DE LA REFORMA Y AMPLIACION DE EDIFICIOS

4.11.1 SUBDIVISION DE LOCALES

4.11.2 OBRAS DE REFORMA Y AMPLIACION

4.12 DE LA PROTECCION CONTRA INCENDIO

4.12.1 DEFINICION, OBJETIVOS, ALCANCES Y GENERALIDADES

4.12.2 DETALLES DE LAS CONDICIONES CONTRA INCENDIO

4.12.3 CERTIFICACION DE LA DIRECCION RESPECTO DEL CUMPLIMIENTO

DE "CONDICIONES ESPECIFICAS DE EXTINCION"

4.12.4 REQUISITOS PARTICULARES PARA DEPOSITOS DE INFLAMABLES

SECCION 5- DE LA EJECUCION DE LAS OBRAS

5.1 DE LAS VALLAS PROVISORIAS. LETREROS Y ESTACIONAMIENTO DE

VEHICULOS AL FRENTE DE LAS OBRAS

5.1.1 VALLAS PROVISORIAS AL FRENTE DE LAS OBRAS

5.1.2 LETREROS AL FRENTE DE LAS OBRAS

5.1.3 ESTACIONAMIENTO DE VEHICULOS AL FRENTE DE LAS OBRAS 5.2 DE

LOS TERRAPLENAMIENTOS Y EXCAVACIONES

5.2.1 TERRAPLENAMIENTOS

5.2.2 EXCAVACIONES

5.2.3 DEPOSITO DE TIERRA Y MATERIALES EN LA VIA PUBLICA

5.3 DE LOS SUELOS APTOS PARA CIMENTAR

5.3.1 SUELOS APTOS PARA CIMENTAR

5.3.2 ESTUDIO DE SUELOS

5.4 DE LOS SISTEMAS Y MATERIALES DE CONSTRUCCION E INSTALACION

5.4.1 SISTEMAS NUEVOS O ESPECIALES DE CONSTRUCCION E

INSTALACION

5.4.2 CALIDAD DE LOS MATERIALES DE CONSTRUCCION E INSTALACION

5.4.3 APROBACION DE MATERIALES

5.4.4 USO E IDENTIFICACION DE MATERIALES

5.4.5 EXPERIENCIA SOBRE MATERIALES Y SISTEMAS

5.4.6 PUBLICIDAD DE NORMAS, SISTEMAS, MATERIALES Y PRODUCTOS

APROBADOS

5.4.7 OBLIGACION DE CUMPLIR LAS NORMAS SOBRE MATERIALES Y

SISTEMAS

5.4.8 SISTEMAS, MATERIALES Y PRODUCTOS DE LA INDUSTRIA

APROBADOS

5.5 DE LAS DEMOLICIONES

5.5.1 GENERALIDAD SOBRE LAS DEMOLICIONES

5.5.2 MEDIDAS DE PROTECCION EN DEMOLICIONES

5.5.3 PROCEDIMIENTO DE LA DEMOLICION

5.6 DE LOS CIMIENTOS

5.6.1 GENERALIDADES SOBRE CIMIENTOS

5.6.2 PROFUNDIDAD Y PERFIL DE CIMIENTOS

5.6.3 SITUACION RELATIVA DE CIMIENTOS

5.6.4 BASES DE DISTINTOS MATERIALES

5.6.5 PILOTAJE

5.7 DE LAS ESTRUCTURAS EN ELEVACION

5.7.1 GENERALIDADES SOBRE ESTRUCTURAS EN ELEVACION

5.7.2 DETALLES CONSTRUCTIVOS DE LAS ESTRUCTURAS

5.7.3 USOS DE ESTRUCTURAS EXISTENTES

−6

5.8 DE LOS MUROS

5.8.1 GENERALIDADES SOBRE MUROS DE ALBAÑILERIA

5.8.2 MUROS DE MATERIALES NO CERAMICOS

5.8.3 MUROS DIVISORIOS

5.8.4 MUROS DE CERCA EN EL INTERIOR DE UN PREDIO

5.8.5 CALCULO DE LOS MUROS

5.8.6 ESPESORES MINIMOS DE MUROS DE SOSTEN

5.8.7 ESPESORES MINIMOS DE MUROS NO CARGADOS

5.8.8 USO DE MUROS EXISTENTES

5.8.9 MUROS PRIVATIVOS CONTIGUOS A PREDIOS LINDEROS

5.9 DE LOS REVOQUES Y REVESTIMIENTOS

5.9.1 REVOQUE DE MUROS

5.9.2 REVESTIMIENTOS

5.9.3 SEÑAS EN LA FACHADA PRINCIPAL

5.9.4 CONTRAPISOS Y SOLADOS

5.10 DE LOS TECHOS

5.10.1 GENERALIDADES SOBRE TECHOS

5.10.2 MATERIAL DE LA CUBIERTA DE LOS TECHOS

5.10.3 REMATE DE CONDUCTOS

5.11 DE LA EJECUCION DE LAS INSTALACIONES COMPLEMENTARIAS

5.11.1 INSTALACIONES DE SALUBRIDAD

5.11.2 INSTALACIONES ELECTRICAS. NORMAS PARA EL CALCULO Y

EJECUCION

5.11.3 INSTALACIONES MECANICAS. NORMAS PARA EL CALCULO Y

EJECUCION

5.11.4 INSTALACION DE ASCENSORES, MONTACARGAS, ESCALERAS

MECANICAS Y GUARDA MECANIZADA DE VEHICULOS

5.11.5 INSTALACIONES TERMICAS Y DE INFLAMABLES

5.11.6 ELECCION DE LOS SISTEMAS DE INSTALACIONES

5.11.7 CHIMENEAS O CONDUCTOS PARA EVACUAR HUMOS O GASES DE

COMBUSTION, FLUIDOS CALIENTES, TOXICOS, CORROSIVOS O

MOLESTOS.

5.11.8 INCINERADORES

5.11.9 DEPOSITO DE COMBUSTIBLES

5.11.10 INSTALACIONES CONTRA INCENDIOS

5.12 DE LA CONCLUSION DE OBRA

5.12.1 LIMPIEZA DE LAS OBRAS CONCLUIDAS

5.12.2 COSTANCIAS VISIBLES A CARGO DEL PROPIETARIO

5.13 DE LOS ANDAMIOS

-7

5.13.1 GENERALIDADES SOBRE ANDAMIOS

5.13.2 DETALLES CONSTRUCTIVOS DE LOS ANDAMIOS

5.14 DE LAS MEDIDAS DE PROTECCION Y SEGURIDAD EN LAS OBRAS

5.14.1 PROTECCION DE LAS PERSONAS EN EL OBRADOR

5.14.2 PROTECCION A LA VIA PUBLICA Y A FINCAS LINDERAS A UNA

OBRA

5.14.3 CAIDA DE MATERIALES EN FINCA LINDERA A UNA OBRA

5.14.4 PROHIBICION DE DESCARGAR Y OCUPAR LA VIA PUBLICA CON

MATERIALES Y MAQUINAS DE UNA OBRA

5.14.5 SERVICIO DE SALUBRIDAD Y VESTUARIO EN OBRAS

5.14.6 FISCALIZACION POR LA DIRECCION DE MEDIDAS DE SEGURIDAD EN

OBRAS

SECCION 6 – DE LAS DISPOSICIONES VARIAS
6.3 DE LA OBLIGACION DE CONSERVAR

6.3.1 CONSERVACION DE OBRAS EXISTENTES

6.3.2 LIMPIEZA Y PINTURA DE FACHADAS PRINCIPALES

6.4 DE LAS OBRAS EN MAL ESTADO O AMENAZADAS POR UN PELIGRO

6.4.1 OBRAS EN MAL ESTADO O AMENAZADAS POR UN PELIGRO

6.4.2 PELIGRO INMINENTE DE DERRUMBE DE EDIFICIO O ESTRUCTURA O

CAIDA DE ARBOLES

6.4.3 INSTALACION EN MAL ESTADO

6.5 DEL ESTIMULO A LA EDIFICACION PRIVADA

6.5.1 PREMIOS A LA EDIFICACION

6.6 DE LA UTILIZACION DE LOS PREDIOS PARA SERVICIOS PUBLICOS

6.6.1 COLOCACION DE CHAPAS DE NOMENCLATURA Y SEÑALIZACION EN

LOS EDIFICIOS

6.6.2 ANCLAJE DE DISPOSITIVOS PARA SERVICIOS PUBLICOS EN LOS

EDIFICIOS

6.6.3 INSTALACION DE DISPOSITIVOS DE SEGURIDAD O DE DEFENSA EN

EDIFICIOS

6.8 DE LOS REFUGIOS CONTRA ATAQUES AEREOS

6.8.1 EMPLAZAMIENTO DE REFUGIOS CONTRA ATAQUES AEREOS

6.8.2 CAPACIDAD DE REFUGIOS CONTRA ATAQUES AEREOS

6.8.3 PRESCRIPCIONES CONSTRUCTIVAS PARA REFUGIOS CONTRA

ATAQUES AEREOS

6.8.4 EMPLEO COMPLEMENTARIO DE REFUGIOS CONTRA ATAQUES

AEREOS

−8

6.8.5 ASESORAMIENTO EN CASOS ESPECIALES DE REFUGIOS CONTRA

ATAQUES AEREOS

6.8.6 PLANOS DE REFUGIOS CONTRA ATAQUES AEREOS

SECCION 7− DE LAS PRESCRIPCIONES PARA CADA USO
7.1 SERVICIOS DE HOTELERIA

7.1.1 ESTABLECIMIENTOS COMPRENDIDOS

7.1.2 CARACTERISTICAS CONSTRUCTIVAS PARTICULARES DE UN

ESTABLECIMIENTO DE HOTELERIA

7.1.3 CARACTERISTICAS CONSTRUCTIVAS PARTICULARES DE UN HOTEL

7.1.4 CARACTERISTICAS CONSTRUCTIVAS PARTICULARES DE UN "HOTEL

RESIDENCIAL"

7.1.5 CARACTERISTICAS CONSTRUCTIVAS PARTICULARES DE UNA "CASA

DE PENSION"

7.2 COMERCIAL

7.2.1 GALERIA DE COMERCIOS

7.2.2 COMERCIOS QUE TRAFICAN CON PRODUCTOS ALIMENTICIOS

7.2.3 PROVEEDURIA

7.2.4 SUPERMERCADOS TOTALES, SUPERMERCADOS Y AUTOSERVICIOS

DE PRODUCTOS ALIMENTICIOS

7.2.5 MERCADO DE PUESTOS MINORISTAS

7.2.6 COMERCIOS DONDE SE SIRVEN O EXPENDEN COMIDAS

7.2.7 COMERCIO DE VENTA AL POR MENOR DE PRODUCTOS ALIMENTICIOS ELABORADOS Y/ O BEBIDAS ENVASADAS Y COMERCIOS

DONDE SE SIRVEN Y EXPENDEN COMIDAS, EN ESTACIONES DE

VEHICULOS DE TRANSPORTE COLECTIVO DE PASAJEROS A NIVEL O

SUBTERRANEOS Y/ O EMPRESAS DE AERONAVEGACION

7.2.8 COMERCIOS QUE ELABORAN PRODUCTOS ALIMENTICIOS DE VENTA

INMEDIATA

7.2.9 ESTABLECIMIENTO DESTINADO A FRACCIONAMIENTO,

ENVASAMIENTO Y/ O EMPAQUETAMIENTO DE PRODUCTOS

ALIMENTICIOS Y/ O BEBIDAS

7.2.10 DEPOSITOS Y/ O VENTA AL POR MAYOR DE PRODUCTOS

ALIMENTICIOS Y/ O BEBIDAS ENVASADAS

7.2.11 SUPERTIENDA, AUTOSERVICIO DE PRODUCTOS NO ALIMENTICIOS Y

COMERCIOS CON ACCESO DE PUBLICO Y NO EXPRESAMENTE

CLASIFICADOS

7.2.13 EXPOSICION Y/ O VENTA DE AUTOMOTORES

7.3 INDUSTRIAL

7.3.1 FABRICACION, ELABORACION E INDUSTRIALIZACION DE

PRODUCTOS ALIMENTICIOS Y/ O BEBIDAS EN GENERAL

7.3.2 CAMARAS FRIGORIFICAS Y ESTABLECIMIENTOS FRIGORIFICOS

7.3.3 ESTABLECIMIENTOS INDUSTRIALES, TALLERES Y/ O DEPOSITOS

INDUSTRIALES

−9

7.3.4 LABORATORIOS PARA LA PREPARACION DE PRODUCTOS

MEDICINALES Y/ O VETERINARIOS

7.3.5 TALLERES DE PINTURA CON MAQUINA PULVERIZADORA

7.3.6 ESTABLECIMIENTOS DESTINADOS A DEPOSITO Y/ O LAVADERO Y/ O

CLASIFICACION DE TRAPOS Y/ O PAPELES SUCIOS Y/ O USADOS

7.3.7 ESTABLECIMIENTOS PARA RECEPCION Y/ O LAVADO Y/ O LIMPIEZA

Y/ O PLANCHADO DE ROPA

7.3.8 ESTABLECIMIENTOS INDUSTRIALES PARA LA FABRICACION DE

ELEMENTOS UTILIZADOS EN SERVICIOS FUNERARIOS

7.4 ESPECTACULO Y DIVERSION PUBLICOS

7.4.1 SALA DE PATINAJE

7.5 SANIDAD

7.5.1 HOSPITAL (EN REDACCION)

7.5.2 SANATORIO (EN REDACCION)

7.5.3 CLINICA (EN REDACCION)

7.5.4 DISPENSARIO (EN REDACCION)

7.5.5 SALA CUNA (EN REDACCION)

7.5.6 CASA DE BAÑOS (EN REDACCION)

7.5.7 VELATORIOS

7.5.11 PELUQUERIA Y/ O SALONES DE BELLEZA

7.5.12 GUARDERIA INFANTIL

7.5.13 ESTABLECIMIENTOS GERIATRICOS

7.6 EDUCACION Y CULTURA

7.6.1 ESCUELA

7.6.2 INSTITUTO DE ENSEÑANZA

7.7 TRANSPORTE

7.7.1 GARAGES

7.7.2 ESTACION DE SERVICIO

7.7.3 PLAYA DE ESTACIONAMIENTO DESCUBIERTA

7.7.4 DEPOSITO, EXPOSICION Y VENTA DE AUTOMOTORES

7.7.5 ESTACIONES DE VEHICULOS AUTOMOTORES PARA TRANSPORTE DE

PASAJEROS Y DE EMPRESAS DE AERONAVEGACION

7.7.6 TALLERES PARA ARMADO Y/ O MONTAJE Y/ O CARROZADO Y/ O

TAPIZADO Y/ O REPARACION DE VEHICULOS AUTOMOTORES

7.7.7 LAVADERO MECANIZADO, AUTOMATICO O SEMIAUTOMATICO DE

AUTOMOVILES

7.7.8 ESTACION TERMINAL EN LINEA DE TRANSPORTE PUBLICO URBANO

AUTOMOTOR

7.7.9 ESTACION INTERMEDIA EN LINEA DE TRANSPORTE PUBLICO

URBANO AUTOMOTOR

7.8 DEPORTIVO Y SOCIAL

−10

7.8.1 ESTADIOS DE FUTBOL

7.9 RELIGIOSO (EN REDACCION)

7.10 EXPLOSIVOS

7.10.1 DEPOSITOS DE GAS LICUADO DE PETROLEO EN GARRAFA

7.11 ACTIVIDADES TOLERADAS

7.11.1 ESTABLECIMIENTOS COMPRENDIDOS

7.11.2 CARACTERISTICAS CONSTRUCTIVAS PARTICULARES DE UN LOCAL

DE ALBERGUE TRANSITORIO

SECCION 8– DE LOS REGLAMENTOS TECNICOS
8.1 DE LAS CARGAS PERMANENTES ACCIDENTALES

8.1.1 AREA ACCIONES

8.1.2 AREA HORMIGON

8.1.3 AREA ACERO

8.1.6 EMPUJE DE TIERRAS

8.1.7 CIMIENTOS DE ESTRUCTURAS

8.2 DE LAS TENSIONES ADMISIBLES DE TRABAJO

8.2.1 COMPRESIONES ADMISIBLES EN OBRAS DE ALBAÑILERIA

8.2.2 TRACCION ADMISIBLE EN LAS JUNTAS DE ALBAÑILERIA

8.2.3 TENSIONES ADMISIBLES PARA LAS MADERAS

8.2.4 COMPRESIONES ADMISIBLES EN LOS SUELOS

8.9 DE LAS INSTALACIONES MECANICAS

8.9.1 RAMPAS MOVILES PARA VEHICULOS

8.10 DE LAS INSTALACIONES ELECTRICAS Y DE ASCENSORES

8.10.1 INSTALACIONES ELECTRICAS

8.10.2 INSTALACIONES DE ASCENSORES Y MONTACARGAS

8.11 DE LAS INSTALACIONES TERMICAS

8.11.1 VENTILACION MECANICA

8.11.2 INSTALACIONES TERMICAS

8.11.3 INSTALACIONES DE VAPOR DE AGUA DE ALTA PRESION

8.12 DE LAS INSTALACIONES PARA INFLAMABLES

8.12.1 ALMACENAMIENTO SUBTERRANEO DE COMBUSTIBLES LIQUIDOS

8.12.2 TANQUE NO SUBTERRANEO PARA COMBUSTIBLE LIQUIDO DE USO

-11

DIARIO

8.12.3 TANQUE NO SUBTERRANEO PARA COMBUSTIBLE LIQUIDO Y SU

INSTALACION

8.13 DE LA CALIDAD DE LOS MATERIALES

8.13.1 BLOQUES PREMOLDEADOS DE HORMIGON DE CEMENTO PORTLAND

8.13.2 ESTRUCTURAS DE HORMIGON ARMADO CON ACERO DE ALTO

LIMITE DE FLUENCIA (EXTENSION)

8.13.3 RESISTENCIA DE LOS MATERIALES AL PASO DEL FUEGO

8.13.4 DE LA CALIDAD DE LOS MATERIALES PARA SOLADOS DE ACERAS Y

FORMA DE EJECUCION

8.13.5 CARACTERISTICAS DE LOS CAÑOS DE PLASTICO PARA LAS

INSTALACIONES ELECTRICAS

8.14 DE LAS INSTALACIONES SANITARIAS

8.14.1 INSTALACIONES SANITARIAS INTERNAS

8.14.2 INSTALACIONES SANITARIAS EN NUCLEAMIENTOS

HABITACIONALES

8.14.3 DOCUMENTACION TECNICA

8.14.4 MATERIALES PARA LAS INSTALACIONES SANITARIAS

FACHADA DE EDIFICIOS LEY 257 –

Artículo 1°.– Incorporase al artículo 6.3.1.1 "Obligaciones del propietario relativas a la conservación de las obras",

Código de la Edificación de la Ciudad de Buenos Aires

SECCION VI

DE LAS DISPOSICIONES VARIAS

6.3.1.1 Obligaciones del Propietario relativas a la conservación de las obras.

El propietario está obligado a conservar y mantener una obra o cualquiera de sus partes en perfecto estado de uso, funcionamiento, seguridad, higiene, salubridad y estética.

El aspecto exterior de un edificio o estructura se conservará en buen estado por renovación de material, revoque o pintura de conformidad con lo establecido en este Código; a este efecto se tendrá en cuenta su emplazamiento y las características del lugar. Los toldos sobre la vía pública serán conservados en buen estado.

AD 630.75 del Código de la Edificación, el siguiente párrafo: "Asimismo se mantendrán en buen estado los siguientes elementos:

a. Balcones, terrazas y azoteas.

b. Barandas, balaustres y barandales

c. Ménsulas, carteles, modillones, cornisas, saledizos, cariátides, atlantes, pináculos, crestería, artesonados y todo tipo de ornamento sobrepuesto, aplicado o en volado.

d. Soportales de cualquier tipo, marquesinas y toldos.

e. Antepechos, muretes, pretiles, cargas perimetrales de azoteas y terrazas.

f. Carteles, letreros y maceteros.

g. Jaharros, enlucidos, revestimientos de mármol, paneles premoldeados, azulejos, mayólicas, cerámicas, maderas y chapas metálicas; todo otro tipo de revestimientos existente utilizados en la construcción.

h. Cerramientos con armazones de metal o maderas y vidrios planos, lisos u ondulados, simples o de seguridad (laminados, armados o templados), moldeados y de bloques.

En todos los casos las tareas de prevención se realizarán con el objeto de evitar accidentes conservando la integridad de los elementos ornamentales de la fachada, en caso de tener que proceder a la demolición de algún elemento, se solicitará previamente la autorización fundada técnicamente para realizarla ante la autoridad de aplicación en la presente ley."

Artículo 2°.– Los propietarios de inmuebles deberán acreditar haber llevado a cabo una inspección técnica específica del estado de los elementos incluidos en el listado del artículo 1°, con la periocidad que se detalla a continuación:

Antigüedad del edificio (en años) Periodicidad de la inspección

Desde 10 a 21 Cada 10

más de 21 a 34 Cada 8

más de 34 a 50 Cada 6

más de 50 a 61 Cada 4

más de 72 en adelante Cada 2

La verificación deberá incluír, además de los elementos enumerados en el artículo 1° de la presente, sus fijaciones, niveles, escuadra y estado de cargas a que estén sometidos.

Artículo 3°.– Están eximidos de la obligación prevista en el artículo 2°, los inmuebles de planta baja destinados a vivienda, salvo que posean salientes de cualquier tipo que avances sobre el espacio público de la acera. En el caso de viviendas de planta baja cuyas salientes no revistieran mayor peligrosidad, el propietario podrá solicitar a la Dirección General de Fiscalización de Obras y Catastro, que se le exceptúe de este tipo de obligación, que deberá concederla después de la primera inspección, siempre que el profesional que la efectúe, bajo su responsabilidad, así lo recomiende.

Artículo 4°.- La Dirección General de Fiscalización de Obras y Catastro, deberá implementar los mecanismos administrativos que resulten necesarios para la identificación de todos los inmuebles existentes en la Ciudad de Buenos Aires y la ubicación que les corresponda en la escala de antigüedad prevista en el artículo 2°.

Artículo 5°.- Las inspecciones contempladas en esta ley podrán ser efectuadas por profesionales y constructores mencionados en el Capítulo 2.5 "De los profesionales y empresas" del Código de la Edificación-AD630.17-, en la medida de las competencias allí adjudicadas.

Código de la Edificación de la Ciudad de Buenos Aires

SECCION II

DE LA ADMINISTRACION
2.5 De los profesionales y Empresas

2.5.1 Proyecto y Dirección de Obras.

El proyecto y la dirección de una obra deberá estar a cargo de un profesional en condiciones de ser director técnico en la especialidad que le acuerda su inscripción en los registros de la municipalidad·······..

2.5.2 Directores Técnicos de Obra

Sólo puede ser Director Técnico de Obra la persona diplomada o reconocida por una Universidad Nacional y las habilitadas para ello por un Consejo Profesional con las siguientes limitaciones:

a) para la edificación

1. Los Arquitectos y los Ingenieros Civiles

2. Las personas habilitadas por un Consejo profesional

3. Los Ingenieros en Construcciones de Obra de la UTN···

Artículo 6°.– El profesional o constructor habilitado deberá realizar un informe detallado del estado de la fachada del edificio donde se especifique, en el caso de requerirse, las intervenciones necesarias para la recuperación o consolidado. En este sentido, dicho informe deberá contener una caracterización de los danos encontrados, del tipo de intervenciones a realizar, los plazos recomendados para realizarlas y la tecnología apropiada para resolverlo.

En los casos de edificios de perímetro libre se deberá considerar fachada al frente, contrafrente y laterales. En los edificios construidos entre medianeras se deberá considerar fachada al frente y al contrafrente. En los casos de edificios de perímetro semilibre se deberá considerar fachada al frente, contrafrente y lateral.

El informe que realice el profesional habilitado se emitirá en tres ejemplares, uno para el propietario del inmueble, otro para el profesional y el tercero deberá quedar en poder de la autoridad de aplicación.

Artículo 7°.– Los propietarios de inmuebles deberán acreditar haber cumplido con las inspecciones técnicas previstas, así como los trabajos de conservación que según la misma se hubieran considerado necesarias. Deberá asimismo entregar a la Dirección General de Fiscalización de Obras y Catastro la certificación del profesional interviniente sobre el cumplimiento de las obras precitadas.

Las obligaciones del párrafo precedente deberán ser satisfechas en un plazo no mayor a:

a. Doce meses desde la entrada en vigencia de la presente ley para los propietarios de inmuebles cuya antigüedad supere los 72 años o aquellos que presente deterioros manifiestos.

b. Dos años desde la entrada en vigencia de la presente ley para los propietarios de inmuebles de entre 51 y 71 anos de antigüedad.

c. Tres anos desde la entrada en vigencia de la presente ley para los propietarios de inmuebles de entre 35 y 50 anos de antigüedad.

d. Cuatro años desde la entrada en vigencia de la presente ley para los propietarios de inmuebles de entre 22 y 34 anos de antigüedad.

e. Cinco anos desde la entrada en vigencia de la presente ley para los propietarios de inmuebles de entre 11 y 21 anos de antigüedad.

Artículo 8°.- En caso de incumplimiento se procederá a la inspección, mantenimiento y/o restauración de los elementos verificados, según corresponda gozando la administración de las prerrogativas descriptas en el Art. 6.4.1.5. del Código de Edificación.

Código de la Edificación de la Ciudad de Buenos Aires

SECCION IV

DE LAS DISPOSICIONES VARIAS

6.4.1.5 Trabajos por administración en casos de obra ruinosa u otro peligro

Si el propietario de una obra o edificio en estado total o parcial de ruina o de árbol que amenace caer no regulariza dichas anomalías, por razones de seguridad pública, la Municipalidad podrá ejecutar los trabajos por Administración y a costa de aquél sin intimación previa, y sin perjuicio de disponer las clausuras que fueran necesarias.

Artículo 9°.- Lo establecido en el artículo anterior no excluye la aplicabilidad de las penalidades establecidas para las faltas contra la seguridad, el bienestar y la estética urbana.

Artículo 10.-El Poder Ejecutivo deberá adoptar a través del Banco de la Ciudad de Buenos Aires u otros medios a su alcance, las medidas necesarias para instrumentar créditos destinados a los propietarios que deberá realizar obras de conservación exigidas por la aplicación de la presente ley.

Artículo 11.- La reglamentación de la presente ley deberá dictarse dentro de los noventa días de su promulgación y tendrá vigencia al décimo día de su publicación.

Promulgada por decreto Nro.2158 el 12 de noviembre de 1999 y publicada en el Boletín Oficial N° 826 del 24 de noviembre de1999.

OBLIGACIONES A LAS QUE DEBERAN AJUSTARSE LOS PROPIETARIOS DE EDIFICIOS RELATIVAS A LA CONSERVACION DE LAS OBRAS.
Buenos Aires, 28 de julio de 2000.

Visto el Exp. N° 12.978-2000, por el cual tramita el proyecto de decreto reglamentario de la Ley N°257, promulgada por Decreto N° 2.158-GCBA-99 (B.O.C.B.A. N° 826) Y CONSIDERANDO:

Que mediante dicha norma se incorporan nuevas obligaciones de los propietarios de inmuebles a las ya contempladas en el artículo 6.3.1.1 "Obligaciones del propietario relativas a la conservación de las obras" del Código de la Edificación (AD 630.75); se definen con precisión los componentes de las obras que deben preservarse en buen estado, concurriendo de tal modo a que se prevea con anticipación el riesgo por falla, ruina o colapso de los elementos constructivos que no estén correctamente mantenidos; y se especifica la periodicidad con que deberán inspeccionarse dichos componentes, dependiendo de su antigüedad y estado de conservación;

Que para determinar el universo de edificios a inspeccionar es menester crear un registro, y establecer los mecanismos administrativos que permitan realizar el seguimiento de su cumplimiento en tiempo y forma;

Que para poder instrumentar los mecanismos previstos, se torna imprescindible el dictado de una norma que determine la oportunidad y el modo en que, el organismo con competencia en el tema, llevará adelante el seguimiento y el control de su cumplimiento;

Que se hallan establecidas las excepciones directas y las pasibles de ser solicitadas a la Dirección General de Fiscalización de Obras y Catastro;

Que se debe definir la forma en que se computará la antigüedad de cada edificio, para determinar la periodicidad de sus inspecciones;

Que para realizar las inspecciones, deben intervenir profesionales habilitados por sus respectivos Consejos, de acuerdo con los alcances que para cada caso establece el Código de la Edificación;

Que para la materialización por parte de los profesionales intervinientes de las respectivas inspecciones, y en función de la magnitud de los edificios a inspeccionar, es imprescindible estandarizar la forma de presentación de sus informes y la gestión resultante; Que se deberán prever los términos de los plazos de vencimiento de las obligaciones, como así también el momento y la forma en la que el Gobierno de la Ciudad Autónoma de Buenos Aires tomará a su cargo la inspección, el mantenimiento y/o la restauración de los edificios pertenecientes a propietarios que no hayan dado cumplimiento a sus obligaciones;

Por ello, en ejercicio de las atribuciones conferidas por los artículos 102 y 104 de la Constitución de la Ciudad Autónoma de Buenos Aires,

EL JEFE DE GOBIERNO DE LA CIUDAD AUTONOMA DE BUENOS AIRES

DECRETA

Artículo 1°.– Los propietarios de los edificios existentes en la Jurisdicción, deberán acreditar ante la Dirección General de Fiscalización de Obras y Catastro, mediante la presentación de un Certificado de Conservación y un Informe Técnico, que han dado intervención a un profesional, quien dará cuenta con su firma del buen estado de los elementos de los mismos que a continuación se detallan:

Balcones, terrazas y azoteas; Barandas, balaustres y barandales;

Ménsulas, cartelas, modillones, cornisas, saledizos, cariátides, atlantes, pináculos, crestería, artesonados y todo tipo de ornamento sobrepuesto, aplicado o en voladizo;

Soportales de cualquier tipo, marquesinas y toldos;

Antepechos, muretes, pretiles, cargas perimetrales de azoteas y terrazas;

Carteles, letreros y maceteros;

Jaharros, enlucidos, revestimientos de mármol, paneles premoldeados, azulejos, mayólicas, cerámicos, maderas y chapas metálicas; todo otro tipo de revestimiento existente, utilizado en la construcción;

Cerramientos con armazones de metal o madera y vidrios planos, lisos u ondulados, simples o de seguridad (laminados, armados o templados), moldeados y de bloques.

En todos los casos, las tareas de prevención se realizarán con el objeto de evitar accidentes, conservando la integridad de los elementos ornamentales de la fachada.

En el caso de tener que proceder a la demolición de algún elemento, se solicitará previamente una autorización fundada técnicamente para realizarla, ante la Dirección General de Fiscalización de Obras y Catastro.

Las verificaciones deberán incluir el estado de sus fijaciones, niveles, escuadra y estado de carga de los mismos. En los casos en que corresponda efectuar tareas, deberán realizarse las tramitaciones correspondientes, y solicitar previamente en base al Informe Técnico la autorización correspondiente ante los organismos competentes.

Artículo 2°.- Los propietarios de edificios deberán presentar el Certificado de Conservación referido en el artículo precedente, de acuerdo con el modelo establecido en el ANEXO I que forma parte del presente decreto, con la periodicidad que se indica en el cuadro siguiente:

· Desde 10 anos hasta 21 anos inclusive cada 10 anos

· Más de 21 anos hasta 34 anos inclusive cada 8 anos

· Más de 34 anos hasta 50 anos inclusive cada 6 anos

· Más de 50 anos hasta 71 anos inclusive cada 4 anos

· De 72 anos en adelante cada 2 anos

Artículo 3°.- La primera presentación del Certificado de Conservación deberá ser realizada en la Dirección General de

Fiscalización de Obras y Catastro dentro del plazo máximo que corresponda, conforme al siguiente detalle:

A) Doce (12) meses, contados desde la fecha de entrada en vigencia de la Ley N° 257, para los inmuebles de 72 anos de antigüedad en adelante, o aquéllos que presenten deterioros manifiestos;

b) Dos (2) anos, contados desde la fecha de entrada en vigencia de la Ley N° 257, para los inmuebles de más de 50 anos de antigüedad, hasta 71 anos de antigüedad inclusive;

c) Tres (3) anos, contados desde la fecha de entrada en vigencia de la Ley N° 257, para los inmuebles de más de 34 anos de antigüedad, hasta 50 anos de antigüedad inclusive; d) Cuatro (4) anos, contados desde la fecha de entrada en vigencia de la Ley N° 257, para los inmuebles de más de 21 anos de antigüedad, hasta 34 anos de antigüedad inclusive;

e) Cinco (5) anos, contados desde la fecha de entrada en vigencia de la Ley N° 257, para los inmuebles de 10 anos de antigüedad, hasta 21 anos de antigüedad inclusive.

Artículo 4°.- La antigüedad de los edificios, a la que se refieren los artículos 2° y 3° del presente decreto, se computará desde la fecha del Certificado Final de Obra o, en el supuesto de no existir éste, desde la fecha de expedición del Certificado de Mensura en Propiedad Horizontal cuando corresponda, o desde su alta para el pago de las contribuciones que los gravan.

Artículo 5°.- El propietario deberá encomendar a un profesional la realización de una Inspección Técnica de aquellos elementos a los que hace referencia el artículo 1° del presente decreto. El profesional designado deberá confeccionar un Informe Técnico detallado, en el que se especificará el estado de los mismos, fundamentado de acuerdo con los lineamientos establecidos en el ANEXO II, que forma parte del presente. En caso de comprobarse una deficiencia edilicia, se especificarán los criterios a seguir para subsanarla y, al mismo tiempo, consolidar la seguridad estructural comprometida. Dicho Informe deberá contener una categorización de los danos, del tipo de acciones a tomar, los plazos para concretarlas y la tecnología a aplicar para resolverlos, que deberán ser tenidas en cuenta al momento de las obras. Previo al comienzo de éstas, cuando eventualmente corresponda, se deberán cumplimentar las presentaciones y realizar los procedimientos establecidos en el Código de la Edificación y las demás normas vigentes.

Artículo 6°.- El Informe Técnico deberá ser presentado al propietario por el profesional interviniente en tres (3) ejemplares, los cuales deberán ser suscriptos por ambos, quedando uno en poder del propietario y los restantes en poder del profesional.

Dicho informe deberá ser presentado a su vez en la Dirección General de Fiscalización de Obras y Catastro den-tro del término de noventa (90) días corridos contados a partir de la fecha de su suscripción, perdiendo en su defecto toda validez.

Para e l caso q ue el propietario no realice las obras en los plazos recomendados, el profesional deberá presentar la tercera copia al vencimiento de éstos en la precitada repartición técnica.

Artículo 7°.- El profesional podrá, luego de cumplida la primera presentación determinada en el artículo 3° del presente decreto, modificar el plazo de presentación del siguiente Certificado de Conservación fijado en el artículo 2° del mismo, reduciéndolo conforme a la verificación que llevare a cabo en el lugar, y/o de la documentación que haya tenido a la vista probatoria de la realización de obras de mantenimiento y conservación preventivos, que le permitan respaldar tal determinación.

Artículo 8°.- El simple vencimiento del plazo previsto para la presentación del Certificado de Conservación, de conformidad con lo establecido en los artículos 2°, 3° y 6° del presente decreto, hará incurrir al propietario en incumplimiento en forma automática, dando lugar a la aplicación de las sanciones previstas tanto en el Régimen de Penalidades, como en el Código de la Edificación, sin perjuicio de lo establecido en el artículo 6.4.1.5 del mismo.

Artículo 9°.- Las fachadas a considerar en cada edificio de perímetro libre, serán: la del frente, la del contrafrente y las laterales. En los casos de perímetro semilibre serán: la del frente, la del contrafrente y la lateral. En los edificios construidos entre predios, deberá considerarse: la fachada del frente, la del contrafrente y los tratamientos existentes en los muros divisorios.

Artículo 10°.- Las inspecciones, el Certificado de Conservación y el Informe Técnico serán efectuados por los profesionales mencionados en el Capítulo 2.5 "De los Profesionales y Empresas" del Código de la Edificación (AD 630.17), en la medida de los alcances allí adjudicados, debidamente registrados por el respectivo Consejo Profesional para esa tarea, de acuerdo a las normas que rijan sobre el particular. Deberán certificarse las firmas del Certificado de Conservación y del Informe Técnico, ante el Consejo Profesional respectivo.

Artículo 11°.- La Dirección General de Fiscalización de Obras y Catastro confeccionará un padrón de todos los inmuebles existentes en jurisdicción de la Ciudad de Buenos Aires, en el cual constarán susubicaciones, sus tipologías, sus fechas de construcción, y/o su antigüedad, conforme se establezca a partir de lo determinado en el artículo 4° del presente decreto.

Artículo 12°.- En base a los datos del padrón referido en el artículo precedente se confeccionará un archivo de seguimiento, en el que constará: la fecha de presentación de los Certificados de Conservación; las fechas de los vencimientos de las sucesivas presentaciones de los mismos; los datos identificatorios de los profesionales actuantes en cada caso; y los datos identificatorios del propietario y/o su representante legal, si así correspondiera.

Artículo 13°.- La Dirección General de Fiscalización de Obras y Catastro confeccionará un listado de propietarios en mora, para la tramitación de la aplicación de las penalidades que corresponda imponer según el régimen vigente.

Ley No 451
BOCBA No 1043 publicado 06/10/2000

Articulo 1o Apruebase como 'Regimen de faltas de la Ciudad de Buenos Aires' el texto que como anexo I integra la presente.

2.1.12

Deterioros a fincas linderas
El/la responsable de una construccion, reforma o demolicion, que por falta de adopcion de medidas de seguridad, conservacion o limpieza genere situaciones suceptibles de provocar deterioros en fincas linderas, es sancionado con multa de $500 a $2.000.

2.1.13

Salientes
El/la titular o responsable de un inmueble que tuviere instalado en frentes, muros divisorios, balcones o ventanas, objetos o muestras salientes, con peligro de caida, es sancionado con multa de $500 a $2.000. Cuando se produzca la caida de los objetos o muestras, es sancionado con multa de $1.000 a $10.000.

2.1.14

Peligro de Derrumbe

El/la titular o responsable de un inmueble que no realice las obras urgentes con el fin de evitar desmoronamientos, desprendimientos o caidas totales o parciales del mismo es sancionado con multa de $1.000 a $20.000 y clausura.

2.2.14

Sanción genérica

El/la titular o responsable de un inmueble que no cumpla con las obligaciones impuestas por el Codigo de la Edificacion, es sancionado con multa de $200 a $20.000 y/o inhabilitacion y/o clausura del inmueble cuando corresponda.

Artículo 14°.– El presente decreto será refrendado por los senores secretarios de Planeamiento Urbano y de Hacienda y Finanzas.

Artículo 15°.– Dése al Registro, publíquese en el Boletín Oficial de la Ciudad de Buenos Aires, dése a la prensa, comuníquese al Banco de la Ciudad de Buenos Aires, y para su conocimiento y demás efectos pase a la Dirección General de Fiscalización de Obras y Catastro.

LIBROS OBLIGATORIOS DEL ADMINISTRADOR DE CONSORCIOS

Libro de Datos

Este libro se creó en el año 2012 con la disposición 1809/2012 con la idea de unificar y reemplazar los libros de Control

Sanitario, Control de Seguridad Edilicia e Ingreso y Egreso de Proveedores.

Este libro es muy importante ya que sin él no es posible realizar la Declaración Jurada anual de administradores de consorcios y así poder renovar el número de matrícula del RPA.

Cuenta con una oblea u holograma numerado en la primer hoja sobre el margen superior derecho, provista por el Gobierno de la Ciudad de Buenos Aires. Una vez que el Administrador haya adquirido el libro con su oblea correspondiente, debe completar la primera hoja denominada "Carátula de identificación".

Dentro del libro se ingresa toda la información referente al consorcio.

- Personal del Consorcio
- Seguridad Privada
- Seguros del Consorcio
- Ascensores
- Seguridad Edilicia (Edificio Seguro)
- Desinfección y Limpieza de Tanques
- Desinsectación
- Instalaciones Fijas Contra Incendio
- Matafuegos
- Calderas
- Impuestos y Servicios

El libro de cada consorcio administrado deberá permanecer en las oficinas de la administración, estando a disposición de los consorcistas y/o del Gobierno de la Ciudad de Buenos Aires.

Es el único libro obligatorio de los consorcios que debe renovarse Anualmente.

Libro de Registro de Propietarios
¿Desde cuándo?

BOLETIN OFICIAL GCABA – 1º de noviembre de 2016. Disposición 3920 DGDYPC/16, por el cual se aprueba el manual de procedimientos para dar cumplimiento a la presentación del informe anual de los administradores de consorcios de propiedad horizontal

¿Que información tendrá?

Resulta necesario implementar el "Libro de Registro de Propietarios" que contendrá información fidedigna y actualizada de los titulares domínales, inquilinos y/o ocupantes de las distintas unidades funcionales sometidas al régimen de la Ley Nº 941, siendo esta una herramienta fundamental para tener acceso y/o asistencia de las mismas, ante cualquier eventualidad, siniestro y/o emergencia. Tendra que ser rubricado ante el GCBA y contendrá su oblea.

Libro de Registro de Firmas y de Registro de Propietarios

Surge a raíz de la aplicación de la Ley 3.254/2009 (modificatoria de la Ley 941) y su Decreto Reglamentario 551/2010 del GCBA que regula el funcionamiento del Registro Público de Administradores en C.A.B.A., por lo que su implementación es obligatoria.

El inciso e) del artículo 9º de dicha ley establece:
"... que es obligación del Administrador "llevar actualizado un libro de Registro de Firmas de los Copropietarios, el que es exhibido al comienzo de cada Asamblea a fin [de] que los copropietarios presentes puedan verificar la autenticidad de los poderes que se presenten".

Cada consorcio deberá disponer del libro de Registro de Firmas de Propietarios autorizado por el Registro Público de Administradores de Consorcios (RPA) de C.A.B.A.

En la primera hoja se completa el número de libro, la dirección del consorcio, su número de CUIT y número de matrícula. A continuación firma el Administrador y consigna su número en el Registro Público de Administradores de Consorcios de la CABA.

Cada una de las fojas que componen el libro corresponde a una unidad funcional y permite el registro de hasta cuatro titulares. En algunos casos esos espacios se pueden utilizar cuando la unidad es compartida por más de un dueño −por ejemplo marido y mujer, por hermanos o por socios− y en otros cuando simplemente cambia de dueño.

En la cabecera de cada página se debe completar el número de unidad funcional, piso, departamento y porcentual que le corresponde según el Reglamento de Copropiedad.

A su vez, exige completar los datos de cada titular de la unidad: fecha, nombre y apellido, DNI, teléfono, firma y porcentual de la unidad, domicilio constituido y código postal, quién certificó el domicilio, su firma y en carácter de qué.

Libro de Actas

Toda reunión de consorcio, con el claro propósito de deliberar y acordar algo en torno a un cierto Orden del Día, debe dejar constancia en "actas". Las actas se registran una después de otra, en orden numérico y cronológico, consignándose con números claros en la parte superior de la misma (Acta Nº ...). La numeración de las actas seguirá correlativamente en los tomos sucesivos del mismo año. Todos los libros de actas de un consorcio de propietarios son obligatorios según la Ley 13.512 y deben ser previamente rubricados por un notario público (escribano) y asentados en el Registro de la Propiedad Inmueble.

Art. 5 Decreto 18.734: "Las decisiones que tome el consorcio de propietarios conforme al Art. 10 de la ley 13.512, se harán constar en actas que firmarán todos los presentes. El libro de actas será rubricado…"

¿Qué es un Acta?

Un "acta" es un testimonio escrito de sucesos que se transcriben en el instante mismo de estar sucediendo.

Rúbrica

La rúbrica se realiza dentro de la jurisdicción donde se encuentre localizado el bien. En C.A.B.A. será en el Registro de la Propiedad inmueble

Libro de Administración

En este libro debe asentarse todo el movimiento económico del Consorcio. Las rendiciones de cuentas, los gastos del Consorcio y las expensas que cada propietario estará obligado a abonar, como así también los respectivos arqueos mensuales para el Balance. Correctamente llevado y periódicamente actualizado, este Libro permite a los censorcitas controlar el manejo de los fondos por parte del Administrador y es un elemento probatorio de vital importancia en las querellas entre administrador y copropietarios, ante peritos contables en toda ocasión en que se suscribe un pleito que llegue a los estrados de la Justicia.

Rúbrica: Se rúbrica ante el Registro de la Propiedad del Inmueble.

Libro de Sueldos

Previsto en el art. 52 LCT (ley 20.744 y modificatorias). Debe estar rubricado por la autoridad de aplicación laboral de cada ámbito geográfico. Rige para todo el país.

"Art. 52.– Libro especial. Formalidades. Prohibiciones.

Los empleadores deberán llevar un libro especial, registrado y rubricado, en las mismas condiciones que se exigen para los libros principales de comercio, en el que se consignará:

- Individualización íntegra y actualizada del empleador.
- Nombre del trabajador.
- Estado civil.
- Fecha de ingreso y egreso.
- Remuneraciones asignadas v percibidas.
- Individualización de personas que generen derecho a la percepción de asignaciones familiares.

- Demás datos que permitan una exacta evaluación de las obligaciones a su cargo.

- Los que establezca la reglamentación.

Se prohíbe:

- Alterar los registros correspondientes a cada persona empleada.

- Dejar blancos o espacios.

- Hacer interlineaciones, raspaduras o enmiendas, las que deberán ser salvadas en el cuadro o espacio respectivo, con firma del trabajador a que se refiere el asiento y control de la autoridad administrativa.

- Tachar anotaciones, suprimir fojas o alterar su foliatura o registro. Tratándose de registro de hojas móviles, su habilitación se hará por la autoridad administrativa, debiendo estar precedido cada conjunto de hojas, por tina constancia extendida por dicha autoridad, de la que resulte su número y fecha de habilitación.

-

Libro de Órdenes al Personal

La Ley 12.981 "Estatuto de los Encargados de Casa de Renta" en su Artículo 25º expone:
"En toda casa de renta deberá llevarse un libro sellado por la autoridad de aplicación, en el que se asentarán las órdenes impartidas por el empleador, para el mejor desempeño de las tareas del personal".

Resulta un derecho del encargado recibir órdenes, −únicamente y en forma directa− del Administrador, teniendo en cuenta que en un edificio conviven con el trabajador muchas personas que podrían sentirse con derecho a "ordenarle" al Encargado las tareas a realizar, creándose situaciones de confusión e incomodidad sobre sus tareas y/o prioridades tanto para el empleado como para sus "empleadores".

En ese sentido el "libro de órdenes" se convierte en una herramienta útil pues contribuye a una mayor claridad sobre las obligaciones y derechos recíprocos.

El libro de órdenes –debidamente rubricado–, debe permanecer en manos del Administrador para que éste plasme las órdenes impartidas y las respalde con su firma.

El empleado deberá notificarse de las mismas firmando al pie, y podrá realizar sus descargas si lo considera necesario.

Si bien no existen sanciones especiales por la falta de este libro, en caso de duda o controversia, resultará presunción en contra del consorcio y eventualmente del Administrador.

En caso de despido con justa causa, resultará muy difícil demostrar desobediencias reiteradas si éstas no constaran por escrito en el Libro de Órdenes, al igual que no podrá acreditarse que el trabajador se encontraba notificado de las mismas.

Libro de Horas Extras

Mediante la ley 11.544 (Promulgada 12/9/29), en el artículo 6, inciso c, se ha dispuesto que los empleadores, deben llevar un registro con todas las horas suplementarias de trabajo hechas efectivas a mérito de lo dispuesto por los Arts, 3, 4 y 5 de esta ley.

El contenido mínimo que deberá tener es el siguiente:

1) Nombre y Apellido del Trabajador
2) CUIL del Trabajador
3) Jornada Laboral – desde y hasta –

4) Salario
5) Fecha en la que se llevan a cabo las horas extras, especificando, día – lunes a domingo –
6) Horario de la Hora Extraordinaria – desde y hasta –
7) Cantidad o Unidades
8) Incremento – porcentaje: 50% ó 100% –
9) Valor de la Hora
10) Valor de la Hora Extra
11) Monto Liquidado
12) Total de Horas y Total Abonado

Libro de datos DECRETO N° 1.233
ANEXO I

Reglamentación de la Ley N° 257 (B.O.C.B.A. N° 826)

RECCIÓN GENERAL DE DEFENSA Y PROTECCIÓN AL CONSUMIDOR

DISPOSICIÓN Nº 470/GCABA/DGDYPC/13

ADMINISTRACIÓN DE CONSORCIOS – ESTABLECE LA OBLIGACIÓN DEL ADMINISTRADOR DE MANTENER AL DÍA Y CONFORME A LA NORMATIVA VIGENTE UN LIBRO DE DATOS PERIÓDICO DGDYPC-GCBA POR CADA CONSORCIO ADMINISTRADO – DATOS – HOLOGRAMAS – RÚBRICA –

Buenos Aires, 07 de febrero de 2013

Manual Propiedad Horizontal

VISTO:

La Ley N° 941 (B.O.C.B.A. N° 1601), Ley 3254 (B.O.C.B.A. N° 3315), Ley 3291

(B.O.C.B.A. N° 3336), el Decreto N° 551/2010 (B.O.C.B.A. N° 3464), Disposición N°

411-DGDYPC-2011, Disposición N° 1875- DGDYPC-2011, Disposición N° 3314-

DGDYPC-2011, Disposición N° 3315-DGDYPC-2011, Disposición N° 3882-DGDYPC-

2010, Disposición N° 3359-DGDYPC-2011, Disposición N° 5003-DGDYPC-2011 y

Disposición N° 1809-DGDYPC-2012;

CONSIDERANDO:

Que la Ley N° 941 del Registro Público de Administradores de Consorcios de

Propiedad Horizontal ha sido modificada por la Ley 3254 y la Ley 3291;

Que en el Poder Ejecutivo dictó el Decreto N° 551/10 reglamentario de la ley ut-supra

mencionada;

Que el artículo 4° del decreto mencionado ut-supra designa a la Dirección General de

Defensa y Protección del Consumidor como autoridad de aplicación de la Ley N° 941

-texto conforme Leyes N° 3.254 y 3.291-, quedando facultada para dictar las normas instrumentales e interpretativas necesarias para la mejor aplicación del citado régimen

legal y la presente reglamentación,

Que, por el Decreto N° 1361/00 se creó la Dirección General de Defensa y Protección

al consumidor, dependiente actualmente de la Secretaria de Atención Ciudadana de

Jefatura de Gabinete;

Que, en concordancia con el espíritu de la Ley 941 y su decreto reglamentario N°

706/03, modificadas actualmente por la Ley 3254 (B.O.C.B.A. N° 3315) y 3291

(B.O.C.B.A. N° 3336) se dicta el Decreto N° 551/10 (B.O.C.B.A. N° 3464)

Reglamentario de las mismas mediante el cual se designa a la Dirección General de

Defensa y Protección al Consumidor como máxima autoridad de aplicación con las

facultades de vigilancia, contralor y aplicación establecidas en dicha normativa;

Que asimismo dicho reglamento faculta al Director General de la Dirección General de

Defensa y Protección al Consumidor a dictar las normas instrumentales e

interpretativas necesarias para la correcta implementación y aplicación de la Ley N°

941 y concordantes.

Que el artículo 9° inc. d) de la Ley 941 reformada por la Ley 3254 expresa como

obligación del administrador que el mismo deberá "Llevar en debida forma, los libros

del Consorcio conforme las normas vigentes."

Que el artículo 9° inc. d) del Anexo del Decreto 551/10 establece que "Los libros a que

se refiere este inciso son: (...) y todo aquel libro que disponga la autoridad de

aplicación. Deben estar rubricados conforme la normativa vigente. Cuando esta lo

autorice, los registros podrán llevarse en forma electrónica";

Que en gran parte de los consorcios se encuentra restringido el ingreso de los

inspectores del gobierno de la ciudad que se presentan a los fines de controlar los

diversos libros que obligatoriamente debe llevar actualizado y controlar un

administrador, verbigracia: el libro de administración; libro de actas de asamblea; libro

de sueldos y jornales, libro de registro de firma de copropietarios, libro de ascensores,

libro de órdenes al encargado, etc;

Que el artículo 11° de la Ley 941 reformada por la Ley 3254 expresa: requisitos para

contratar: Los administradores de consorcios no pueden contratar ni someter a la consideración del consorcio los presupuestos de provisión de bienes, servicios o

realización de obras que no reúnan los siguientes requisitos:

a.- Título y/o matrícula del prestador o contratista, cuando la legislación vigente así lo

disponga.

b.- Nombre, domicilio, datos identificatorios y fotocopia de la inscripción en AFIP y

ANSES del prestador del servicio o contratista.

Que compete al administrador poseer esos datos de manera ordenada y de fácil

acceso para los consorcistas y para el control que éste Registro, órgano de aplicación

de la Ley 941, disponga realizar, sea mediante inspecciones, declaraciones juradas o

presentación de copias, etc.

Que la Disposición N° 1809-DGDYPC-2012 ha establecido que "para dar legal

cumplimiento al artículo 9° inc. d) el administrador deberá mantener al día y conforme

a la normativa vigente un "Libro de Datos 2010-2011-2012 DGDyPC GCBA " por cada

consorcio administrado donde deberán registrarse los datos que se establecen en el

Anexo I"

Que a efectos del inicio del nuevo período y en continuación con el "Libro de Datos

2010-2011-2012 DGDyPC GCBA " ´se hace necesario implementar el "Libro de Datos

Periódico DGDyPC-GCBA" el cual poseerá la información correspondiente a cada

consorcio respecto del periodo que se trate;

Que se realizarán algunos cambios a los datos obligatorios que necesariamente

deberán incluir el nuevo formato;

Que el "Libro de Datos Periódico DGDyPC-GCBA" deberá quedar en manos del

administrador actuante en el consorcio, para no perder los datos allí cargados.

Que al momento de renuncia o remoción del administrador el "Libro de Datos

Periódico DGDyPC-GCBA" quedará en poder del administrador debiendo el nuevo

administrador comenzar un nuevo "Libro de Datos Periódico DGDyPC-GCBA" que

será autorizado con numero correlativo por el Registro Público de Administradores de

Consorcios de Propiedad Horizontal en los lugares y horarios que dicha unidad de

organización determine;

Que cada libro llevará una hoja con la información del consorcio y el Número de libro

que se emitió para que el administrador saliente le entregue como comprobante al entrante y así el Registro podrá constatar y entregar la oblea para el segundo libro;

Que para los administradores que comiencen a administrar un consorcio se librará

nueva oblea para el inicio de libro nuevo;

Que el "Libro de Datos Periódico DGDyPC-GCBA" deberá estar autorizado al

momento de ingresar las Declaraciones Juradas 2010-2011 y 2012 en el nuevo

aplicativo que se implementará en el primer cuatrimestre de 2013;

Que, en rigor de controlar el debido cumplimiento, no se entregarán las matriculas

renovadas de aquellos consorcios que no posean el "Libro de Datos Periódico

DGDyPC-GCBA" correspondiente al periodo 2013;

Que, en consecuencia se otorgará como plazo máximo para la obtención del "Libro de

Datos Periódico DGDyPC-GCBA" correspondiente al periodo 2013 la fecha que se

estipule como plazo máximo para la presentación de las Declaraciones Juradas 2010-

2011 y 2012, que se establecerá mediante nueva Disposición;

Por ello, y en uso de las atribuciones legales conferidas por le Ley 941 Ley 3254, Ley

3291 y el Decreto N° 551/10, la Ley 757, Decreto 706-GCBA/03 y el Decreto 17-

GCBA/03,

EL DIRECTOR GENERAL DE DEFENSA Y PROTECCION DEL CONSUMIDOR

DISPONE

Artículo 1°.- Establécese que para dar legal cumplimiento al artículo 9° inc. d) el

administrador deberá mantener al día y conforme a la normativa vigente un "Libro de

Datos Periódico DGDyPC-GCBA" por cada consorcio administrado donde deberán

registrarse los datos que se establecen en el Anexo I AD 484341-DGDYPC-2013 de la

presente,

Artículo 2°.- El "Libro de Datos Periódico DGDyPC-GCBA " deberá llevar una oblea u

holograma que entregará el GCABA, previo turno con cupos limitados. Una vez que el

administrador haya adquirido el libro con su oblea correspondiente, deberá completar

la primer hoja: "carátula de identificación" y llevarlo para su autorización ante el

Registro Público de Administradores de Consorcios de Propiedad Horizontal o los

lugares que el mismo determine para ello el administrador deberá requerir un turno a

los fines de acercar los libros de los consorcios que él administra.

Artículo 3°.- El "Libro de Datos Periódico" deberá llevar en la primer hoja sobre el

margen superior derecho la oblea u holograma entregada por GCABA no pudiendo por

razón alguna el administrador despegarlo o adulterarlo dado que su código

individualizado será necesario al momento de realizar las Declaraciones Juradas

futuras;

Artículo 4°.- El "Libro de Datos Periódico DGDyPC-GCBA" contendrá dos hojas con

idénticos datos de las cuales una deberá ser entregada al nuevo Administrador

designado, en los casos que el actual renuncie o sea removido del consorcio durante

el período 2013, a los fines de que el nuevo Administrador, con dicha hoja, pueda

requerir la autorización y oblea de un nuevo "Libro de Datos Periódico DGDyPC-

GCBA"

Artículo 5°.- El "Libro de Datos Periódico DGDyPC-GCBA" correspondiente al período

2013, deberá poseer la siguiente inscripción en la tapa: Libro de Datos 2013 DGDyPC-

GCBA. Se otorga como plazo máximo para la entrega de Oblea y Autorización del mismo, el plazo que mediante disposición se determine como tope para la

presentación de las Declaraciones Juradas 2010-2011 y 2012. Cumplido dicho plazo si

el administrador no ha autorizado y declarado el "Libro de Datos Periódico DGDyPC-

GCBA" correspondiente al periodo 2013 no se le entregarán las matrículas renovadas.

Pasado el plazo sólo se autorizarán los "Libro de Datos 2013" para los administradores

designados posteriormente.

Artículo 6°.- Regístrese. Publíquese en el Boletín Oficial. Cumplido, Archívese. **Gallo**

REGIMENES NACIONALES DE LA SEGURIDAD SOCIAL Y DE OBRAS SOCIALES

Resolución General N° 3.834 (DGI), texto sustituido por la Resolución General N° 712, sus modificatorias y complementarias. Norma complementaria.

BUENOS AIRES, 02 de Agosto de 2002

B.O. Sin publicar

VISTO el Decreto N° 1.273 de fecha 17 de julio de 2002 y la Resolución General N° 3.834 (DGI), texto sustituido por la Resolución General N° 712, sus modificatorias y complementarias, y

CONSIDERANDO:

Que el citado decreto establece que a partir del 1 de julio de 2002 los trabajadores del sector privado que se encuentren comprendidos en convenios colectivos de trabajo –excepto los trabajadores agrarios y del servicio doméstico–, percibirán una asignación no remunerativa de carácter alimentario de cien pesos ($ 100.–) mensuales hasta el día 31 de diciembre de 2002.

Que en el artículo 3° dispone que el trabajador percibirá dicha asignación en forma proporcional, cuando la prestación de servicios cumplida en el período de pago correspondiente fuera inferior a la jornada legal o a la establecida en el convenio colectivo de trabajo.

Que por otra parte, prevé que la referida asignación devengará aportes y contribuciones con destino al Régimen Nacional de Obras Sociales (RNOS), los que se encuentran excluidos de lo prescrito en el artículo 22 de la Ley N° 23.661 y sus modificatorios.

Que asimismo sobre dicha suma, se ingresarán los porcentajes previstos en la legislación vigente, para el Instituto Nacional de Servicios Sociales para Jubilados y Pensionados (INSSJP).

Que hasta tanto se concluya el desarrollo de una nueva versión del programa aplicativo "SISTEMA INTEGRADO DE JUBILACIONES Y PENSIONES" que contemple las disposiciones del Decreto N° 1.273/02, resulta necesario, a los fines de viabilizar la determinación, recaudación y posterior distribución de los recursos involucrados, instruir a los contribuyentes, responsables y obligados sobre la modalidad de ingreso de los mismos, así como los recaudos que deberán adoptar a fin de identificar a los trabajadores convencionados alcanzados por el subsidio.

Que han tomado la intervención que les compete las Direcciones de Legislación y de Programas y Normas de Recaudación, de la Administración Federal de Ingresos Públicos y las Gerencias de Distribución y de Recaudación y las Subgerencias de Asesoramiento Técnico y Legal de los Recursos de la Seguridad Social y de Normatización y Relaciones con Organismos, del Instituto Nacional de los Recursos de la Seguridad Social.

Que la presente se dicta en ejercicio de las atribuciones conferidas por el artículo 7° del Decreto N° 618, de fecha 10 de julio de 1997 y sus complementarios y por el artículo 25, inciso l) del Decreto N° 1.394 de fecha 4 de noviembre de 2001.

Por ello,

EL ADMINISTRADOR FEDERAL DE LA ADMINISTRACION FEDERAL DE INGRESOS PUBLICOS

Y EL DIRECTOR EJECUTIVO DEL

INSTITUTO NACIONAL DE LOS RECURSOS DE LA SEGURIDAD

SOCIAL

RESUELVEN:

Artículo 1º   El ingreso de los aportes y contribuciones emergentes de la asignación no remunerativa de carácter alimentario establecida por el Decreto N° 1.273/02, deberá efectuarse mediante un pago complementario simultáneo al establecido por la Resolución General N° 3.834 (DGI), texto sustituido por la Resolución General N° 712, sus modificatorias y complementarias, utilizando –con indicación de período y Clave Unica de Identificación Tributaria (C.U.I.T.) del responsable–, los formularios que a continuación se detallan:

   a) Contribuyentes o responsables comprendidos en los sistemas diferenciados de control dispuestos por las Resoluciones Generales Nº 3.282 (DGI) y Nº 3.423 (DGI) –Capítulo II– y sus respectivas modificatorias y complementarias, mediante el volante de pago F. 105 con la siguiente imputación:

      1. Instituto Nacional de Servicios Sociales para Jubilados y Pensionados: Código de impuesto: 356 – concepto 019 – subconcepto 019.

      2. Régimen Nacional de Obras Sociales: Código de impuesto: 357 – concepto 019 – subconcepto 019.

   b) Contribuyentes no comprendidos en el inciso anterior, en cualquier institución bancaria habilitada, mediante el volante de pago F. 801/E, con la siguiente imputación:

      1. Instituto Nacional de Servicios Sociales para Jubilados y Pensionados: Código de

impuesto: 356 – concepto 019 – subconcepto 019.

2. Régimen Nacional de Obras Sociales: Código de impuesto: 357 – concepto 019 – subconcepto 019.

Artículo 2º Los empleadores deberán identificar a sus dependientes, según resulten beneficiarios totales o parciales o excluidos del subsidio, conforme a lo establecido por el Decreto N° 1.273/02, en los formularios de declaración jurada mensuales N° 931, para lo cual deberán consignar en el campo "Cantidad de Hijos", pestaña "General" de la pantalla "Nómina de Empleados", del programa aplicativo denominado "SISTEMA INTEGRADO DE JUBILACIONES Y PENSIONES – Versión 19" aprobado por la Resolución General N° 1.274 (AFIP) y Resolución General N° 7 (INARSS), los códigos que se indican seguidamente:

a) Cuando el trabajador perciba la asignación no remunerativa en forma completa: 99.

b) Cuando el monto percibido sea parcial: 88.

c) Cuando el trabajador está excluido de los alcances del decreto: 77.

Artículo 3º Los responsables deberán determinar en papeles de trabajo los montos a ingresar teniendo en cuenta los distintos aspectos que definen el perfil de cada dependiente, así como el tipo de empleador conforme a lo previsto por el Decreto N° 814 de fecha 20 de junio de 2001, sus modificatorias y complementarias. La mencionada documentación deberá conservarse a disposición del personal fiscalizador.

Artículo Las disposiciones de la presente, resultan de

4º aplicación para las asignaciones no remunerativas establecidas por el Decreto N° 1.273/02, devengadas a partir del mes de julio de 2002, inclusive.

Artículo 5º Apruébase el volante de pago F. 801/E que forma parte de la presente, el que se encuentra disponible en la página "Web" de la Administración Federal de Ingresos Públicos (http://www.afip.gov.ar).

Artículo 6º Regístrese, publíquese, dése a la Dirección Nacional del Registro Oficial y archívese.

RESOLUCION GENERAL N° 1325

RESOLUCION GENERAL N° 12/02 (INARSS)

Lic. HECTOR A. DOMENICONI   Dr. ALBERTO R. ABAD

Director Ejecutivo   ADMINISTRADOR FEDERAL

INSTITUTO NACIONAL DE LOS

RECURSOS DE LA SEGURIDAD SOCIAL

CORREDORES INMOBILIARIOS COLEGIO UNICO Ley 2340 –

Ley 2340 – Ley del Colegio Único de Corredores Inmobiliarios
Publicado en B.O.C.A.B.A.: 25-06-2007

Título I – Del corredor inmobiliario
Capítulo I – De las condiciones de su ejercicio
Artículo 1° – Objeto. El ejercicio del corretaje inmobiliario o intermediación en la negociación inmobiliaria en la Ciudad Autónoma de Buenos Aires, se rige por las disposiciones de la presente ley.
Artículo 2° – Definición. Corredor inmobiliario es toda persona que en forma normal, habitual y onerosa, intermedia entre la oferta y la demanda, en negocios inmobiliarios ajenos, de administración o disposición, participando en ellos mediante la realización de hechos o actos que tienen por objeto conseguir su materialización.
Artículo 3° – Requisitos ejercicio. Para ejercer la actividad de corredor inmobiliario en la Ciudad Autónoma de Buenos Aires se requiere:

1. Estar habilitado conforme a las disposiciones de la presente ley.
2. Estar inscripto en la matrícula correspondiente.

Capítulo II – De la matrícula
Artículo 4° – Ente responsable. La matrícula de los corredores inmobiliarios estará a cargo del ente público no estatal, con independencia funcional de los poderes del Estado que se crea por esta ley.
Artículo 5° – Requisitos matriculación. Para ser inscripto en la matrícula de corredor inmobiliario se requiere:
1) Ser mayor de edad.

2) Poseer título universitario o terciario de corredor inmobiliario o equivalente de análogos contenidos expedido o revalidado en la República Argentina, conforme lo disponga la reglamentación.
3) Constituir domicilio legal dentro del ámbito de la Ciudad Autónoma de Buenos Aires.
4) Contratar, a la orden del organismo que tenga a su cargo la matrícula, un seguro de caución o constituir la garantía real que establezca la reglamentación.
5) Prestar juramento de ejercer la profesión con decoro, dignidad y probidad.
6) Abonar las sumas que establezca la reglamentación.
7) No estar comprendido en lo estipulado por los arts. 7° y 8°.
Artículo 6° – Seguro de Caución o Garantía o Garantía Real. A fin de garantizar el derecho de los usuarios en caso de sufrir daños y perjuicios por la actividad de los corredores inmobiliarios, el Colegio Profesional que tenga a su cargo la matrícula debe determinar anualmente el monto del seguro de caución o de la garantía real que deben tener los corredores inmobiliarios.
Tanto el seguro como la garantía real serán afectadas al pago de los daños y perjuicios que ocasione el mal desempeño de la actividad de corretaje inmobiliario del matriculado y las multas que se le apliquen en ocasión de la misma.
El matriculado podrá optar por cualquiera de las dos opciones propuestas, en caso de optar por la garantía real, la misma no puede ser ofrecida como garantía de ninguna otra obligación, ni tampoco estar constituida como bien de familia. Asimismo, para el caso de que la misma fuera embargada deberá ser sustituida en el plazo improrrogable de diez (10) días por otra similar.
Artículo 7° – Inscripción en la matrícula. No pueden inscribirse en la matrícula:
1. Quienes no pueden ejercer el comercio.
2. Los condenados judicialmente por delitos contra la propiedad o la fe pública, hasta el cumplimiento de su condena.
3. Los inhabilitados judicialmente por las causales previstas en el artículo 152 bis del Código Civil.

4. Los sancionados con la cancelación de la matrícula de corredor mientras no sea objeto de rehabilitación.
5. Los fallidos y concursados hasta el finiquito de los procesos falimentario o concursal.
Artículo 8° – Incompatibilidades. No pueden ejercer la actividad de corredor inmobiliario:
1. Los magistrados y funcionarios del Poder Judicial.
2. Los miembros de las Fuerzas Armadas y de seguridad en actividad.
Artículo 9° – Sociedades. Los corredores inmobiliarios pueden constituir sociedades de cualquier tipo, con exclusión de los tipos societarios previstos en el art. 118 y concordantes de la Ley de Sociedades Comerciales.
Capítulo III – De los deberes, derechos y prohibiciones
Artículo 10 – Deberes. Son deberes de los corredores inmobiliarios:
1. Comprobar la existencia de los títulos invocados para realizar la operación encomendada, debiendo guardar copia de los mismos.
2. Solicitar informes a los organismos oficiales sobre las condiciones de dominio, gravámenes e inhibiciones, respecto de la operación encomendada y las partes intervinientes, debiendo poner los mismos a disposición de éstas.
3. Hacer constar el número de su matrícula de corredor en toda documentación que suscriban. Cuando el corretaje lo realice una sociedad debe hacer constar su número de inscripción en la Inspección General de Justicia y el número de matrícula de su director responsable o de los integrantes.
4. Comunicar al organismo que tenga a su cargo la matrícula, todo cambio de domicilio legal dentro del plazo de cinco (5) días de producido.
5. Proponer los negocios con exactitud y claridad.
6. Guardar secreto sobre las operaciones en que haya intervenido, ejerciendo con idoneidad las funciones encomendadas.

7. Respetar en todos sus items lo encomendado por sus comitentes siempre que no atente contra la moral y las buenas costumbres.

Artículo 11 – Derechos. Son derechos de los corredores inmobiliarios:

1. Actuar como intermediarios en operaciones de compraventa, permuta, locación, leasing de bienes inmuebles y de fondos de comercio.
2. Percibir honorarios por la actividad realizada y comisiones de su comitente según la retribución que libremente pacten y, de quien resulte cocontratante, la que se establezca por la ley. En el caso de tratarse de alquiler de inmuebles destinados a vivienda administrados por un corredor inmobiliario, el monto de los honorarios mensuales no podrá ser exigido a los inquilinos.
3. Requerir directamente de las oficinas públicas y bancos oficiales, entidades financieras y particulares, los informes y certificados necesarios para el cumplimiento de las actividades de corredor inmobiliario.
4. Informar sobre el valor de los bienes inmuebles, efectuando tasaciones judiciales y extrajudiciales.
5. Percibir el reintegro de los gastos efectuados cuando los encargos sean revocados por causas que no le sean imputables al corredor inmobiliario.
6. Administrar locaciones de inmuebles.
7. Solicitar de su comitente una autorización escrita en la cual se detalle plazo, tipo, modalidades y precio para la operación, con carácter exclusivo por el término convenido, así como la retribución pactada.

Artículo 12 – Publicidad. La publicidad que realicen los corredores inmobiliarios debe ser precisa, inequívoca, evitando incluir información que pueda inducir a error a los interesados, y observar las siguientes reglas:

1. Consignar la tipología de la oferta, en forma clara sin que permita más de una interpretación.
2. Cuando se ofrezcan facilidades para el pago del precio, o financiación, debe detallarse íntegramente la oferta, incluyendo

expresamente las tasas a aplicarse en la financiación respectiva.

3. No ofrecer formas y condiciones de pago, o planes de financiación a cargo de terceros, que no hayan sido previamente acordados con éstos.

4. No anunciar calidades que los inmuebles ofrecidos no posean, o condiciones que no sean ciertas.

Artículo 13 – Prohibiciones. Está prohibido a los corredores inmobiliarios:

1. Permitir, en forma expresa o tácita, que su nombre o denominación sean utilizados para ejercer actos de corretaje por personas no matriculadas salvo por sus dependientes.

2. Aceptar encargos cuando les conste que la misma persona ha otorgado con anterioridad una autorización, cuyo plazo no ha expirado, a otro corredor o agente inmobiliario, o que no haya sido fehacientemente revocada por el comitente.

3. Realizar actos de administración, sin contar con autorización suficiente del comitente.

4. Retener valores, sin causa legal para hacerlo, o retener documentos de sus comitentes.

5. Procurar clientela por medios incompatibles con el decoro, la dignidad y probidad del corretaje inmobiliario.

6. Efectuar publicidad que pueda inducir a engaño a los interesados, o en la que se insinúen operaciones contrarias a la ley.

Artículo 14 – Libros rubricados. Los corredores inmobiliarios deberán llevar un libro rubricado por el Colegio que tenga a su cargo la matrícula en el cual consten por orden cronológico las operaciones encomendadas conformes al art. 11, inc. 7° y las realizadas, con la indicación del nombre y domicilio de los contratantes, ubicación del bien objeto de la negociación y principales condiciones del contrato celebrado, con expresa mención del monto total y las comisiones correspondientes.

Capítulo IV – De las personas no matriculadas

Artículo 15 – Prohibición de ejercicio. La persona no matriculada no puede ejercer actos de corretaje e intermediación inmobiliaria.

Artículo 16 – Derecho al cobro. La persona que sin estar matriculada como corredor inmobiliario realice actos de corretaje o intermediación inmobiliaria carece del derecho a exigir el pago de toda retribución a las partes contratantes. Tampoco tendrá derecho al cobro, aquel que esté inhabilitado o suspendido por el colegio que gobierne la matrícula.

Título II – Del Colegio Único de Corredores Inmobiliarios

Capítulo I – Creación y funciones

Artículo 17 – Creación. Créase el Colegio Único de Corredores Inmobiliarios de la Ciudad Autónoma de Buenos Aires.

Artículo 18 – Control del ejercicio y matriculación. El Colegio Único tendrá a su cargo y controlará el ejercicio de la profesión y actividad; como así también el otorgamiento y control de las matrículas en el ámbito geográfico de la Ciudad de Buenos Aires.

Artículo 19 – Persona jurídica de derecho público. Denominación. El Colegio Único funcionará con el carácter, los derechos y obligaciones de las personas jurídicas de derecho público.

Prohíbese el uso por asociaciones o entidades particulares, de la denominación Colegio Único de Corredores Inmobiliarios de la Ciudad de Buenos Aires u otros que por su semejanza puedan inducir a confusiones.

Artículo 20 – Poder Disciplinario. La matriculación en el Colegio implicará el ejercicio del poder disciplinario sobre el inscripto y el acatamiento de éste al cumplimiento de los deberes y obligaciones fijados por esta ley y su reglamentación.

Artículo 21 – Funciones del Colegio. Serán funciones del Colegio:

1. Llevar registros personales de los colegiados y legajos individuales.
2. Controlar el ejercicio de la profesión y/o actividades de los colegiados.
3. Tener a su cargo el control y el gobierno de la matrícula.

4. Defender, asesorar y representar a los colegiados en el libre ejercicio de sus actividades.
5. Juzgar y sancionar a los colegiados frente a irregularidades cometidas en perjuicio de las partes contratantes.
6. Colaborar con los poderes públicos.
7. Administrar los fondos y bienes del Colegio.
8. Conceder, denegar, suspender, cancelar y rehabilitar la inscripción de matriculados.
9. Crear un sistema de asesoramiento e información para el asociado y el público, el cual deberá contemplar el asesoramiento gratuito.
10. Dictar y hacer cumplir el Código de Ética Profesional.
11. Fijar el monto de la cuota anual de la matrícula y del seguro de caución.
Artículo 22 – Recursos. El patrimonio del Colegio se integrará con los siguientes recursos:
1. Cuota de inscripción de la matrícula y la anual que en el futuro establezca la reglamentación.
2. Donaciones, herencias y legados.
3. Multas y recargos.
4. Empréstitos.

Capítulo II – De las autoridades

Artículo 23 – Órganos del Colegio. Son órganos del Colegio de Corredores Inmobiliarios:
1. La Asamblea.
2. El Consejo Directivo.
3. El Tribunal de Ética y Disciplina.
4. La Comisión Revisora de Cuentas.

En la conformación de los órganos mencionados deberá garantizarse lo establecido en el artículo 36 de la Constitución de la Ciudad.

Capítulo III – De la Asamblea

Artículo 24 – Composición de la Asamblea. La Asamblea es el órgano superior del Colegio y está compuesta por un miembro por cada cien (100) matriculados elegidos por representación proporcional. Funciona con quórum de la mitad más uno de los miembros en su primera convocatoria y con un mínimo de un tercio en su segunda convocatoria.

Artículo 25 – Funciones de la Asamblea. Sus funciones son:
1. Establecer el importe de las cuotas anuales que deben abonar los matriculados y el arancel de inscripción a la matrícula; como así también el monto y la modalidad de la garantía real o personal establecida en la legislación nacional vigente.
2. Dictar el Código de Ética Profesional y las normas de procedimiento para su aplicación.
3. Dictar el reglamento electoral.
4. Aprobar el balance general, cuenta de resultados, memoria, presupuesto y toda otra documentación legal que corresponda.
5. Dictar un reglamento interno del Colegio Único.

Artículo 26 – Duración del mandato. La duración del mandato de sus miembros es de dos (2) años, los miembros pueden ser reelectos por dos (2) períodos consecutivos. Luego de la segunda reelección, para poder ser nuevamente electo, debe transcurrir como mínimo un intervalo de dos (2) años.

Capítulo IV – Del Consejo Directivo

Artículo 27 – Constitución del Consejo Directivo. El Consejo Directivo está constituido por nueve (9) miembros inscriptos en las matrículas con una antigüedad no inferior a cinco (5) años cumplida a la fecha de oficialización de la lista por la junta electoral, elegidos por voto secreto, directo y distribuidos por representación proporcional.

Artículo 28 – Duración del mandato. La duración del mandato es de dos (2) años, los miembros pueden ser reelectos por dos (2) períodos consecutivos. Luego de esta reelección, para poder ser nuevamente electo, debe transcurrir como mínimo un intervalo de dos (2) años.

Artículo 29 – Elección de suplentes. Simultáneamente con los miembros titulares, y en la misma forma que éstos, se eligen nueve (9) miembros suplentes, los que pueden ser reelectos siempre que no hayan sido incorporados definitivamente como miembros titulares, en cuyo caso rigen las condiciones de reelección de los consejeros titulares.

Artículo 30 – Cargos. En la primera sesión que realice el Consejo Directivo después de cada elección, debe elegirse de entre sus miembros, procurando garantizar la pluralidad de la representación: presidente, vicepresidente 1°, vicepresidente 2°, secretario y tesorero, quienes duran en sus cargos dos (2) años. los restantes miembros se desempeñarán en calidad de vocales.

Artículo 31 – Funciones del Consejo Directivo. Corresponde al Consejo Directivo el gobierno, administración y representación del Colegio, ejerciendo en su plenitud las funciones, atribuciones y responsabilidades concedidas por el artículo 21 de la presente ley, salvo aquellas que por su naturaleza correspondan a alguno de los demás órganos, debiendo reunirse en sesión ordinaria al menos dos veces al mes y extraordinaria cada vez que sea convocada por el presidente o por la mitad del total de sus miembros.

Son funciones del Consejo Directivo:

1. Crear comisiones o subcomisiones, permanentes o transitorias, para fines determinados y a los efectos de un mejor cumplimiento de los objetivos del Colegio.
2. Girar al Tribunal de Ética y Disciplina los antecedentes sobre transgresiones a las disposiciones de esta ley y a la que reglamenta el ejercicio de las actividades alcanzadas, así como también al Código de Ética Profesional y reglamentos del Colegio en el que resultaren imputados los matriculados.
3. Hacer efectivo el cumplimiento de las sanciones disciplinarias que se impongan, una vez que se encuentren firmes. Los certificados de deuda expedidos por el Consejo Directivo en concepto de multas, cuotas impagas y recargos constituyen título ejecutivo suficiente para iniciar su cobro por vía de apremio.
4. Disponer la publicación de las resoluciones que estime pertinentes.
5. Procurar la realización de los restantes fines que le han sido o le fueran confiados al Colegio.

6. Aceptar o rechazar las solicitudes de matriculación por resolución fundada.
7. Preparar, al cierre de cada ejercicio, la memoria anual y estados contables correspondientes.
8. Proyectar presupuestos económicos y financieros.
9. Nombrar y ascender al personal que sea necesario y fijar su remuneración. Removerlos de sus cargos respetando en todo las disposiciones de la legislación laboral vigente.

Artículo 32 – Funciones del presidente. Son funciones del presidente:
1. Ejercer la representación legal del Colegio.
2. Cumplir y hacer cumplir las resoluciones del Consejo Directivo.
3. Citar al Consejo Directivo a las reuniones ordinarias, convocar a las extraordinarias que correspondan y preparar el orden del día con las propuestas que presenten los miembros del Consejo y los demás temas que deban ser tratados.
4. Presidir las reuniones del Consejo Directivo, dirigiendo sus debates.
5. Suscribir las escrituras, contratos y compromisos que correspondan, para formalizar los actos emanados del Consejo Directivo, juntamente con el secretario.

Artículo 33 – Sustitución de presidente. El vicepresidente 1° y, en su defecto, el vicepresidente 2° sustituyen al presidente cuando éste se encuentre impedido o ausente, y colaborarán con el presidente en el cumplimiento de las funciones de este último.

Artículo 34 – Funciones del secretario. Son funciones del secretario:
1. Organizar y dirigir las funciones del personal del Colegio.
2. Llevar un libro de actas de las reuniones del Consejo Directivo.
3. Suscribir con el presidente todos los documentos públicos y privados establecidos en el reglamento interno del Consejo.
4. Suscribir, juntamente con el presidente, convocatorias y actas del Consejo Directivo.

Artículo 35 – Funciones del tesorero. Son funciones del tesorero:
1. Organizar y dirigir las acciones relativas al movimiento de fondos del Colegio.
2. Firmar, juntamente con el presidente, las autorizaciones de pago y las disposiciones de fondos en orden a lo establecido en el reglamento interno del Colegio.
3. Dar cuenta del estado económico y financiero del Colegio al Consejo Directivo, y a la Comisión Revisora de Cuentas, cada vez que lo soliciten.
4. Informar mensualmente al Consejo Directivo sobre la situación de la Tesorería.
5. Depositar en bancos en cuentas a nombre del Colegio, con firma a la orden conjunta del presidente y del tesorero, los fondos del Colegio.
6. Dirigir y supervisar la confección de los registros contables del Colegio.
Artículo 36 – Funciones de los vocales. Los vocales cumplirán las funciones que les encomiende el Consejo Directivo.

Capítulo V – *Del Tribunal de Ética y Disciplina*

Artículo 37 – Composición del Tribunal de Ética y Disciplina. El Tribunal de Ética y Disciplina se compone con cinco (5) miembros titulares y cinco (5) miembros suplentes, electos por el régimen de mayorías y minorías, correspondiendo tres (3) a la primera minoría, y uno (1) a cada una de las listas que obtuvieran la minoría, siempre y cuando superen el tres (3) por ciento de los votos. Si sólo una lista obtuviera más del tres (3) por ciento de los votos los dos cargos de la minoría serán para esa lista.
Artículo 38 – Miembros del Tribunal de Ética y Disciplina. Para ser miembro del Tribunal de Ética y Disciplina, se requiere estar inscripto en la matrícula con una antigüedad no inferior a diez (10) años cumplida a la fecha de oficialización de la lista por la Junta Electoral, y no ser miembro del Consejo Directivo o de la Comisión Revisora de Cuentas. La duración del mandato de sus miembros es de dos (2) años, los miembros pueden ser reelectos por dos (2) períodos consecutivos. Luego de la

segunda reelección, para poder ser nuevamente electo, debe transcurrir como mínimo un intervalo de dos (2) años.
Los miembros del Tribunal de Ética y Disciplina son elegidos por el voto directo, secreto y obligatorio de todos los matriculados.
En caso de ausencia permanente de alguno/s de los miembros titulares, la incorporación del/los suplente/s sigue el mismo procedimiento que el establecido para los miembros del Consejo Directivo.
Artículo 39 – Poder Disciplinario. Ejercerá el poder disciplinario con independencia de la responsabilidad civil, penal o administrativa que pueda imputarse a los matriculados.
Artículo 40 – Excusación y recusación. Los miembros del Tribunal de Ética y Disciplina pueden excusarse y ser recusados en la misma forma y por la misma causa que los jueces del Poder Judicial.
Artículo 41 – Diligencias probatorias. El Tribunal puede disponer la comparecencia de testigos, inspecciones, exhibición de documentos y toda otra diligencia que considere pertinente para la investigación, garantizando el debido proceso y el derecho de defensa. En caso de oposición adopta las medidas administrativas pertinentes para posibilitar la sustanciación del caso.

Capítulo VI – *De la potestad disciplinaria*

Artículo 42 – Sanciones disciplinarias. Serán objeto de sanción disciplinaria:
1. Los actos u omisiones en que incurran los inscriptos en la matrícula, que configuren incumplimiento de obligaciones y/o incursión en alguna de las prohibiciones establecidas en la legislación nacional que regula el ejercicio de la actividad.
2. La violación a las disposiciones de la presente ley, a la normativa arancelaria y a las que se establecen en el Código de Ética Profesional.
Artículo 43 – Graduación de las sanciones. Las sanciones disciplinarias se gradúan según la gravedad de la falta y los antecedentes del imputado, y son las siguientes:
1. Advertencia privada.

2. Apercibimiento público.
3. Multas.
4. Suspensión en la matrícula por un período que puede extenderse entre un (1) mes y un (1) año.
5. Cancelación de la matrícula, no pudiendo solicitar la reinscripción antes de transcurridos (5) cinco años desde que la sanción quedare firme.
Artículo 44 – Inhabilitación. Sin perjuicio de la medida disciplinaria, el matriculado puede ser inhabilitado accesoriamente para formar parte de los órganos del Colegio por hasta:
1. Tres (3) años con posterioridad al cumplimiento de la suspensión, en caso de matriculados alcanzados por la sanción que establece el inc. 3° del art. 43.
2. Cinco (5) años a partir de la reinscripción en la matrícula, en el caso de los matriculados alcanzados por la sanción que establece el inc. 4° del art. 43.
Artículo 45 – Actuación del Tribunal: El Tribunal de Ética y Disciplina actúa.
1. Por denuncia escrita y fundada;
2. Por resolución motivada del Consejo Directivo;
3. Por comunicación de magistrados judiciales;
4. De oficio, dando razones para ello.
Artículo 46 – Prescripción. Las acciones disciplinarias contra los matriculados prescriben a los cinco (5) años de producirse el hecho que las motive.
La prescripción se interrumpe por los actos de procedimiento que impulsen la acción.
Artículo 47 – Mayorías. Las sanciones de los incisos 1) y 2), del artículo 43 se aplican por decisión de simple mayoría de los miembros del Tribunal.
Las sanciones de los incisos 3) y 4) del artículo 43 requerirán el voto de mayoría absoluta de los miembros del Tribunal de Ética y Disciplina.
Artículo 48 – Recursos. Todas las sanciones aplicadas por el Tribunal de Ética y Disciplina serán recurribles por los interesados ante el Consejo Directivo. El procedimiento

recursivo deberá contemplar estrictamente el derecho de defensa. Cuando la sanción sea la cancelación de la matrícula, la revisión será por la asamblea, la cual tomará su decisión por mayoría absoluta del total de los miembros, en un plazo máximo de (15) quince días, el cual una vez cumplido deja expedita la revisión judicial, ante la Cámara de Apelaciones en lo Contencioso Administrativo y Tributario de la Ciudad de Buenos Aires.

Capítulo VII – De la Comisión Revisora de Cuentas
Artículo 49 – Composición de la Comisión Revisora de Cuentas. La Comisión Revisora de Cuentas está integrada por tres (3) miembros titulares y tres (3) suplentes. Tanto los titulares como los suplentes, lo serán dos (2) en representación de la mayoría y uno (1) de la minoría, siempre y cuando ésta supere el tres (3) por ciento de los votos. La duración del mandato de sus miembros es de dos (2) años, los miembros pueden ser reelectos por dos (2) períodos consecutivos. Luego de la segunda reelección, para poder ser nuevamente electo, debe transcurrir como mínimo un intervalo de dos (2) años.
Para ser miembro de la Comisión Revisora de Cuentas se requiere:
1. Figurar inscripto en la matrícula de corredor inmobiliario con una antigüedad no inferior a cinco (5) años cumplida a la fecha de oficialización de las listas por la Junta Electoral.
2. No ser miembro de los órganos del Colegio al tiempo de su elección.
Artículo 50 – Funciones de la Comisión Revisora de Cuentas. La Comisión Revisora de Cuentas tiene a su cargo la tarea de control de la administración, destino y aplicación de los fondos que recaude el Colegio por cualquier concepto y el cumplimiento de las obligaciones impositivas y previsionales, debiendo emitir un dictamen anual, que se publicará con la memoria y los estados contables del Colegio.
Capítulo VIII – De la remoción de los miembros integrantes de los órganos del Colegio de Corredores Inmobiliarios
Artículo 51 – Causales de remoción. Los miembros del Consejo Directivo, del Tribunal de Ética y Disciplina y de la Comisión

Revisora de Cuentas sólo pueden ser removidos de sus cargos por las siguientes causas:
1. La inasistencia no justificada en un mismo año a cuatro (4) reuniones consecutivas de los órganos a que pertenecen, o a ocho (8) alternadas.
2. Violación a las normas de esta ley y al Código de Ética Profesional.
Artículo 52 – Oportunidad de la remoción. En los casos señalados en el inciso 1) del artículo anterior, cada órgano decide la remoción de sus miembros luego de producida la causal.
En el caso del inciso 2), actuará la Asamblea de oficio o por denuncia del órgano correspondiente. Sin perjuicio de ello, el órgano que integra el acusado puede suspenderlo preventivamente por el lapso que dure el proceso incoado y siempre y cuando la decisión se adopte mediante el voto favorable de los dos tercios de la totalidad de sus miembros.
Capítulo IX – Disposiciones transitorias
Artículo 53 – Comisión Normalizadora. Se constituye una Comisión Normalizadora con un mínimo de 9 (nueve) miembros encargada de la organización inicial del Colegio. Sus integrantes serán designados por el Poder Ejecutivo previa consulta a las entidades representativas de los corredores inmobiliarios con personería jurídica que tengan como mínimo 3 (tres) años de antigüedad en su funcionamiento.
Artículo 54 – Derechos y Obligaciones. Quienes resulten designados para integrar la Comisión Normalizadora, tendrán los siguientes derechos y obligaciones:
1. Comenzar de inmediato al empadronamiento y matriculación de los corredores inmobiliarios, contando para finalizar su cometido con un plazo de ciento ochenta (180) días.
2. Estarán autorizados a alquilar, contratar en comodato o aceptar en donación o cualquier otra vía gratuita, un inmueble para sede, a contratar y remover el personal necesario para realizar su cometido, como así también para poner en funcionamiento de inmediato todo lo enmarcado en la presente ley.

3. Convocar a elecciones a realizarse en un plazo máximo de trescientos sesenta (360) días, contado a partir de su integración, dictando al efecto un reglamento electoral provisorio.

Artículo 55 – Eximición de requisitos. Las personas que acrediten fehacientemente ante el organismo que tenga a su cargo la matrícula, haberse dedicado en forma habitual al corretaje inmobiliario durante dos (2) años antes de la entrada en vigencia de la presente ley, tienen un plazo de hasta ciento ochenta (180) días, a partir de la convocatoria que al efecto realice la comisión normalizadora, para solicitar su matriculación, estando eximidas, por esta única vez del cumplimiento de los requisitos previstos en el inc. 2° del art. 5° de la ley

Quedan asimismo eximidos de cumplir con el requisito del art. 5°, inc. 2° de la presente ley, las personas que acrediten mediante certificado de vigencia expedido por la Inspección General de Justicia su inscripción en la matrícula de corredor, contando con el plazo de ciento ochenta (180) días a partir de la vigencia de esta ley para solicitar su matriculación en el Colegio.

Artículo 56 – Antigüedad. La antigüedad de cinco (5) años requerida en los arts. 27 y 49, como así también la de diez (10) años requerida en el art. 38 de la presente ley, sólo se aplicarán a partir de que el Colegio que por esta ley se crea tenga cinco (5) y diez (10) años de antigüedad, respectivamente. Hasta tanto se llegue a dicha antigüedad, se exigirá que los candidatos a ocupar dichos cargos tengan los años de antigüedad que al momento de oficializarse las candidaturas tenga el Colegio que esta ley crea.

Artículo 57 – Hasta tanto se regulen los aranceles según lo previsto en el inciso 2° del artículo 11, para los casos de locación de inmuebles destinados a vivienda única, el monto máximo de la comisión a cobrar al inquilino, será el equivalente al cuatro, quince centésimos por ciento (4,15%) del valor total del respectivo contrato.

Artículo 58 – Emergencia habitacional: por un período de dieciocho (18) meses a partir de la vigencia de la presente, para el caso de las locaciones destinadas a vivienda única y cuyo alquiler mensual sea inferior o igual a los ochocientos (800) pesos, el monto máximo de la comisión a cobrar al inquilino, será el equivalente al tres por ciento (3%) del valor total del respectivo contrato.
Artículo 59.- Comuníquese, etc. de Estrada – Bello

DECRETO N° 862

En uso de las facultades conferidas por el artículo 102 de la Constitución de la Ciudad Autónoma de Buenos Aires, promúlgase la Ley N° 2.340 (Expediente N° 40.344/07), sancionada por la Legislatura de la Ciudad Autónoma de Buenos Aires el 17 de mayo de 2007.
Dése al Registro, gírese copia a la Secretaría Parlamentaria del citado cuerpo por intermedio de la Dirección General de Coordinación de Asuntos Legislativos; publíquese en el Boletín Oficial de la Ciudad de Buenos Aires, y remítase para su conocimiento y demás efectos al Ministerio de Producción.
El presente decreto es refrendado por el señor Ministro de Producción y el señor Ministro de Gobierno. TELERMAN – Rodríguez – Gorgal

MATRICULACIÓN CORREDORES INMOBILIARIOS REQUISITOS PARA EL TRÁMITE .

Ley 2.340 (BOCBA 25/06/2007) – Resolución CUCICBA N° 15 (BOCBA 09/09/2010)
Se requiere para matricularse:
1º) Comparecer de lunes a viernes en las oficinas del Colegio previa solicitud de turno gestionada telefónicamente y acreditar haber abonado el gasto administrativo por matriculación, acompañando diploma original para cotejo y fotocopia

certificada por escribano público en tamaño A4 en la que debe leerse claramente las legalizaciones correspondientes. El título debe contener la legalización del Ministerio de Educación Dirección de Gestión Universitaria (Disp. Nº 18/97 DNGU) tramitada por la universidad de origen y de corresponder la legalización por el Ministerio del Interior tramitada por el intersado. (Nota 1 y Nota 8)

2º) Acompañar certificado analítico original para cotejo y fotocopia en el que debe leerse claramente las legalizaciones correspondientes. El analítico debe contener la legalización del Ministerio de Educación Dirección de Gestión Universitaria (Disp. Nº 18/97 DNGU) tramitada por la universidad de origen y de corresponder la legalización por el Ministerio del Interior tramitada por el intersado. (Nota 1 y Nota 2)

3º) Acreditar identidad con Documento Nacional de Identidad (DNI) exclusivamente y acompañar una fotocopia del mismo. (Nota 3)

4º) Completar formulario de datos personales y ficha de matriculación. (Nota 4)

5º) Traer dos fotos carnet color 4x4 actualizadas e impresas en papel fotográfico.

6º) Constituir un domicilio especial / profesional en la Ciudad Autónoma de Buenos Aires (art. 5º inc. 3 Ley 2340). (Nota 5)

7º) Se debe presentar:
Certificado de estadísticas y reincidencia criminal (solicitar turno en: www.dnrec.jus.gov.ar)
NOTA: Los certificados a presentar no pueden superar el plazo de 30 días corridos a partir de la fecha de emisión de los mismos.Certificado de juicios universales (se gestiona en el subsuelo del Palacio de Tribunales, en la calle Talcahuano 550 – Caba de 7 a 13 hs.)
NOTA: Los certificados a presentar no pueden superar el plazo de 30 días corridos a partir de la fecha de emisión de los mismosCertificado de Inhibición que será gestionado por el colegio (Art.. 2 de la ley 20266 y art. 7 de la ley 2340)

8º) Deberán denunciarse todo tipo de incompatibilidades para el ejercicio de la profesión (art. 8º Ley 2340). (Nota 6)

9º) Hacer saber a los solicitantes de matrícula de corredor que además de cumplimentar los requisitos vigentes, deberán acreditar fehacientemente hallarse domiciliados en el ámbito geográfico de la ciudad de Buenos Aires, por más de un año, contado desde la fecha de la petición (art. 33 Ley 20.266 ref. Ley 25.028).

10º) Una vez aprobado el legajo se le enviará al solicitante una nota al domicilio legal declarado informándole de la aprobación de su trámite, invitándolo a abonar el valor de la inscripción vigente ($45.000) más el pago de la matricula anual 2017 y Fianza ($5.100) o constituir garantía real o contratar seguro de caución en los términos del inciso 4 art 5 de la ley 2340 y prestar juramento conforme lo establece el inciso 5 del citado artículo. (Nota 7 y Nota 9)

NOTAS

(1) Importante: se deberán legalizar sólamente por el Ministerio del Interior los originales del título y del certificado analítico cuya fecha de expedición sea anterior al año 2012 y que además hayan sido emitidos por universidades radicadas fuera del ámbito de la CABA. Para dicha gestión el interesado deberá acceder al siguiente link y allí solicitar el turno correspondiente: http://www.mininterior.gov.ar/tramitesyservicios/legalizaciones.php

(2) La Dirección Nacional de Gestión Universitaria solo intervendrá los certificados analíticos de estudios correspondientes a títulos intermedios o finales, no certificándose analíticos de estudios parciales (art. 6º Disposición Nº 22 de la DNGU).

(3) Quienes no hayan actualizado su documento acreditarán identidad con Libreta Cívica o Libreta de Enrolamiento. Los extranjeros deberán presentar adicionalmente fotocopia del DNI con constancia de residencia permanente, conforme a la Ley Nº 17.671.

(4) La nota o formulario pro forma será proporcionada por el colegio al momento de la entrevista y en ella deberán completarse de puño y letra datos personales, universidad que expidió el título, fecha de egreso, fecha de expedición, registro universitario (Libro de Grados, Folio, Nro. Etc.), domicilio real, teléfono particular, domicilio laboral o especial, teléfono profesional o celular, dirección de correo electrónico y la manifestación requerida en el punto Octavo de la presente.

(5) El domicilio profesional o especial requerido no puede coincidir con el de dependencias estatales, asociaciones civiles de derecho público o privado, otras entidades asimiladas, casilleros postales o de gestoría.

(6) Hallándose asimismo alcanzados por especial impedimento para inscribirse los excluidos de la matricula profesional, tanto de CABA, como de cualquier otra de la República, por sanción disciplinaria aplicada por el Colegio u organismos competentes locales, y mientras no exista rehabilitación.

(7) La falta de cumplimiento de lo estipulado en el art. 5º inc. 4 de la Ley 2340, o la ausencia injustificada al acto de juramento anulan automáticamente el trámite, debiendo reiniciarse y abonar los aranceles proporcionales correspondientes.

(8) Previamente a concurrir a la entrevista se deberán abonar los gastos administrativos por matriculación ($2000), debiendo proceder de la siguiente forma:

a) Solicitar telefónicamente un turno de entrevista previo haber reunido toda la documentación a presentar.

b) Una vez solicitado el turno deberá ingresar en el link MEDIOS DE PAGO para la impresión de la boleta de pago correspondiente seleccionando la opción deseada (Banco Ciudad, Rapipago o Pagomiscuentas).

c) Para la entrevista deberá concurrir con el comprobante de pago en original y la documentación enumerada entre los ítems 1 al 9 inclusive.

(9) Por disposición de la Asamblea General Ordinaria del día 27 de Octubre de 2016, el nuevo arancel de inscripción a partir del 1º de Noviembre de 2016 será de $45.000,- Sujeto a actualización.

REMATE Y SUBASTA

DECRETO LEY 20.266

DEFINICION: es la venta hecha al mejor postor, un lugar determinado a donde se ha hecho concurrir a un grupo de personas, interesados en adquirir las cosas ofrecidas, previamente expuestas al público todo o en parte, o bien descriptas en sus características para poner a los eventuales compradores en situación de juzgar sobre la conveniencia de su adquisición a un precio determinado—

Características:

Comprador inicialmente indeterminado

Al mejor postor: o sea precio inicialmente indeterminado

Exhibición de la cosa: el remate judicial es nulo sin publicidad, no así el privado

SISTEMAS DE REMATE:

- **INGLES:** se abre el remate con una **base mínima**, que luego va aumentando con los sucesivos postores, el postor tiene faculta de arrepentimiento hasta la adjudicación

- **HOLANDES:** se abre con una **base máxima**, la cual de no haber ofertas se va reduciendo hasta que alguien la acepte

- **NUESTRO SISTEMA:**
    1. Se abre con una base mínima, que luego va aumentando
    2. A diferencia del sistema Inglés el postor no tiene facultad de arrepentimiento
    3. Tiene que haber identidad y capacidad
    4. El oferente es el que vende y el aceptante es el que compra.

ESPECIES DE SUBASTAS:
PRIVADA: se aplican las normas de Código de Comercio
JUDICIAL: se aplican las normas del Código Procesal Civil y Comercial
ADMINISTRATIVA: se aplican las normas de Derecho Administrativo y se da en los casos en que el Estado vende material de rezago (ej. Un auto)

REMATADOR: persona que como profesión habitual asume la obligación de vender muebles o inmuebles por cuenta de sus comitentes a viva voz y al mejor postor, indicando las condiciones de venta y adjudicando las cosas a quien ofrece el mejor precio.

NATURALEZA JURÍDICA DEL REMATADOR
PRIVADA: si esta el dueño presente, actúa como **mandatario**; y si el dueño no esta presente actúa como **Comisionista**
JUDICIAL: el martillero es un auxiliar de justicia, actúa por determinación del Juez.

REQUISITOS PARA SER MARTILLERO

1. Mayor de edad.
2. No estar comprendido en una de las inhabilidades:
   Los que no pueden ejercer el comercio
   Los fallidos
   Los concursados hasta los 5 años de su rehabilitación
   Los condenados con penas accesorias de inhabilitación para ejercer cargos públicos
   Los condenados contra la Fe Pública hasta 10 años después de cumplir la condena

   Inscribirse en la matrícula donde van a ejercer
   Poseer título
   Constituir una garantía real o personal a favor del colegio.
   Cumplir con los demás requisitos que solicite la Ley Local: (provincial)
3. Acreditar buena conducta
4. Acreditar libre inhibición.

OBLIGACIONES DEL REMATADOR

1. Publicar el remate, en caso de prenda con 10 días de anticipación
2. Comunicar la calidad de las cosas que se va a subastar
3. Establecer en forma indubitable cuando ha existido una postura
4. Adjudicar las cosas una vez reciba la mejor postura
5. Colocar la bandera colorada de remate
6. Determinar el lugar de remate
7. Exigir y percibir el precio
8. Suscribir el instrumento de venta si se tiene autorización del legitimado para eso
9. Comprobar la existencia de los títulos invocados por el legitimado
10. Rendir cuentas

11. Conservar una muestra de las cosas rematadas
12. Libros:
    - De entrada: de las cosas que se reciben
    - De salida: que se remata y a que precio
    - Cuentas de gestión: documentación con su comitente
13. Puede efectuar descuentos o bonificaciones
14. No puede retener el precio recibido salvo lo que corresponda a los gastos y a su comisión.

DERECHOS DEL REMATADOR

1. Cobro de su comisión y reintegro de gastos
2. Cobro de precio obtenido en la subasta
3. Falsa comisión: si el remate fracasa por causas ajenas a su voluntad, debe cobrar una comisión acorde a los trabajos realizados (regulada por el Juez) s/ tabla:
    - 1º Etapa: aceptación del cargo: 25% Arancel
    - 2º Etapa: constatación: 40 % del Arancel
    - 3º Etapa: Publicación del los edictos: 60% del Arancel
    - El arancel se fija en base al avalúo, tasaciones o 4 veces el avalúo s/corresponda o por regulación del Colegio (no vinculante), pero en ningún caso debe superar el 60 % de los honorarios del Abogado.

FACULTAD DEL MARTILLERO

1. Efectuar la venta de cualquier clase de bienes
2. Efectuar tasaciones

3. Recabar u obtener informes de oficinas públicas, bancos oficiales o particulares y obtener los certificados necesarios para el cumplimiento que establece la ley.
4. Solicitar el auxilio de la fuerza pública para el normal desarrollo del remate
5. Derecho al cobro de la comisión.
6. Extinción de la Matrícula: por finalización del ejercicio de la actividad, como pago de aportes, como sanción disciplinaria
7. Prescripción del cobro de la comisión: judicial 2 años y extrajudicial 10 años
8. Derecho al cobro de gastos: tiene que desarrollar en forma previa un presupuesto, y puede solicitar un adelanto de gastos y hasta paralizar la acción hasta tanto se cumpla el adelanto:
- **Gastos Ordinarios:** la publicación de edictos y la publicidad (no son discutibles)
- **Gastos Extraordinarios:** alquiler de local para mejor exhibición y publicidad en televisión (son discutibles)

SUBASTA JUDICIAL: acto procesal cuyo contenido consiste en un contrato de compraventa que se configura al aceptar el martillero la oferta hecha por el mejor postor, pero quedando ello condicionado a la resolución judicial de adjudicación de subasta.

ETAPAS DE LA SUBASTA
1. **PREGON**: el martillero anuncia lo que se va a rematar. Debe hacer publiciadad, y en la misma mencionar de manera clara las condiciones de la subasta, el no hacerlo o hacerlo mal da lugar a la nulidad de la subasta, aunque pueden ser subastadas
2. **POSTURAS O PROPUESTAS:** los concurrentes hacen propuestas sobre el precio
3. **ADJUDICACION:** se baja el martillo, es la aceptación de la venta, se toman los datos del último y anteúltimo, en el caso de las privadas alcanza con esto sólo, en el caso de las subastas judiciales es necesaria la aprobación del Juez.

Arrepentimiento: en caso hacerlo, el postor se hará cargo de los daños y perjuicios, por los gastos ocasionados y por la diferencia de precio (si es que existe) entre lo que ofertó y lo que finalmente se vendió, más los honorarios por la venta no realizada.

PROCESO DE LA SUBASTA:
1. **ASIGANCION DEL MARTILLERO:** puede ser por sorteo o por acuerdo de partes:
- **Requisitos para el sorteo:** persona física, martillero matriculado, estar inscripto en la lista (registro de asignaciones)
2. **ACEPTACION DEL CARGO:** se firma la aceptación del cargo ante la secretaria del Juez y se fija domicilio para recibir todas las notificaciones
3. **CONSTATACION:** el Juez libra un mandamiento al oficial de justicia para constatar el bien embargado, el acta de constatación la realiza el oficial de justicia con acompañamiento del martillero.
4. **SE PIDE:** en las oficinas que corresponda:
- Se solicita el avalúo inmobiliario (serv. de catastro e inf territorial)
- Deudas por contribución y mejoras
- Deudas Municipales Nacionales y Aguas
- 2º copia de Título de Propiedad (archivo de protocolos notariales)
- Certificado "C": bloqueo de dominio por 180 días.
5. **SE FIJA FECHA DE REMATE:** se establece el lugar, día, hora y condiciones de la subasta.
6. **EL JUEZ DECRETA EL REMATE**
7. **EL MARTILLERO NOTIFICA A LAS PARTES:** mediante cédula judicial, redactada por el martillero que deja a la secretaria del Juez para que sea firmada por ella y el Juez, se envía a cada juzgado con ticket para Rosario y con carta certificada con aviso de retorno para el interior.
8. **SE OFICIA A EMBARGANTES E INHIBIENTES DEL REMATE**
9. **SE PUBLICA EL EDICTO:** es una orden emanada por el Juez a cargo del juzgado, que la firma la secretaria y se coloca

en el hall de entrada del juzgado y en el boletín oficial (3 veces seguidas).
10. **SE PROCEDE A REALIZAR LA SUBASTA EL DIA ACORDADO:** obtenido el mejor postor, debe pagar la seña y la comisión del martillero.
11. **APROBACION DE LA SUBASTA:** lo hace el juez a través de una resolución. Y el comprador debe pagar el saldo de precio.
12. **PREPARACION DE PLANILLA DE GASTOS:** la hace el martillero y las parte ejecutante y se cobra de la siguiente manera:
- 1º se le paga al martillero los gastos y la comisión.
- 2º los créditos con privilegio (prenda e hipoteca)
- 3º expensas
- 4º impuestos (si correspondiere)
- 5º el capital de la deuda más los intereses
- 6º la comisión de martillero al vendedor
- 7º si queda algún remanente va para el ejecutado

COMPRADOR:
1. **SE LE DA LA POSESION:**
- En caso de estar ocupado por el ejecutado, si no se va, el juez dicta el lanzamiento a 15 días
- En caso de estar ocupado por otra persona, debe inicial un juicio de desalojo.
2. **TITULO:**
- Si el comprador va con un escribano, éste hace una escritura convencional y se inscribe el Registro de la Propiedad
- Caso contrario el juez, va a dictar un oficio en el cual va a solicitar la inscripción en el Registro de la Propiedad.

TASACION Y VENTA

Manual Propiedad Horizontal

Tasar: Es estimar el valor económico de un bien en un momento y mercado determinado
La estimación de un valor económico es un pronóstico del precio que se obtendría pro un bien inmueble ofrecido para la venta en un mercado y momento determinado
Estimar es determinar un precio potencia probable.
Precio potencial: es el precio que obtendría el bien en una compraventa libre

Tasador es un experto profesional universitario o legalmente habilitado en su país con un alto nivel de competencia técnica e impecable integridad que analiza todos los aspectos que influyen en los bienes tangibles e intangibles o sus derechos. Procesa todos los daros en forma ordenada y objetiva dentro de un sano criterio de apreciación
Es necesario tener una experiencia de carácter intensamente práctica y personal una absoluta integridad, una voluntad constante de estudio y mejoramiento y un criterio sano y maduro.

Propiedad es un concepto legal que comprende todos los intereses derechos y beneficios relacionados con el dominio. Al bien raíz de lo llama propiedad inmobiliaria ya que lo que se tasa no es el bien sino el derecho de propiedad sobre el mismo

Bienes Inmuebles los inmuebles se encuentran fijos en un lugar
Se define como bienes raíces o bienes inmuebles al suelo físico y aquellos elementos artificiales que se adhieren al suelo. Es la cosa física que puede verse y tocarse junto con todos los agregados en, sobre y bajo el suelo.

Bienes inmuebles por su naturaleza son las cosas que se encuentran por si mismas inmovilizadas y todas las partes solidad y fluidas (ej. Minerales, la tierra los vegetales etc.)
Bienes inmuebles por accesión física son las cosas muebles que se encuentran realmente inmovilizadas por su adhesión

física al suelo (Ej.: edificios los molinos las galerías de loas minas los pozos de petróleo etc.)
Bienes inmuebles por destino muebles que hayan sido puestos al servicio del inmueble y con carácter permanente (ej. Arados en un campo, bancos de un colegio)

Bienes muebles: son aquellos que se pueden trasladar ya sea por si mismos (semovientes) o por una fuerza mecánica propia (automóviles) o por una fuerza externa.

Precio costo mercado y valor

Precio es el termino usado para determinar la cantidad pedida, ofrecida o pagada por un bien o servicio lo determina el mercado (es un hecho histórico)

Costoes la cantidad requerida para crear o producir el bien o el servicio. El precio pagado se convierte en costo para el comprador.

Mercado es el sistema en el que se intercambian bienes y servicios entre compradores y vendedores mediante mecanismos de precios. El mercado puede ser local nacional o internacional

Valor es un concepto económico se refiere al precio mas probable al que llegaran los compradores y vendedores de un bien o servicio que esta disponible para su adquisición.
El valor no es un hecho sino una estimación de precio probable

El valor es creado y sostenido por la interacción de cuatro factores
Utilidad (creado)
Escasez (influenciado)
Deseo (influenciado)
Poder adquisitivo (restringido)

Manual Propiedad Horizontal

La demanda de un bien o servicio es creada por su utilidad, influenciada por su escasez y deseabilidad y restringida por los límites del poder adquisitivo.
La oferta la demanda y el mercado

Demanda: es la cantidad de un bien que están dispuestos a adquirir los compradores en un periodo de tiempo y mercado determinado a los precios vigentes en ese mercado

La demanda depende del precio del bien y de otros factores
El nivel de ingreso de los compradores
La población (dimensiones del mercado)
Los precios de los bienes relacionados
Los gustos de los compradores
Las expectativas (precios futuros esperados
La cantidad demandada sube cuando baja el precio

Oferta la cantidad de un bien que se encuentra a la venta en un periodo de tiempo y mercado determinado a los precios vigentes en ese mercado

Depende del precio y de otros factores
La tecnología existente
los precios de los factores variables
los precios de los bienes relacionados
la política económica del gobiernos
las expectativas (precios futuros esperados)
La cantidad ofrecida aumenta cuando sube el precio.

Relación entre oferta y demanda (el equilibrio del mercado)

Del comportamiento de la oferta y la demanda en relación con el precio puede deducirse que:
el precio representa el principal papel entre la oferta y la demanda.
la cantidad demandada aumenta cuando baja su precio y disminuye cuando sube

la cantidad ofrecida aumenta cuando sube su precio y disminuye cuando baja
a precios bajos la cantidad demandada es mayor que la ofrecida (exceso de demanda)
a precios altos la cantidad demandada es menor que la ofrecida (exceso de oferta)

El punto de equilibrio: es un estado en que la cantidad demandada y ofrecida es la misma
En precios superiores hay un exceso de oferta este excedente lleva la vendedor a bajar el precio
En precio inferiores hay un exceso de demanda hace que suba el precio.
El precio permanece constante en el punto de equilibrio.

Desplazamiento de la curva de oferta y demanda.

La variación de un factor que provoque:
aumenta la demanda: aumenta el precio y la cantidad de equilibrio
disminuye la demanda: disminuye el precio y la cantidad de equilibrio
La curva de la oferta no se desplaza
aumento de la oferta: disminución de precio y aumento de la cantidad de equilibrio
disminución de la oferta: aumento de precio y disminución de la cantidad de equilibrio.
La curva de demanda no se desplaza

La oferta y la demanda en el mercado inmobiliario

Singularidades del mercado inmobiliario

existen 2 tipos de demanda de inmuebles urbanos : A) para uso propio (VIVIR) B) secundaria para locución (INVERSION)

una oferta rígida dada la complejidad de la elaboración del producto (comprar la tierra, el proyecto de construcción, la obtención de permisos, la ejecución de obras, y la comercialización) esto trae aparejado la falta de una rápida respuesta de la oferta frente a los niveles de demanda.
Un incremento en la cantidad demandada de inmuebles configura un nuevo equilibrio que, con una oferta fija implica un aumento de precios de esos bines inmuebles.
Existencia de un mercado de bienes de 2ª ocupación (usados) más ágil que el mercado de inmuebles nuevos.
El mercado inmobiliario esta segmentado en inmuebles urbanos (habitacional, comercial industrial) o rural (agricultura, ganadería, forestal) la demanda, la oferta y las características del mercado varían en cada uno de estos segmentos.
En el mercado inmobiliario se ofrecen productos semejantes pero no idénticos
Algunos inmuebles no pueden ponerse a la venta y difícilmente puede conocerse su precio.
Los bienes por su condición están fijos, esta situación motiva demandas localizadas.

Valor de mercado y otros valores

Valor de mercado (valor único)
Es el precio más probable que se obtendría por un inmueble ofrecido para la venta en un mercado abierto y competitivo a la fecha de tasación entre compradores y vendedores que esten con conocimiento y libre voluntad.

Todas las tasaciones tienen una finalidad.
La negociación de compraventa
La garantía de prestamos
La división de condóminos
La constitución de seguros
La estimación de daños y perjuicios
La confección de inventarios
La regulación de cargas impositivas

La reclamación de terreno ajeno
El estudio económico financiero de una inversión
La expropiación

Cualquiera sea el origen, el destino o método de la tasación, el valor es único objetivo privativo del bien examinado

Algunos dicen que como las tasaciones tienen finalidades distintas entonces una propiedad tiene valores distintos según la finalidad perseguida, de acuerdo a esto EL COMITÉ INTERNACIONAL DE NORMAS DE TASACION DICE;
    A) Valor basado en el mercado
valores ajenos al mercado (usan métodos que consideran la utilidad económica o funciones de un activo
el valor de un bien es único (distintos métodos de estimación se adaptan en grados diversos a cada problema en particular en función de los propios términos del problema y no en función de la finalidad de la tasación)

Una transacción libre supone que:

comprador y vendedor están típicamente motivados y no hay relación alguna entre ellos
el bien se ha colocado para la venta en el mercado durante un tiempo razonables se han hecho esfuerzos para encontrar un comprador que ofrezca el mejor precio.
El comprador y el vendedor están debidamente informados y actúan sin presiones de ninguna clase
El pago se efectúa al contado o mediante acuerdo financieros comparables
El precio representa la contraprestación normal por el bien vendido.

Estimación de valor de mercado

El valor de mercado se estima mediante la aplicación de métodos y procedimientos de tasación que:
reproducen los criterios y procesos deductivos de los participantes en le mercado
reflejan la naturales del bien, las condiciones del mercado del momento y las circunstancias
determinan el valor a partir de información específica y concreta del mercado.

Valor y riesgo

En el caso de una tasación para un crédito hipotecario no debe confundirse el valor de aquel con la garantía que puede ofrecer en función del riesgo

El riesgo depende:
la relación entre el monto de la hipoteca y el valor de la propiedad
la relación entre el pago mensual y la capacidad de renta
la relación entre la cantidad de años de la hipoteca y la vida económica del edificio
las características intrínsecas del edificio, su ubicación y las condiciones personales del deudor
El valor y el riesgo dependen del fututo y resulta necesario evaluar los factores que pueden influir en el aumento o disminución del mismo a trabes del tiempo
Se debe informar:
capacidad de renta actúan
expectativas de vida útil

expectativas económicas del sector en que se halla la propiedad.

Valor presente – Valor futuro

En esto podemos definir dos teorías:
La teoría de la Actualidad
La teoría de la aptitud

La primera estima el valor de la propiedad según su condición presente sin considerar el futuro previsible. Decimos que la teoría de la actualidad exclusiva de ser rechazada

La estimación del valor debe hacerse teniendo en cuenta ambos conceptos:
Actualidad (presente)
aptitud (futuro previsible)

Las condiciones presentes son muy importantes pero no podemos olvidarnos que toda estimación e valor presente se funda en los beneficios futuros

Valor de utilidad – Valor de intercambio

Un precio es un hecho, un valor es una estimación de lo que el precio debería ser:
Botella de agua en el desierto
Joyas en el desierto
En el mercado inmobiliario ocurren razones de tipo familiar, laboral, comercial o social generan particulares valores de utilidad. La reiteración de estos valores, puede en ciertas ocasiones afectar los valores de intercambio.
Otros valores

Valor de uso es el valor para un uso o usuario especifico

Valor de inversión es el valor para un inversionista en particular, para objetivos de inversión específicamente identificados
Valor de negocio en marcha es el valor del negocio en su totalidad, ninguna de las partes por si mismas constituyen una base de valor de mercado
VALOR ASEGURABLE: Es el valor de un inmueble conforme a la poliza de seguro
Valor de Liquidación o Venta Forzosa Es el importe que razonablemente se podría recibir de la propiedad dentro de un marco de tiempo muy corto a satisfacer el tiempo de comercialización de la definición de mercado
Valor de Rescate: es el valor de un inmueble considerando la venta de materiales que contiene en lugar de considerar la continuación de su uso
Valor Fiscal, Catastral o Tributario: Es el valor según las leyes que aplican abaluos sobre el inmueble
Valor Especial Es un término que se relaciona con un elemento extraordinario cuyo valor está por encima del valor de mercado
Valor de Fusión : Es el incremento de valor resultante de la unión de 2 o más propiedades, representa un ejemplo específico del valor especial

Principios que determinan el valor de un inmueble

I) Reemplazo o sustitución: el valor de una propiedad se ve influenciado por el costo de reposición de otra propiedad de características similares

2) Mayor y mejor uso: es el uso más probable de una propiedad, una propiedad alcanza su valor más alto cuando se le da el uso más redituable que permite la normativa legal y se aprovechan de manera amplias sus posibilidades físicas.

3) Oferta y demanda el valor de una propiedad siempre estará determinado por la cantidad de propiedades similares ofrecidas a la venta y su relación con la demanda del mercado

El principio de oferta y demanda establece que el precio de un bien o servicio varia inversamente con la oferta de dicho bien o servicio y directamente con la demanda por ellos
.
4) Equilibrio un mercado en equilibrio tiende a tener más propiedades disponibles para la venta que compradores. Siempre hay propietarios especuladores
Los usos de la propiedad están en equilibrio cuando hay una oferta relacionada de inmuebles complementarios (EJ la oferta de viviendas guarda una relación con la oferta de locales comerciales e industriales)

5) Cambio: los factores que afectan el valor de una pueden ser físicos o económicos.
En lo físico el cambio puede ser gradual (deterioro natural) o brusco (accidente desastres) en lo económico puede haber cambios en la zona donde se halle el inmueble (obras publicas o de infraestructuras pendientes) los precios cambian a lo largo del tiempo como resultado de los cambios económicos o sociales.

6) conformidad, Progresión o Regresión las propiedades alcanzan sus valores mas altos cuando mantienen calidades físicas y funcionales similares a otras del vecindario esto hace a la CONFORMIDAD
Principio de Progresión: Una propiedad que se ve beneficiada si es inferior a la calidad o conservación de las vecinas
Principio de regresión: Una propiedad de superior calidad, puede ser depreciada en su valor dado al carácter desfavorable del entorno

7) Crecimiento Equilibrio y Declinación las probidades sufren cambios
    crecimiento: con la incorporación de mejoras
    equilibrio con las mejoras satisfechas en cantidad y calidad y necesidades de conservación normales

declinación con la necesidad de un mayor mantenimiento como consecuencia de la edad

8) Contribución ganancia creciente y decreciente toda mejora incorporada a un inmueble contribuye en la mayoría de los casos al aumento del valor de mercado de la propiedad (creciente) sin embargo dicho aumento no necesariamente será proporcional al gasto efectuado en la mejora (decreciente)

9) Utilidad o capacidad de uso de la propiedad. Es un término comparativo o relativo (mayor utilidad mayor valor)

10) Competencia los bienes inmuebles de un mismo tipo y características similares se hallan en franca competencia.

11) Anticipación el valor de un inmueble en función de las expectativas de renta que previsiblemente proporcionara en el futuro o de un aumento del valor de mismo.

Terreno urbano
Factores de influencia:
Clasificación:
La influencia esta en intima relación con una comunidad un barrio una zona o una ciudad determinada
Factores propios de la ubicación
Carácter de la zona o barrio (residencial comercial industrial o mixta)
Normas de zonificacion vigentes
Tendencia de desarrollo de sector
Servicios públicos disponibles
Importancia de las calles y sus condiciones físicas
Vecindad (linderos y entornos)
relación oferta demanda de la tierra en la zona
Factores propios del terreno
Dimensión y proporción
Forma
Nivel (propio y en relación con el de la calle)
Ubicación dentro de la manzana

El suelo de fundación (su calidad)
relación lote edificio (limitación de áreas y superficies edificables)

Factores de orden general
Políticos económicos y sociales
    estabilidad política,
      legislación que afecta al régimen de la propiedad,
      políticas impositivas,
      facilidades de créditos,
      planes para construcción de viviendas
Cada uno de estos factores influye en forma independiente sobre el conjunto de los demás
Es tarea del tasador considerar cada una de estas influencias en su carácter, magnitud y sentido a los fines de la determinación del valor

Propios de la ubicación:
Carácter de la zona o barrio
El valor de un inmueble esta vinculado directa y esencialmente con la ubicación del mismo
El lugar donde se encuentra el bien es el primer factor que debe considerarse en el desarrollo analítico de la tasación.

Cada ciudad tiene barrios diferenciados
por su destino (residencial, comercial, industrial)
por sus calidades urbanas y edilicias (servicios y tipología contractiva)
por el nivel socioeconómico de sus habitantes
por la densidad poblacional
por los elementos que modifican el espacio urbano
por su proximidad geográfica con respecto a las asistencias vitales (centro o periferia)
por sus vecindades
por su ciclo vital (crecimiento, equilibrio y declinación)
Algunas de éstas características se relacionan directamente entre ellas y todas influyen en el valor del inmueble

Cada vecindario atraviesa un ciclo vital en su desarrollo
Crecimiento etapa durante la cual se esta construyendo el barrio (aumento de demanda)
Equilibrio: etapa en la cual las edificaciones nuevas se han detenido con alto nivel de ocupación (valor más alto de las propiedades)
Declinación: el vecindario envejece y entra en período decreciente.

Es evidente que el desarrollo de estas etapas toma largo tiempo y puede ir seguido por períodos de RENOVACION Y REHABILITACION

Normas de zonificacion vigentes.
Normas que establecen el uso previsto para la tierra
zonas urbanizadas y aptas para urbanizar
zonas aptas para fin de semana
zona industrial
zonas destinadas a quintas
zona prevista para futuras extensiones urbanas
zona inepta para urbanizar
zona de reserva para espacios libres y verdes

Las normas regulan:
la división de la tierra:
división con trazado de vías publicas (amanzanamientos)
subdivisión o lote dentro de la manzana
la construcción de los edificios
superficie edificable (relación entre la superficie de edificación y la superficie del terreno, relación con la superficie en planta baja y la superficie del terreno, limitación en la ocupación de áreas.)
altura (alturas máximas y mínimas sobre la vía publica y los centros de manzanas por razones de soleamiento)

calidad de ocupación (clasificación de los edificios con respecto a su ocupación destino o uso)

Tendencia de desarrollo del sector:

Hay dos factores que valorizan la tierra en una ciudad:
mayor alcance económico de sus habitantes
mayor interés de radicarse en allá (mas demanda de la tierra)
Estos factores económicos o sociales pueden modificar la situación y provocar descenso de los valores. Entre ellos podemos mencionar:
>	Cierre de industrias con altos niveles de mano de obra local
>	Instalaciones de otras con riesgo para el medio ambiente y la salud
>	construcción de edificios precarios

Estos factores hacen sentir se influencia en pequeñas localidades provocando éxodos de gente, caída en el nivel económico o perdida de interés en la compra de terrenos.

Servicios públicos disponibles

La dotación de servicios públicos hace al rendimiento económico de la tierra al posibilitar.
a) distintos usos (por destino o capacidad)
calidad y eficiencia en la calidad de los edificios a construir
bienestar y seguridad de sus ocupantes

Podemos mencionar entre otros los siguientes:
Energía eléctrica
Agua potable de red
Gas natural de red
Desagüe cloacal a red
Teléfono
Alumbrado publico, recolección de residuazo, y barrido de calles

Manual Propiedad Horizontal

Televisión por cable
Transporte automotor de pasajeros
Salud, educación y seguridad

Importancia de la calle y sus condiciones físicas

Uno de los elementos que influyen en el desarrollo de la calle es el tráfico que circula por ellas.
Las condiciones físicas de la calle se suma como factor de incidencia ellos son:
Ancho de la calzada o existencia de canteros centrales
La calidad de los materiales y su estado de conservación
El ancho de las veredas, sus materiales, estado de conservación y existencia de canteros
forestación
nivel de drenaje de las aguas pluviales
existencia de semáforos

Vecindad (linderos y entornos)

El tipo de vecindad y la actividad de los edificios linderos se relacionan en cuanto al valor que puede tener el terreno que se tasa.
Entre los elementos favorables podemos citar, parques, plazas, centros asistenciales, comerciales, etc.

Entre los desfavorables tenemos por ejemplo terminales de transporte, cementerios, barrios marginales, estadios de fútbol etc.

La calidad de la vista es otro elemento a tener en cuenta.
Puede clasificarse:
     vista de horizonte con características escénicas (espejos de aguas, ríos, montañas) agregan valor

vista atractiva a espacios abiertos (plazas, parques etc.) agregan valor
vista a la calle o vecindario quitan valor
vista indeceable (vías de ferrocarril, cementerios, hospitales, galpones) quitan valor

relación oferta demanda de la tierra de la zona.

El valor de una propiedad siempre estará determinado por la cantidad de propiedades similares ofrecidas a la venta y su relación con la demanda del mercado

Propios del terreno

1 Superficie
Se relaciona íntimamente con la oferta y la demanda

Al haber menor demanda disminuye el valor de los terrenos de mayor superficie, al contrario de los terrenos pequeños aumentan la demanda porque se necesita menos capital para su compra y por lo tanto aumenta su valor.

2 relación frente fondo

El terreno tiene en Gral. dos dimensiones (a excepción de los irregulares) frente y fondo
Los factores que hacen a un buen edificio son:
buena ventilación
iluminación natural
fácil circulación si exceso de superficie
dimensión de cada local adecuada a su función.

Estos factores se relacionan de manera inevitable a las dimensiones y formas del terreno.

Las dimensiones de un terreno influyen en su valor pero también hay que tener en cuenta las proporciones del mismo
Entendemos por proporción a la relación entre el frente y el fondo que se vincula entre otros factores a:
distintos grados de aprovechamiento del terreno
incidencias en las soluciones arquitectónicas y económicas de los edificios

Frente: es la parte más valiosa de un terreno. Hay una zona de dimensión comprendida entre los 9 y 15 metros que influyen favorablemente en el valor del frente del terreno. Fuera de esas zonas el valor desciende en frentes menores influyen razones de índole arquitectónica, en frente mayores la incidencia la hace el monto de la inversión.

Fondo: las áreas más distanciadas de la línea municipal tienen menor valor.
Se considera lote tipo 10 x 30
Las zonas residenciales y suburbanas seguramente requieren lotes mayores

La relación frente fondo constituye un elemento de influencia positiva para soluciones arquitectónicas y económicas conforme al uso y destino de los edificios.
Accesos en viviendas y comercios
Longitud de vidrieras el comercios
Mayor iluminación natural y ventilación en construcciones arquitectónicas
Facilidad para la construcción de locales y economía de los edificios a construir
Estas condiciones se traducen en una mayor demanda de la tierra
A través del tiempo se desarrollaron propuestas para relacionar el frente y el fondo de un terreno
Hay una regla conocida 4-3-2-1- por la cual se divide en 4 partes el largo del fondo asignándole al frente 4 veces el valor respecto a la del fondo y sucesivamente.

Manual Propiedad Horizontal

3 Forma:

Regular (rectángulo o cuadrado)
Irregular (trapecio, paralelogramos, triángulos, polígonos irregulares).

Las distintas formas obligan a un análisis exhaustivo de las ventajas que generan en función de las áreas aprovechables y de los desperdicios

Lotes con frente o fondo sesgado resultan aprovechables según la extensión del frente o fondo por el destino esperado. Como también se consideran los lotes martillos.
Se deprecian terrenos
Con varios y pronunciados quiebres
Con formas que se aproximan al triangulo
Cuyo acceso de frente es un pasillo
Con superficies reducidas conforme el uso o destino esperado
A mayor superficie del terreno es menor la influencia de las irregularidades.

4 Nivel (propio y en relación con la calle)

El desnivel inferior a 15 centímetros en relación a la cota de calle es perjudicial.
El relleno o la excavación son costosos y debe analizarse el valor del precio con los gastos que insume la tarea.

En lotes de mayor altura se empieza a evaluar el perjuicio después de los 30 ctms

En el desmonte debe tenerse en cuenta el denominado esponjamiento de la tierra

La cota de la calle es la línea de brea del medio

5 Ubicación dentro de la manzana

Lotes esquina: mayor valor unitario
Ventajas
Comodidad y acceso
Mayores posibilidad de desarrollar locales comerciales
Mayor longitud de vidrieras y existencia de ellas sobre dos frentes
Mayor aprovechamiento arquitectónico la iluminación natural y ventilación en el desarrollo de edificios (fundamental en pisos altos)
Ventaja para la distribución de locales y economía de los edificios a construir
En áreas residenciales estas ventajas se pueden reducir cuando se trata de lotes de áreas residenciales

Desventajas
Impuestos y tasas mas altos
Mayor costo de obras de infraestructuras pendientes (Ej., cloacas pavimento)
Mayores costos de construcción y mantenimiento
Ruido y peligro de transito callejero
Menor intimidad

Las variables que deben evaluarse en el terreno de lote en esquina son:
Características comerciales de la zona
La relación de valores unitarios de la calles que forman la esquina
Las medidas del terreno sobre cada una de ellas.

Las reglas son las siguientes
se considera el lote con su frente sobre la calle de mayor valor sea cual fuera su frente actual
se busca su valor como lote medial sobre la calle principal

se busca su valor como lote medial sobre la calle lateral
se agregan los factores de valoración de importancia secundaria que resultan evidentes para un tasador experimentado.

Lote medial
Es el lote al frente que no es esquina

El lote medial se relaciona en su valor con los otros de la zona o cuadra por
la dimensión (superficie)
la proporción (relación frente fondo)
la forma
la orientación o la vista
esta relación es válida siempre que sean similares las otras variables que afectan el valor de la tierra

Lote de terreno interno:
Es aquel que se encuentra en el interior de una manzana con acceso a la calle a través de un pasillo (exclusivo, común (condonimio) o construir servidumbre de paso)

Tienen menos valor que los lotes frentistas y se deben considerar para su tasación los siguientes aspectos
único o uno entre ellos
ingreso de uso exclusivo o común o por servidumbre de paso
la profundidad de acceso
el ancho del pasillo
las dimensiones, forma y proporción del lote
las siluetas y disposiciones de las construcciones linderas

Los terrenos internos únicos con pasillo exclusivo se privilegian a otros con pasillo común

En el caso de ser un lote entre varios internos la profundidad de acceso y la cantidad de lotes influyen en su valor

En profundidad mayor fondo menor valor
Mayor cantidad de lotes menor valor (fundado en cuestiones de convivencia)

6 Orientación:

El concepto contemporáneo es que las viviendas deben aislar a sus ocupantes de la calle y vecinos, si el frente esta orientado hacia el lado contrario a donde el sol culmina el mediodía en ese lado se ubica las dependencias y los ambientes principales en el contrafrente mirando al jardín o patio interior.

Se trata de recibir el sol en invierno y eliminarlo en verano aprovechando las diferencias de Angulo y altura que registran las estaciones.

Los frentes al ESTE y oeste reciben mas horas de sol en verano que en invierno

Las habitaciones orientadas al ESTE son menos frías en verano que las expuestas al NORTE y en invierno son templadas por el sol de la mañana

Las orientadas al OESTE son castigadas por el sol de la tarde en verano y en invierno apenas reciben el sol en forma oblicua

Suelo de fundación

La resistencia del mismo es fundamental y los factores son:
ubicación, con sus variantes y derivaciones particulares
forma y dimensión su influencia directa en la mayor o menor facilidad para construir tipos de edificios adecuados a la zona

calidad del suelo sus consecuencias favorable o desfavorables para la cimentación y para la construcción de locales en el subsuelo.
Antes de construir deben investigarse las condiciones del subsuelo para saber si es adecuado y establecer la capacidad para soportar estructuras evitando esfuerzos y deformaciones indebidas

La naturaleza técnica del suelo obliga a considerar que no se encuentra en la competencia del tasador determinar la calidad del subsuelo

Los objetivos principales de la investigación del subsuelo son
    Establecer el perfil del suelo en el sitio (rocoso, espesor, y continuidad de cada estrato
    Obtener información del nivel freático en el sitio (nivel de la napa)
    determinar la propiedades necesarias para la
    identificación descripción y clasificación de los diferentes estratos

        relación lote edificio
Esta relación se vincula de manera directa con su valor en cuanto
el grado de aprovechamiento de la tierra
su rendimiento económico

Limitaciones de áreas: (normativas municipales)
    retiro obligatorio (nueva línea municipal)
    retiro obligatorio por servidumbre de jardín
    receso de la planta baja por servidumbre de recovas
    ochavas (perpendicular a la bisectriz del Angulo formado por la intersección de dos calles que forman la esquina)
    centro de manzana

Superficies edificables
Índice edilicio la relación que existe entre la superficie total de edificación y el área total de terreno (FOT factor ocupación total)
Índice de ocupación del suelo; la relación que existe entre la superficie total que ocupa la edificación en planta baja y el área total del terreno (FOS factor ocupación suelo)

Edificio urbano

1.-- CALIDAD FISICA DE LA CONSTRUCCION

Calidad de los materiales y su correcta utilización.
La calidad física de los materiales comprende
> características de los materiales, sus propiedades de resistencia a los esfuerzos mecánicos, a los agentes climáticos, y a las condiciones de servicios; su aspecto externo.
> La correcta utilización de los materiales mediante procedimientos constructivos adecuados (esto tiene su importancia porque afecta la vida probable y el valor residual)

Los materiales deben ser aprovechados de acuerdo a reglas del arte, o sea con buena mano de obra y en la justa medida.
La calidad de los materiales y su correcto empleo, las instalaciones y los servicios complementarios, la calidad funcional definen la categoría del edificio que varían desde económico a de lujo...

Deben considerarse además:
> La correspondencia entre el tipo de material y la función de los locales o destino del edificio
> Las cualidades funcionales del edificio

Las instalaciones y servicios complementarios, su eficiencia y capacidad

Si la vida probable y la necesaria no se corresponden el valor del edificio será inferior al costo por la imposibilidad de la amortización total por:

La inutilidad del costo de sobrevida – valor de rezago

Por la necesidad de una rápida amortización que no puede forzarse en lo económico.

OBRA Gruesa Estructura resistente, mampostería, carpintería, cielorrasos, revoques, revestimientos, pisos, etc.
En los detalles de terminación, carpintería, yesería, marmolería y servicios centralizados es donde surge la
CATEGORIA DE UN EDIFICIO

Edad y estado de conservación
Para determinar el verdadero estado de conservación en relación a la edad y de allí inducir el resto de vida y los gastos de reparación inmediata será necesario analizar los elementos agrupándolos en:

Elementos vitales: las estructuras de sostén y constructivas en general y las instalaciones fundamentales (sanitarias, gas natural, agua)

Elementos accesorios: son aquellos que pueden ser reparados o repuestos sin tocar otros elementos del edificio (revoques, pinturas, herrajes, carpintería etc.).

Las reparaciones oportunas y tareas de mantenimiento permanentes, contribuyen al sostenimiento de los valores a trabes del tiempo. Traduciéndose en mayor valor presente

Instalaciones accesorias
Instalaciones de servicios complementarias destinadas a satisfacer las demandas de confortabilidad inciden en la

valoración del edificio y dependen de la calidad, conservación y adelantos técnicos con que cuentan.

ELECTRICAS alambricas y en ellas comprendemos además teléfono, TV x cable etc., deben encontrarse embutidas y distribuidas conforme a su necesidad

TERMICAS comprenden el acondicionamiento del aire y del agua (frió calor) los sistemas centralizados o individuales (acondicionadores de agua y calefactores)

MECANICAS ascensores y montacargas en edificios de mas de I planta, apertura automáticas de puertas y portones.

EMERGENCIA contra incendio, para discapacitados, grupos electrógenos, sistemas de seguridad.

El tasador debe considerar la existencia de estas instalaciones relacionándolas con el edificio.

2.-- FUNCIONALIDAD
En un proyecto arquitectónico hay 3 aspectos fundamentales
--Buena ventilación
--Fácil circulación sin acceso de superficie
--Iluminación natural
Cualquier falencia en estos tres puntos da como resultado un edificio mediocre.
Zonificacion consiste en agrupar distintos ambientes cuyo fin sea semejante o de complementación mutua, distintas actividades de la vivienda necesitan no mezclarse de modo que el aislamiento entre ella asegure su indcpendencia
Ingreso: (jardín, porche, hall de entrada, toilette, guardarropa)
Estar y comer (sala de estar, comedor, escritorio, terraza, jardín interior)
Dormir (dormitorio, vestidores, cuartos de baño)
Cocinar y servicio (cocina, office, lavadero, habitaciones de servicio, cuartos de baño de servicio)

También pueden clasificarse:
Recepción y entrada (entrada sala de estar, comedor escritorio)
Intima y descanso (dormitorio baño vestidor)
Secundaria y trabajo cocina, lavadero, dependencias de servicio.)
Complementarias o depósitos (garaje depósitos)
Coordinación cada ambiente desempeña una función determinada y debe existir una conexión o relación entre ellos

       Entrada principal o recepción
       Sala de estar y comedor
       Sala de estar y escritorio
       Comedor y cocina
       Entrada de servicio y cocina
       Cocina y lavadero
       Cocina y dependencias de servicio
       Dormitorio y baño
       Dormitorio y vestidor
       Garaje y acceso directo a la vivienda

Circulación la correcta circulación depende de:
       La coordinación entre los ambientes
       El diseño individual de cada local
       Las ubicación de las puertas hacia que lado se abren y su mano para abrir
       La distribución y el agrupamientos de los muebles
Además hace a la calidad de un edificio su disposición con respecto al terreno.

La economía en los movimientos de circulación es el objetivo de todo proyecto cuando se asocia al trabajo . según estudios el orden a seguir es:
1. cocina – comedor
4. cocina – entrada de servicio
2. dormitorio – baño
5. entrada principal sala de estar

3. cocina – entrada principal   6. garaje – interior de la casa

La circulación comienza en el hall de entrada y se desenvuelve alrededor de dicha unidad

Existen dos enfoques básicos en el espacio a proyectarse de una vivienda
> ABIERTO E INFORMAL Ejemplo son los loft Limitan ubicación de muebles e perdida de cierta intimidad
> INDEPENDIENTE Y FORMAL control de ruidos, dirección de la calefacción, exige proveer más luz en ambientes, etc.

Una buena planificación del terreno conserva y proyecta algo de el para tres funciones:
> Uso Publico: es el área libre que puede observase desde la calle, la importancia de este espacio disponible hace a cuestiones estéticas y de mayor privacidad del inmueble.
> Zona de servicio se compone del área de acceso directo a garaje, retiro de residuos, ingreso y egreso de bultos de cierto volumen por una puerta de servicio
> Zona de uso privado es el espacio exterior habitable destinado a los ocupantes de una vivienda, es una zona de expansión que puede incluir patio, jardín, asador etc.

3.-- COSTO Y DEPRECIACION
El valor de un edificio es el resultante de apreciar cada uno de estos términos en forma justa y debida (origen y reposición)

Costo de origen es el monto que se necesita en el momento de la construcción, nueva y en condiciones de servicios.

Si a este costo se le descuenta la depreciación (física y funcional) se obtiene el costo de origen presente que en general no coincide con el valor por lo siguiente:
> El costo de origen puede no ser representativo a los precios normales a la fecha correspondiente afectado por inversiones antieconómicas o beneficios extras
> El costo de origen es estático y por lo tanto resulta ajeno a todo cambio en el poder adquisitivo de la moneda. Esto es su mayor objeción y la mas severa limitación

Las mejoras realizadas en las distintas etapas constructivas deforman el costo de origen

Costo de reproducción
Es el costo de crear una replica fiel de la estructura existente utilizando el mismo diseño y similares materiales de construcción y la misma superficie.
Hacer un edificio con los mismos materiales, misma mano de obra y misma superficie

Costo de reposición es el monto necesario para reponer un edificio considerando las condiciones de precios de la fecha de tasación.
> Se toma como el costo de erigir una replica del edificio existente tomando en cuenta los tipos de materiales, estructuras y soluciones funcionales.
> Se toma como el costo de erigir un edificio sustituto moderno con la misma superficie útil y mano de obra moderna

Hacer un edificio de características similares al que estamos tasando con materiales modernos una superficie igual y mano de obra moderna.
Es aconsejable utilizar el costo de reposición ya que el tasador va a encontrar todos los datos necesarios para su determinación y se establece en forma rápida y segura

El costo de reposición es dinámico se adapta a los cambios en el poder adquisitivo de la moneda
En caso de mejoras construidas en distintas etapas el costo de reposición las hace comparable

EL COSTO DE REPOSICION PUEDE ESTABLECERSE
Por aplicación de precios por unidad de superficie cubierta (es la comparación de dos edificios semejantes en un alto grado de aproximación al mismo)
Por computo y presupuesto (es recomendable en edificios especiales) y consiste en practicar un computo del edificio en estudio y aplicar los valores unitarios y globales correspondiente.

Según Chanquia la ejecución de una obra demanda una inversión de capitales destinados a:
costo de materiales
costo de mano de obra
monto de los subcontratos,
gastos generales y beneficios del contratista principal
impuestos de construcción (sellados etc.)
variaciones en los costos de a) b) c) durante la ejecución de la obra

impuestos que graban la propiedad durante la ejecución de la obra
intereses perdidos durante la ejecución de la misma
honorarios profesionales para proyecto y dirección
gastos de financiación
otros.

Pero a los item a) al F) deben agregarce los item G) I) y las primas de seguros para un analisis completo
Decimos que : Los GASTOS FINANCIERO y de COMERCIALIZACION no deben incorporarse al costo de REPOSICION

Manual Propiedad Horizontal

DEPRECIACION

Perdida de valor por pérdida de aptitud

Un bien físico es perecedero desde su puesta en servicio hasta su retiro, transcurre un periodo de tiempo llamado vida, durante el cual se pierde paulatinamente o bruscamente su aptitud para servir al fin para el que fue habilitado.

Las causas son:
- por razones de orden física
- por razones de orden funcional

Depreciación física
avería o destrucción parcial o total de un edificio por accidente (fortuitos o por negligencia) o desastres (inundación, terremotos etc.)
2)   decrepitud por deterioro físico (la edad misma del edificio expuesto a los agentes atmosféricos) o por desgaste o rotura que aparecen con el uso (golpes vibraciones etc.,)
El deterioro físico aumenta mas con la edad que con el uso mientras que por desgaste es a la inversa (mas por uso que por edad)

Depreciación funcional
Se da de dos maneras:
Insuficiencia o ineptitud un proyecto arquitectónico mal resuelto, instalaciones incompletas o defectuosas o la mala ubicación en función de las características o destino del edificio.
Obsolencia los edificios existentes disminuyen la calidad de sus servicios al surgir nuevos tipos arquitectónicos. La depreciación funcional es más rápida que la física por lo tanto la vida útil del bien queda limitada en mayor medida por la depreciación funcional que por la física.
La depreciación funcional no se puede medir por la utilización de formulas sino que dependen de la apreciación del tasador.
Una propuesta de cálculo de la depreciación funcional se funda en la determinación de los costos y gastos necesarios para

adaptar el edificio a los usos a los que se destina o para corregir errores de diseño.

DISTINTOS METODOS PROPONEN EL CALCULO DE LA DEPRECIACION FISICA.

el método de la línea recta la depreciación es una fusión lineal de la edad, es uniforme a lo largo de la vida del edificio
el método de la parábola la depreciación no es constante, sino que es lenta en el comienzo de la vida del edificio, es decir que todos los años es la misma, y va en aumento paulatinamente hacia el fin de la misma
el criterio de Ross utiliza la misma hipótesis que la anterior, diciendo que no va en línea recta
el criterio de Heidecke un bien regularmente conservado se deprecia de un modo regular, un bien mal conservado se deprecia mas rápidamente y se establece en 5 categorías

1 Nuevo 0.00%
2 Regular 2.52%
3 Reparaciones 18.10%
4 Reparaciones importantes 52.60%
5 Sin valor 100%

Método empírico consiste en calcular la depreciación por su simple estimación y aquellos que se basan en formulas de algebra financiera que vinculan la depreciación económicamente.
Con el estudio y análisis de los materiales, de la mano de obra e instalaciones accesorias puede determinarse el costo de reposición del edificio y a partir de ahí establecer el valor actual descontando la depreciación física y funcional
Para el cálculo de la depreciación no puede formarse una tabla de duración que contenga la vida probable. Esto es meramente informativo
Quedan libradas al criterio del tasador en el cálculo de la depreciación la estimación de expectancia y la vida residual de los materiales.

Debe considerarse el estimar la expectativa de vida útil como diferencia entre la vida probable teórica y la antigüedad.
La determinación de la expectancia se vincula con tres cuestiones que hacen a la técnica del avaluó
el tipo de construcción del edificio,lo funcional de la arquitectura ,las características económicas del mercado.

EL INMUEBLE EN PROPIEDAD HORIZONTAL
Regimen de propiedad horizontal
La sanción de la Ley 13512 incorporo una nueva forma de dominio a nuestra legislación, estableciendo que "los distintos pisos de un edificio o distintos departamentos de un mismo piso o departamentos de edificios de una sola planta, que sean independientes o que tengan salida a la vía pública directamente o por un pasaje común podrán pertenecer a propietarios distintos
Aspectos técnicos y legales para la tasación de una propiedad horizontal
Art 2 cada propietarios será dueño exclusivo de su piso o departamento y copropietario sobre el terreno y las cosas de uso común del edificio
Se consideran comunes:
Los cimientos, muros, techos, patios solares, pórticos, galería, escaleras puertas de entradas, jardines
Los locales e instalaciones de servicios centrales (calefacción, agua fría o caliente, refrigeración etc.)
Locales para alojamientos de porteros y portería
Tabiques o muros divisorios de cada departamento
Ascensores, montacargas, incineradores, y todos los artefactos o instalaciones existentes de uso común
Los sótanos y azoteas serán conumes salvo convenciones en contrario
Art 3 cada propietario podrá usar los bienes comunes sin perjudicar o restringir el derecho de los demás (el derecho de cada propietarios sobre los bienes comunes será proporcional al valor del departamento el que se fijara con un acuerdo de

partes o por el valor del aforo del impuesto inmobiliario) los derechos de cada propietario a los bienes comunes son inseparable del dominio,

Art 4 cada propietario puede sin el consentimiento de los demás enajenar el piso o departamento de su propiedad o constituir derechos reales o personales sobre el mismo

Art 8 los propietarios tienen a su cargo en proporción al valor de su departamento las expensas de administración y las reparaciones de las partes comunes del edificio, así como también deben contribuir en el pago del seguro y las expensas originadas por innovaciones, ningún propietario podrá negarse al pago de las expensas comunes por renunciar al uso y goce de los bienes comunes ni abandono del piso o departamento de su pertenencia

Art 13 los impuestos, tasas o contribuciones de servicios se cobraran a cada propietario independientemente. Las valuaciones se practicaran en forma individual computándose a la vez la parte indivisa de los bienes comunes.

Factores que influyen en el valor de un departamento

Son factores propios que inciden en el valor y se agregan a los considerados tanto para la tierra como para el edificio.

ubicación del edificio el desarrollo edilicio y urbano de la zona, actividad comercial y servicios públicos (fundamental transporte) son elementos valorizantes en tanto y en cuanto sirvan a este régimen de propiedad en caso contarios quitan valor al conjunto

Nivel funcional del edificio quita valor la excesiva cantidad de unidades por planta, influyen en su valor la capacidad y funcionalidad de la unidad así como también los servicios complementarios y sus comodidades.

La ubicación del departamento en el edificio

Se valorizan por las preferencias

  Los departamentos al frente

  Los departamentos en pisos superiores (aumenta con la altura del piso)

  Vistas mas atractivas en departamentos al frente

El menor nivel de ruidos y mayor ventilación e iluminación en los piso altos
Decae el valor
Las unidad de planta baja o ultimo piso (por las molestias que provienen del mayor transito en planta baja , y los trastornos en el ultimo piso por el uso de la azotea y las posibles filtraciones)
Las unidades al contrafrente o patios interiores (por las vistas indeseables al centro de manzana, menor intimidad en unidades a patios interiores)
En edificios de escalera la altura es un factor de desvalorización en relación con los departamentos de los pisos inferiores,

D) La relación entre la superficie privada y la superficie común
Inciden en el valor
Si se mide la bondad del aprovechamientos de la superficie común
Si la superficie común esta destinada a renta

E) estado de conservación y mejoras de la superficie común en relación con el departamento incide en el valor si hay uniformidad entre el estado de conservación y las mejoras introducida por el propietario y el estado de las superficies comunes, (si las superficies comunes están en mal estado de conservación interfieren en el valor de esto, por el contario si son superiores inciden favorablemente en el valor del departamento)

F) la existencia de cocheras en el edificio la existencia de cocheras en el edificio agregan valor al departamento independientemente del valor de la cochera.

Factores que influyen en el valor de un local en galeria comercial

ubicación de la galería comercial la circulación de transeúntes como factor importante dentro de la ubicación de una galería comercial esta dada generalmente por el tipo de actividades que se desarrollan en el sector y por las características de los comercios o centros de recreación que tengan gran afluencia de publico del entorno inmediato (la misma acera la misma cuadra), la comodidad de los accesos , las paradas de transporte publico de pasajeros y las facilidades de estacionamientos, generan un mayor atractivo para la concurrencia.

nivel funcional de la galería.
Disminuyen el valor las siguientes características de la galería
Desarrollo en distintos niveles (escalera rampas)
Pasillos estrechos (impiden la observación de vidrieras, especialmente las de escaparates altos y entorpecen el paso)
Múltiples pasillos y recovecos (locales escondidos ajenos a la circulación)
Áreas de circulación descubiertas (por las inclemencias climáticas)
Favorecen su valor
la amplitud de los pasillos
ingreso y salida por dos o mas calles (atraen al trafico peatonal de las dos o mas arteria)
servicios complementarios y comodidades generales (aire acondicionado frío calor, ascensores, pisos antideslizantes, buen nivel de iluminación, medidas de seguridad etc.)
nivel funcional del local la superficie del mismo esta en relación directa con el tipo de comercio característico de la galería, el nivel económico y el mercado.
Puede estimarse como razonable que aquellos locales que superen los 30 mts 2 disminuyen su valor de acuerdo a su superficie
Se valorizan en razón al espacio utilizable
locales provistos de un segundo nivel (entrepiso) con vidrieras alta pues tiene mayor posibilidad de exhibición de la mercadería, también es muy importante la longitud la vidrieras por la misma razón
locales con sótanos
ubicación del local en la galería los locales en las galerias tipo con dos o mas salidas se valorizan en el siguiente orden
    locales en entrada principal (esquina, calle, galería)
    góndola en entrada en pasillo principal
    local en entrada secundaria (esquina, calle, galería)
    góndola en centro de galería
    local en esquina central (formado por dos pasillos)

      local medial en pasillo principal
      góndolas mediales
      local medial en pasillo secundario
      últimos locales (en galería de una sola entrada) locales con acceso por escalera o rampa (entrepiso o subsuelo)
      locales en recovecos de los pasillos o bajo las escaleras

El carácter principal o secundario de los corredores esta dado por la importancia de la calle a la que desembocan y que define el nivel de ingreso de la galería

Estado de conservación y mejoras de la superficie común en relación con el local el estado de conservación y las mejoras introducidas y el grado de actualización del diseño y decoración de la galería influyen en el valor del local pues las necesidades de restauraciones parciales o la renovación de sus diseños en los espacio comunes es un elemento negativo en función del mayor gasto que deberá soportar cada local. Esto gravita menos en el valor ya que determinadas actividades comerciales requieren particulares formas de comercialización y promoción que exigen inversiones económicas en el local independientemente de su estado

      factores que influyen en el valor de una oficina

Las oficina = que los departamentos comparten los mismos criterios de valorización

Nivel funcional del edificio

Ubicación de la misma dentro del edificio

Una relación entre la superficie privada y la común

El estado de conservación y mejoras con la superficie común en relación con la oficina

La existencia de cocheras disponibles en el mismo edificio

Se diferencias con un departamento por

Ubicación del edificio las comodidades de acceso y de estacionamiento, así como también las comodidades publicas o privadas en las zonas con demanda de asistencia profesional o de servicio contribuyen de manera favorable a su valor

Nivel funcional de la oficina: se valorizan por

      con superficies para recepción y uno o mas privados
      con baño privado y Office

en ausencia de los mismos con mayor proximidad a ellos
Según las prestaciones especificas que se realicen (atención de ancianos, embarazadas, discapacitados) pueden modificar las preferencia de determinados lugares y por lo tanto influir en el valor de las oficinas en planta baja.

SUPERFICIE CUBIERTA EN PROPIEDAD HORIZONTAL
Es necesario distinguir:
superficie cubierta del edificio es el área comprendida dentro de los muros perimetrales, medida ente la línea municipal del o los frentes, los ejes de las paredes medianeras y el parámetro exterior de los muros o patios interiores terrazas o balcones computada en cada uno de los edificios y cada uno de sus pisos (incluye sótanos, depósitos, salas de maquinas, dependencias en azoteas etc., no incluye el área ocupada por tanques aéreos)
superficie cubierta de uso exclusivo de un departamento es el área entre los parámetros del muro y tabiques que lo rodean
superficie cubierta de uso común es la exacta diferencia entre las nombradas y las zonas de uso exclusivo (esto no incluye balcones galerías ni patios elementos de pueden ser comunes o no de acuerdo al reglamento de copropiedad y administración
Los bienes de uso común inciden en el valor de un departamento incorporándose a la superficie de uso exclusivo disminuidos en un porcentaje según criterio del tasador (la mitad a balcones y una tercera parte a patios) es una apreciación correcta que permite establecer un rápido método en la determinación de los valores.

REGLAMENTO DE COPROPIEDAD Y ADMINISTRACION
La ley permite a los propietarios regular su relación y participación con respecto al inmueble mediante un reglamento de copropiedad y administración que comprenda:
identificación de las partes del edificio de propiedad exclusiva
relación que corresponda a cada piso o departamento con el valor del conjunto
enumeración de las partes comunes

Manual Propiedad Horizontal

destino de las diferentes partes del inmueble
cargas comunes y distribución de las mismas
otras disposiciones de administración

FORMACION DEL VALOR EN PROPIEDAD HORIZONTAL
4 son los factores que hacen la formación del valor de un inmueble sometido al régimen de propiedad horizontal
la parte privativa de propiedad exclusiva
la parte común del edificio (según el reglamento de copropiedad y administración aquellas partes que no estando identificadas en el reglamento se entienden como comunes.
El terreno donde se construyo el edificio también en condominio (que comprende toda su superficie edificada o no)
La parte común del edificio o terreno que ha sido destina por el reglamento a uso privado
Esto interfiere de un modo directo en la formación del valor
CADA UNA DE ELLAS TIENE UN VALOR COMO BIEN FISICO Y UN MERITO O NO COMO ORGANO FUNCIONAL

Publicación de accesibilidad a los inmuebles

Ley 5115 –

Buenos Aires, 23 de octubre de 2014.–
La Legislatura de la Ciudad Autónoma de Buenos Aires sanciona con fuerza de Ley

Artículo 1º.– Los avisos publicados por corredores inmobiliarios por cualquier medio gráfico o informático, que promuevan operaciones inmobiliarias, deberán contener información acerca de las condiciones de accesibilidad para las personas con discapacidades físicas.

Artículo 2º.- Los avisos mencionados en el art. 1° incluirán un indicador gráfico de accesibilidad y/o la palabra "accesible"

Artículo 3º.- La autoridad de aplicación de la presente será la Dirección General de Defensa y Protección al Consumidor, dependiente de la Secretaría de Gestión Comunal y Atención Ciudadana del Gobierno de la Ciudad Autónoma de Buenos Aires.

Artículo 4º.- La presente Ley entrara en vigencia a los noventa (90) días de su publicación en el Boletín Oficial.

Artículo 5º.- Comuníquese, etc.
CRISTIAN RITONDO
PABLO SCHILLAGI

LEY N° 5.115
Sanción: 23/10/2014
Promulgación: De Hecho del 21/11/2014
Publicación: BOCBA N° 4538 del 09/12/201

Formularios y Anexos

LEY 941

Registro Publico de administradores de Consorcios de Propiedad Horizontal de la Ciudad de Buenos Aires

Declaración jurada anual

Gobierno de la Ciudad de Buenos Aires
Dirección de Defensa del Consumidor

gobBsAs

Sello Fechador de Recepción

Firma

Carácter

Periodo _____

Hoja _____ de _____

Orig (0) - Rect. (1/9) _____

SERVICIOS PÚBLICOS DE PARTES COMUNES

SERVICIO	N° CUENTA / CLIENTE	TIENE DEUDA (S/N)	PLAN DE PAGO VIGENTE

SERVICIO	N° CUENTA / CLIENTE	TIENE DEUDA (S/N)	PLAN DE PAGO VIGENTE

Declaro que los datos consignados en este formulario son correctos y completos y que he confeccionado la presente declaración jurada sin omitir ni falsear dato alguno que deba contener, siendo fiel expresión de la verdad.

Manual Propiedad Horizontal

LEY 941	Registro Publico de administradores de Consorcios de Propiedad Horizontal de la Ciudad de Buenos Aires
Declaración jurada anual	Gobierno de la Ciudad de Buenos Aires Dirección de Defensa del Consumidor — **gobBsAs**

	Firma	Periodo _____
		Hoja _____ de _____
Sello Fechador de Recepción	Carácter	Orig (0) - Rect. (1/9) _____

ADMINISTRADOR _____ Nº REGISTRO _____

NÓMINA DE CONSORCIOS ADMINISTRADOS

DENOMINACIÓN	DIRECCIÓN	C.U.I.T.	FECHA DE ALTA	FECHA DE BAJA

Declaro que los datos consignados en este formulario son correctos y completos y que he confeccionado la presente declaración jurada sin omitir ni falsear dato alguno que deba contener, siendo fiel expresión de la verdad.

Manual Propiedad Horizontal

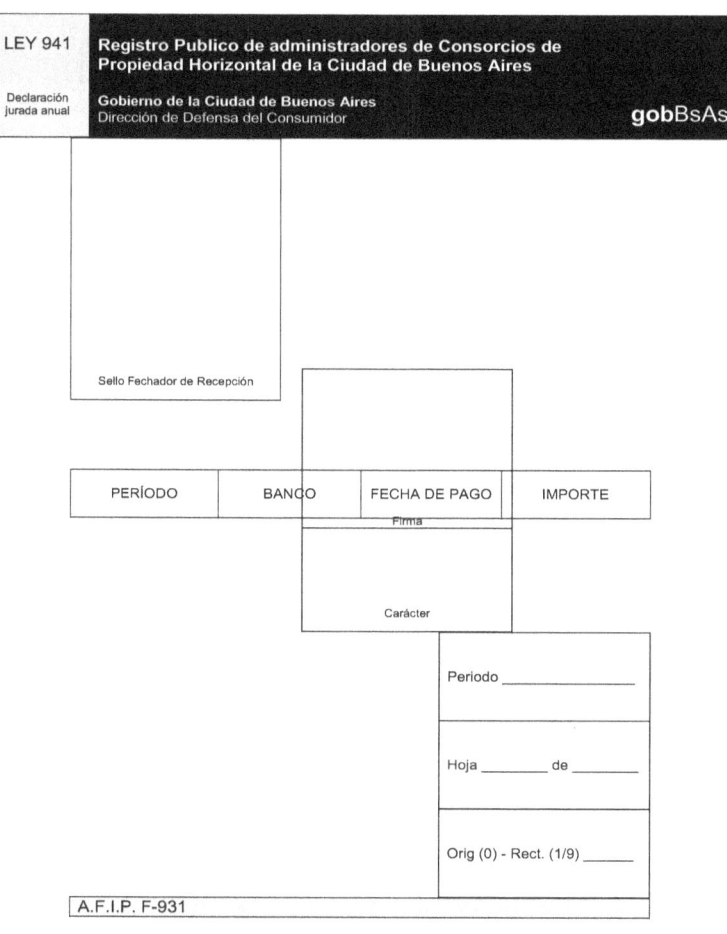

LEY 941	Registro Publico de administradores de Consorcios de Propiedad Horizontal de la Ciudad de Buenos Aires
Declaración jurada anual	Gobierno de la Ciudad de Buenos Aires Dirección de Defensa del Consumidor — **gobBsAs**

Sello Fechador de Recepción	Firma / Carácter	Periodo _____ Hoja ____ de ____ Orig (0) - Rect. (1/9) ____

CONSORCIO		C.U.I.T.	

SEGURO INCENDIO

COMPAÑÍA	N° PÓLIZA	VIGENCIA DESDE	VIGENCIA HASTA	SUMA ASEGURADA

A.R.T.

COMPAÑÍA	N° CONTRATO	FECHA ALTA	FECHA BAJA

ASCENSORES MONTACARGAS ESCALERAS Y RAMPAS MECÁNICAS

CONSERVADOR	N° REGISTRO	FECHA ALTA	FECHA BAJA

MATAFUEGOS E IMPLEMENTOS CONTRA INCENDIO

EMPRESA	N° REGISTRO	FECHA CONTROL

LEY 257 G.C.B.A.

PROFESIONAL	N° MATRICULA	N° INSCRIPCIÓN F.R.	VTO. CERTIFICADO

Declaro que los datos consignados en este formulario son correctos y completos y que he confeccionado la presente declaración jurada sin omitir ni falsear dato alguno que deba contener, siendo fiel expresión de la verdad.

Manual Propiedad Horizontal

Manual Propiedad Horizontal

SOLICITUD DE TARJETAS DE CONTROL DE SEGURIDAD Y CONTROL DE CONSERVACION DE ASCENSORES

Antecedente del exp. de conservación Nº: _____ / __

Buenos aires, / / 2003

Sr. Jefe de Gobierno
Gobierno de la Ciudad de Buenos Aires

En mi carácter de:		Acredito mi condición mediante fotocopia de:
Propietario	☐	Escritura de propiedad en dicha dirección.
Administrador	☐	Protocolización ante escribano público de la designación por el consorcio de propietarios.
Apoderado	☐	Poder legal ante escribano público o firma certificada por banco.

Se me ha constatado al presentar este escrito, el documento de identidad. Solicito la provisión de las tarjetas de control de seguridad y de conservación de ascensores, según lo dispuesto en el decreto 1734/02, para lo cual adjunto a la presente las siguientes fotocopias, exhibiendo sus respectivos originales:

- Permiso de habilitación de la máquina (ascensor, monta carga, etc.).
- Póliza de seguro de responsabilidad civil del edificio, con discriminación del monto destinado a las máquinas en cuestión.
- Último recibo de pago de la póliza de seguro del ítem anterior.

DATOS DEL EDIFICIO / ESTABLECIMIENTO / PROPIEDAD:

Calle y Nº :			
Cantidad de	Ascensores:	Guardas mecanizadas:	
	Monta autos:	Ascensores de obra:	
	Monta cargas:	Monta platos:	
	Escaleras mecánicas:	Monta papeles:	
Nº de expte. de conservación (*) (Nº de libro de cons.)	___ / __	Nº de expediente de habilitación de la máquina (*)	___ / __ Permiso Nº: ___ / __
Conservador (**)	Nombre:		
	Dirección:		
	Teléfono:		
Representante técnico (**)	Apellido y nombre:		
	Matrícula Nº:	Cons. profesional:	
	Título:		
Representante técnico suplente (**)	Apellido y nombre:		
	Matrícula Nº:	Cons. profesional:	
	Título:		

(*) Estos datos se encuentran en el reverso de la foja 1 del libro de inspección.
(**) Estos datos se encuentran a partir de la foja 8 del libro de inspección.

Declaro que los datos consignados en este formulario son correctos y completos y que lo he confeccionado sin omitir ni falsear dato alguno que deba contener, siendo fiel expresión de la verdad.

DATOS DEL SOLICITANTE

Apellido y nombre:	
Tipo y Nº de documento:	
Teléfono:	Firma

PRIMER FOLIO DEL ANTECEDENTE

Manual Propiedad Horizontal

SOLICTUD DE TARJETAS DE CONTROL DE SEGURIDAD Y CONTROL DE CONSERVACION DE ASCENSORES

Antecedente del exp. de conservación N°: _____ / __

Buenos aires, / / 2003

Sr. Jefe de Gobierno
Gobierno de la Ciudad de Buenos Aires

En mi carácter de:	Acredito mi condición mediante fotocopia de:
Propietario ☐	Escritura de propiedad en dicha dirección.
Administrador ☐	Protocolización ante escribano público de la designación por el consorcio de propietarios.
Apoderado ☐	Poder legal ante escribano público o firma certificada por banco.

Se me ha constatado al presentar este escrito, el documento de identidad. Solicito la provisión de las tarjetas de control de seguridad y de conservación de ascensores, según lo dispuesto en el decreto 1734/02, para lo cual adjunto a la presente las siguientes fotocopias, exhibiendo sus respectivos originales:
- Permiso de habilitación de la máquina (ascensor, monta carga, etc.).
- Póliza de seguro de responsabilidad civil del edificio, con discriminación del monto destinado a las máquinas en cuestión.
- Último recibo de pago de la póliza de seguro del item anterior.

DATOS DEL EDIFICIO / ESTABLECIMIENTO / PROPIEDAD:

Calle y N°:			
Cantidad de	Ascensores:	Guardas mecanizadas:	
	Monta autos:	Ascensores de obra:	
	Monta cargas:	Monta platos:	
	Escaleras mecánicas:	Monta papeles:	
N° de expte. de conservación (*) (N° de libro de cons.)	N° de expediente de habilitación de la máquina (*)		
Conservador (**)	Nombre:		Permiso N°:
	Dirección:		
	Teléfono:		
Representante técnico (**)	Apellido y nombre:		
	Matrícula N°:	Cons. profesional:	
	Título:		
Representante técnico suplente (**)	Apellido y nombre:		
	Matrícula N°:	Cons. profesional:	
	Título:		

(*) Estos datos se encuentran en el reverso de la foja 1 del libro de inspección.
(**) Estos datos se encuentran a partir de la foja 8 del libro de inspección.

Declaro que los datos consignados en este formulario son correctos y completos y que lo he confeccionado sin omitir ni falsear dato alguno que deba contener, siendo fiel expresión de la verdad.

DATOS DEL SOLICITANTE

Apellido y nombre:	
Tipo y N° de documento:	
Teléfono:	Firma

PRIMER FOLIO DEL ANTECEDENTE

AFIP	EL PRESENTE INSTRUMENTO NO SERA CONSIDERADO CONSTANCIA DE PAGO SIENDO EL TIQUE EL UNICO ELEMENTO VALIDO	**F. 801/E** CUIT:
VOLANTE PARA PAGO DE OTROS CONCEPTOS S.U.S.S. SISTEMA UNICO DE LA SEGURIDAD SOCIAL		Apellido y Nombres o Denominación: Domicilio

TIPO DE CONTRIBUYENTE

| [0] EMPLEADOR | [1] AUTONOMO | [2] AUTONOMO JUBILADO | [3] EMPLEADOR SERVICIO DOMESTICO | CUIL Empleado Doméstico |

RUBRO I - IMPUTACION DEL PAGO (Impuesto)

AUTONOMOS (en actividad o Jubilados)	EMPLEADORES (Incluido PyMES y Servicio Doméstico)
☐ 308 - APORTES	☐ 351 - CONTRIBUCION SEGURIDAD SOCIAL ☐ 302 - APORTE OBRA SOCIAL
	☐ 301 - APORTE SEGURIDAD SOCIAL ☐ 270 - VALES ALIMENTARIOS
	☐ 312 - LEY DE RIESGO DEL TRABAJO ☐ 360 - CONTRIBUCION RENATRE
☐ 358 - CONTRIBUCIONES	☐ 352 - CONTRIBUCION OBRA SOCIAL ☐ ....

RUBRO II - CONCEPTO QUE SERA APLICADO AL PAGO

☐ 019 - OBLIG. MENSUAL ☐ 818 - DTO.314/05 F. 818 ☐ 819 - DTO.314/05 F. 819 ☐ 820 - DTO.314/05 F. 820 ☐ 822 - DTO.314/05 F. 822 ☐ 823 - DTO.314/05 F. 823
☐ 824 - DTO 270/05 F. 824 ☐ 825 - DTO.270/05 F. 825 ☐ 826 - DTO.405/05 F. 826/827 ☐ 828 - DTO.963/05 F. 828 ☐ ....

RUBRO III - SUBCONCEPTO A PAGAR

☐ 051 - INTERESES RESARCITORIOS	☐ 094 - INTERESES PUNITORIOS	☐ 167 - MULTA R.G. 3756
	☐ 108 - MULTA	☐ 204 - MULTA LRT
☐ 086 - BOLETA DE DEUDA	☐ 140 - MULTA AUTOMATICA	☐ ....

PERIODO		IMPORTE TOTAL DEPOSITADO	SON PESOS
Mes	Año		

LEY 3.254
Modificación de la Ley 941
(Registro Público de Administradores de la CABA)

CAPÍTULO I.- REGISTRO.

Artículo 1º.- Modifíquese el Artículo 2º de la Ley 941 el que quedará redactado de la siguiente forma:

"Artículo 2º.- Obligación de inscripción: La administración de consorcios no puede ejercerse a título oneroso ni gratuito sin la previa inscripción en el Registro Público de Administradores de Consorcios de Propiedad Horizontal."

Artículo 2º.- Modifíquese el Artículo 3º de la Ley 941 el que quedará redactado de la siguiente forma:

"Artículo 3º.- Administradores/as Voluntarios/as: Se denominan Administradores/as Voluntarios/as a todos/as aquellos/as propietarios/as que residan en unidades funcionales de edificios y cumplan la función de administrador sin percibir retribución alguna."

Artículo 3º.- Agréguese al Artículo 4º de la Ley 941 el siguiente texto:

e.- Informe expedido por el Registro de Juicios Universales.

f.- Certificado de aprobación de un curso de capacitación en administración de consorcios de propiedad horizontal, en el modo y forma que establezca la reglamentación de la presente.

Los/las administradores/as voluntarios/as gratuitos/as solo deberán presentar:

a).- Original y copia del Documento Nacional de Identidad

b).- Copia certificada del acta de asamblea la cual deberá contener los datos del consorcio, cantidad de unidades funcionales del mismo y designación ad honorem como administrador. Asimismo, descripción de la unidad funcional de la cual es propietario con su número de matrícula del Registro de Propiedad Inmueble o, en su defecto, simple declaración jurada de la totalidad de los copropietarios.

Artículo 4º.- Agréguese al Artículo 5º de la Ley 941 como inciso "d" el siguiente texto:

"d.- Los inhabilitados por condena penal por delitos dolosos relacionados con la administración de intereses, bienes o fondos ajenos, mientras dure la inhabilitación."

Artículo 5º.- Modifíquese el Artículo 6º de la Ley 941 el que quedará redactado de la siguiente forma:

"Artículo 6º.- Certificado de Acreditación: El administrador sólo puede acreditar ante los consorcios su condición de inscripto en el Registro, mediante un

Ejemplo de Reglamento Interno elaborado por la Cámara de Propiedad Horizontal y Actividades Afines.

CAPITULO PRIMERO
I.- De los derechos de los propietarios

Artículo 1º Todo propietario tiene derecho a exigir el cumplimiento de las obligaciones emergentes del presente reglamento y/o del de copropiedad y administración.

Artículo 2º Así, podrá demandar de quien corresponda, la adecuada atención a sus solicitudes y el debido cuidado y mantenimiento, tanto del edificio como del correcto funcionamiento de todos los servicios de carácter común existentes o que llegaran a existir en la propiedad, con la sola limitación de ejercer sus derechos dentro de las normas que se fijan al efecto.

II.- De las obligaciones de los propietarios

Artículo 3º Todos los propietarios, inquilinos, ocupantes, visitas y personal de servicio están obligados a observar estrictamente el presente reglamento interno.

1.- Les está prohibido:

a) Guardar y/o depositar dentro de sus respectivas unidades y/o en los paliers, escaleras y otros lugares comunes del edificio, toda clase de materias explosivas, inflamables y/o asfixiantes que puedan significar un peligro o que produzcan emanaciones molestas;

b) Depositar materias, mercaderías, muebles y/u objetos en cualquier lugar común del edificio que puedan comprometer la estética y buen gusto del mismo o significar daño o molestias o perjudicar la visual de los demás propietarios, u obstruir o entorpecer el uso de dichas partes;

c) Colocar en los sectores de propiedad común o en los de propiedad exclusiva con vista al exterior, insignias, letreros, anuncios, banderas de propaganda, toldos, chapas, muebles, macetas o cualquier otro objeto susceptible de afectar la estética del edificio o la comodidad de los convecinos. Incumbe a la asamblea de propietarios considerar los pedidos que se formulen y resolverlos.

d) Producir o permitir que se produzcan disturbios y/o ruidos que atenten contra la tranquilidad que debe reinar en el edificio. Al efecto, luego de las ____ y ____ hasta las ____ del día subsiguiente, y de ____ a ____ horas, procurarán que el uso de aparatos de radiotelefonía, televisión, instrumentos musicales y de resonancia, se utilicen con suma moderación;

e) La tenencia de animales, si causaren molestias a los propietarios o afectaren la tranquilidad o higiene del edificio;

f) La realización de reuniones de personas a cualquier hora del día que puedan originar molestias a los vecinos. Exceptúase el caso de fiestas, siempre que se haga uso del derecho con la debida

Listado de entidades acreditadas que dictan cursos de Administradores de Consorcios

ENTIDAD	DIRECCIÓN	CORREO ELECTRÓNICO	TELÉFONOS
Asociacion Civil de Administradores de Consorcios de PH (AIPH)	Viamonte 1570 Piso 1°	info@aiph.com.ar	4781-5585/8234
Asociación Civil de Defensa del Consumidor de Bienes y Servicios para la Propiedad Horizontal (ADEPROH)	Bartolomé Mitre 1711 Piso 2° of. 5	adeproh@adeproh.org.ar	4371-1450 / 4171-2226
Asociación Civil Formando Ciudadanos	Chacabuco 78, piso 3, Ofic. "32"	formandociudadanos@gmail.com	4342-8318
Asociación de Fomento de Villa Devoto	Habana 3801	-	4504-3465
Asociación Inmobiliaria Edificios Renta y Horizontal (AIERH)	Moreno 1881	www.aierh.org.ar	4371-5570 / 5609 / 3624 / 4374
Cámara Argentina de la Propiedad Horizontal y Actividades Inmob. (CAPHAI)	Perú 570	camara@caphai.com.ar	4342-5128/2232-4331-9968-4345-0010
Centro de Estudios Nueva Vida	Av. Rivadavia 4529	info@cenv.org	4982-6336
Centro Ibero Americano de Estudios Internacionales e Interdisciplinarios (CEDEII)	San José 1218 Piso 2° E	ongcideii@gmail.com	4306-4412
Centros de Educación No Formal – Gobierno de la CABA	Esmeralda 55 Piso 7°	noformal@buenosaires.gob.ar	4339-1837
Colegio Público de Abogados de la Capital Federal (CPACF)	Av. Corrientes 1451	info@cpacf.org.ar	4379-8700
Consejo Profesional de Ciencias Económicas de la CABA (CPCE)	Viamonte 1549	consejo@consejo.org.ar	5382-9200
Consultora Ediseg	Laprida 1242 PB A	www.ediseg.com.ar	4827-9610
Dirección Bienestar Ejército Argentino	Av. Santa Fe 4815	-	4346 6239
Estudio Jurídico Awad y Asociados	Venezuela 4342	eduardoawad@todoconsorcios.com.ar	4982-2024 / 3526-4008

Manual Propiedad Horizontal

Gobierno de la Ciudad de Buenos Aires
Dirección General de Defensa y Protección al Consumidor
Registro Público de Administradores de Consorcios de Propiedad Horizontal
SOLICITUD DE INSCRIPCIÓN

Fecha DD/MM/AA

---

1 | Datos de identificación

CUIT: _____ Oneroso: SÍ _____ No _____

Solo para Personas Físicas
Tipo y N° de Documento _____ Sexo: M _____ F _____
Apellido y Nombres _____

Solo para Personas Jurídicas
Razón Social _____
Representante Legal _____

2 | Domicilio constituido en la Ciudad de Buenos Aires

Calle _____
Número _____ Piso _____ Departamento _____ Código Postal _____
Dato adicional _____
Teléfonos _____ E-Mail _____

3 | Domicilio real

Calle _____
Número _____ Piso _____ Departamento _____ Código Postal _____
Localidad _____ Partido _____ Provincia _____
Dato adicional _____
Teléfonos _____ E-Mail _____

4 | Documentación adjunta

☐ Constancia de Inscripción ante la AFIP
☐ Certificado expedido por Registro Nacional de Reincidencia y Estadística Criminal
☐ Informe expedido por Registro de Juicios Universales
☐ Cursos de capacitación
☐ Título o matrícula profesional

Solo para Personas Jurídicas

☐ Copia del Contrato Social y/o Acta de Designación de Autoridades
☐ Poder

_____   _____
Firma Solicitante   Aclaración

Gobierno de la Ciudad de Buenos Aires
Dirección General de Defensa y Protección al Consumidor
Registro Público de Administradores de Consorcios de Propiedad Horizontal
SOLICITUD DE INSCRIPCIÓN

Fecha DD/MM/AA

Documentación adjunta:

☐ Constancia de Inscripción ante la AFIP
☐ Certificado expedido por Registro Nacional de Reincidencia y Estadística Criminal
☐ Informe expedido por Registro de Juicios Universales
☐ Cursos de capacitación
☐ Título o matrícula profesional

Solo para Personas Jurídicas

☐ Copia del Contrato Social y/o Acta de Designación de Autoridades
☐ Poder

Firma Responsable

Fin de la obra

Buenos Aires Octubre de 2017-

Agradezco a mi Esposa e Hijos por la comprensión, el apoyo y sostén. en tan largas horas de trabajo dedicadas a la profesión.

Mario Daniel DAgostino